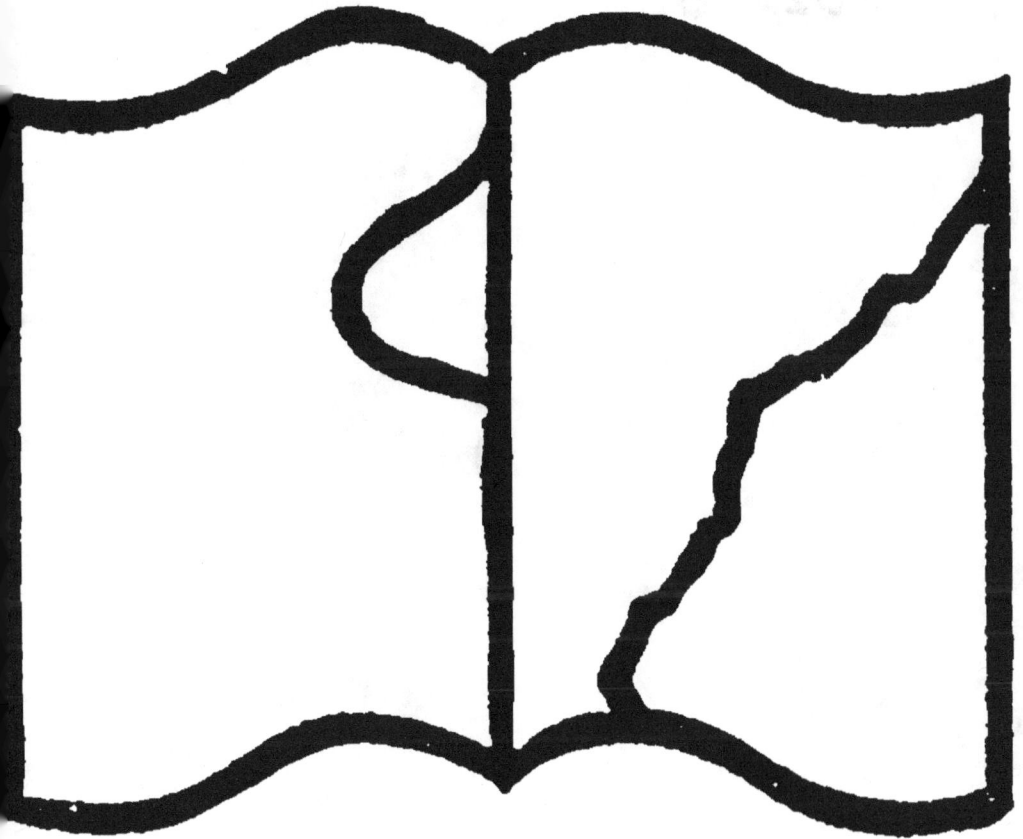

HISTOIRE

DE

LA MISÈRE

OU

LE PROLÉTARIAT A TRAVERS LES AGES

LES RUINES

OU

MÉDITATIONS SUR LES RÉVOLUTIONS

DES EMPIRES

SUIVIES DE

LA LOI NATURELLE

PRÉCÉDÉES D'UNE

NOTICE SUR LA VIE ET LES ŒUVRES DE VOLNEY

Par Jules CLARETIE

UN VOL. IN-18 JÉSUS. — 3f 50.

———

Cette édition, collationnée avec soin sur l'édition publiée sous les yeux de l'auteur, est une des plus complètes qui aient été publiées jusqu'à ce jour.

Clichy. — Maurice Loignon, Paul Dupont et Cie, rue du Bac-d'Asnières, 12.

HISTOIRE

DE

LA MISÈRE

OU LE

PROLÉTARIAT A TRAVERS LES AGES

PAR

JULES LERMINA

L'hypocrisie de nos philanthropes s'est évertuée à
chercher les causes du paupérisme et du crime.
Ils ne les ont pas trouvées. C'est tout simple.
Ces causes se réduisent à une seule : le droit
économique partout violé.

(P.-J. PROUDHON. — De la capacité politique
des classes ouvrières.)

PARIS

DÉCEMBRE-ALONNIER, LIBRAIRE-ÉDITEUR

20, RUE SUGER, 20

Près la place Saint-André-des-Arts

—

MDCCCLXIX

LETTRE - PRÉFACE

A M. LEDRU-ROLLIN

Il y a quelques mois à peine, cher citoyen, que, me trouvant à Londres, j'eus l'honneur de m'entretenir avec vous.

Il s'agissait, vous en souvient-il? des mille questions qui se peuvent traiter entre un homme de votre expérience et un chercheur. Nous causâmes de tous hommes et de toutes choses, et je vous dis :

« Notre génération est particulièrement malheureuse, en ce sens que, courbée depuis tantôt dix-huit ans sous un poids qui ne s'allége point, n'ayant connu ni les excitations ardentes de la lutte oratoire, ni les entraînements de l'action, elle n'a point su prendre l'habitude des fortes études et des vertus civiques. A peine quelques mots, tels que ceux de liberté, de révolution sociale, sont-ils parvenus à son oreille. Mais, avouons-le, il a fallu à quelques-uns une énergie réelle pour s'appliquer à l'examen de ces problèmes dont leur attention était soigneusement tenue éloignée. Dans les cercles fréquentés par les jeunes gens, quelquefois une voix s'élève qui parle de rénovation, d'avenir, mais, et sans mauvaise intention, chacun regarde l'*illuminé* avec une certaine défiance, ou bien encore on sourit. Car on ne sait ni ce qu'il veut, ni ce qu'il prétend prouver. »

Ce que je vous disais alors vous parut vrai :

« Et cependant, me dites-vous, ce qui tombe sous le regard de chacun ne suffit-il pas pour l'instruire ? Savez-vous pourquoi, moi, par exemple, j'ai voué ma vie à la cause de la liberté et de la révolution. Jeune encore, lorsque je voyais passer dans la rue quelque pauvre en haillons, quelque misérable émacié par le travail et le besoin, je sentais mon cœur se serrer. Et je me disais : Non, cela ne doit pas être. »

« Mais, répliquais-je, ils ont des oreilles pour ne pas entendre et des yeux pour ne pas voir. Les sens s'atrophient dans l'obscurité et le silence. »

« A vous alors, jeunes gens, qui pensez à l'avenir, à vous de forcer l'attention des indifférents. Faites-leur toucher du doigt ces paupières rougies, ces poitrines creuses, faites-leur percevoir ces cris et ces sanglots ; et, des profondeurs de leur conscience surgira cette voix puissante et vibrante qui s'appelle la voix de l'humanité. »

Sont-ce vos propres paroles ? Je ne l'affirmerais

pas. Mais c'est là du moins le sens de votre conseil, conseil si juste et si pratique que je n'hésitai
pas et me mis à l'œuvre.

C'était une dure tâche que d'écrire l'histoire
de la Misère, et vingt fois j'ai reculé devant les
faits odieux qui, d'eux-mêmes, venaient prendre
corps sous ma plume.

Puis: Tant mieux, m'écriais-je, plus le prolétaire
a souffert, plus il souffre, et mieux sera comprise
la nécessité de la révolution sociale. Les écuries
de l'Augias économique trouveront peut-être enfin
leur Hercule : il suffira de les montrer putrides,
puantes de privilége et de scandale, d'oppression
et d'infamie. Et le jour viendra où nous y ferons
passer le fleuve de la Révolution.

De ces pensées, d'études consciencieuses et incessantes, le résultat, le voici. C'est ce volume,
pierre bien humble apportée par notre génération
à l'œuvre de l'avenir.

Que d'autres fassent ce que je fais, et que ces

pierres amoncelées servent un jour à écraser sous leur masse le mal et la tyrannie !

Je vous dédie ce livre, écrit sous votre inspiration, je vous le dédie à vous et à P.-J. Proudhon, à vous, l'homme de la lutte et de l'action, à lui, l'homme de l'étude et de la méditation.

JULES LERMINA.

Septembre 1868

PREMIÈRE PARTIE

LES LÉGENDES DE LA MISÈRE

SOMMAIRE

Quel fut le premier pauvre ? — La faute d'Adam. — La malédiction du travail. — Caïn. — Vulcain le travailleur. — Jupiter l'oppresseur. — Le Feu. — L'Égypte et les armées permanentes. — Le Patriarche. — Abel le paresseux. — Abraham et Loth. — Séparation, conquête, oppression. — Le brigandage. — Prométhée et les Océanides. — Le prolétaire hébreu. — L'individu et le groupe. — Le mendiant d'Homère. — L'esclave d'Aristote. — Les guerriers. — L'oisiveté. — Évasion ou révolte. — Plutarque et les Athéniens — Sparte et Lycurgue. — Les poètes et les philosophes. — Le Plutus d'Aristophane. — Xénophon. — Le *divin* Platon et M. Thiers. — Économie politique des Athéniens. — Plaidoyer en faveur de la propriété. — Défense du dépossédé. — Les coups de fouet. — La misère n'est point d'institution divine. — Dieu. — La nature. — De l'idée de Dieu. — *Primus in orbe Deos fecit timor.* — Que l'admiration n'a aucune part à la formation de l'idée divine. — Le monde tel que le créerait un assassin. — La crainte de Dieu est le commencement de la misère.

PREMIÈRE PARTIE

LES LÉGENDES DE LA MISÈRE

I

Étudier l'histoire de la misère, c'est remonter à l'origine des mondes. Car la première question qui se pose à l'esprit est celle-ci :

— Quel fut le premier pauvre ? Et pourquoi cette première victime fut-elle jetée en proie au monstre Misère ?

Question grave et dont jusqu'ici personne n'a semblé se préoccuper sérieusement. Et cependant, est-il un point plus intéressant ? Et dans ces origines même de la misère, ne pouvons-nous pas découvrir le principe élémentaire, essentiel de la régénération sociale, ne pouvons-nous pas, des profondeurs de ce passé légendaire, faire jaillir l'étincelle qui doit nous éclairer dans la voie de l'avenir ?

Il n'est point nécessaire, on le comprendra, de tenir compte ici des systèmes contradictoires, étayés pour la plupart sur des hypothèses, et qui tantôt donnent à la race humaine une origine unique, tantôt lui assignent divers points de départ.

Que la Genèse présente un reflet de la vérité dans ce fait subit, rapide de la naissance simultanée d'un homme et d'une femme, ce n'est point là ce que nous avons à examiner.

Que les lois d'*élection naturelle* et de *concurrence vitale*, imaginées par Darwin, aient quelque raison probable de réalité, peu nous importe.

Qu'enfin l'*Antropomorphisme* de Linné rende un compte exact de l'origine de l'homme, c'est ce que la science ne nous a pas encore permis de vérifier.

Cependant, en dépit de toutes les discussions de l'école, un fait subsiste et qui semble défier toute discussion, c'est que les noyaux continentaux qui formèrent les parties habitables du globe, soit qu'ils aient été produits par le refroidissement de la croûte terrestre, soit qu'ils soient tombés sur notre globe des espaces célestes, ont donné naissance, à diverses époques et en divers lieux, à des groupes humains, d'abord peu nombreux, dont les membres se sont trouvés réunis par les circonstances de *contemporanéité* et de *compatriotisme* et mutuellement liés par les attaches de la nécessité sociale.

La race Japétique fit-elle son apparition sur la terre avant ou après la race Hottentote ? c'est ce qu'il paraît impossible de discerner.

Mais, fait très-remarquable, eu égard au sujet qui nous intéresse, si la misère semble avoir été presque inconnue chez les peuplades les plus éloignées de toute civilisation, au contraire dès que l'histoire ou la légende nous ont conservé quelque souvenir des périodes primitives, la misère se dresse, implacable, et prend possession de quelques êtres, ses victimes prédestinées, et voue à la douleur et aux souffrances perpétuelles une race déshéritée, dont la postérité — *proles, prolétariat* — jette à travers les âges son cri de désespoir, de colère, de vengeance ou de revendication.

Long martyrologe dont le récit semble devoir, à tort fort heureusèment, porter pour épigraphe le mot sinistre de Mathieu :

— *Semper pauperes habetis.*

II

L'état hypothétique de pure nature exclut l'idée de misère ; il est évident que quelques hommes groupés par le hasard d'une naissance commune sur un point quelconque du globe se trouveraient, en raison même de l'étendue du lieu qui leur sert de patrie, à portée de se procurer, au delà de leurs besoins, toutes choses nécessaires à la vie.

Acceptant la misère comme un fait fatal, une infirmité inhérente à l'essence même de l'humanité, les poëtes et les philosophes se sont bornés à constater son existence ou bien lui ont assigné une cause providentielle.

Ainsi, dans la Genèse, Adam commet une faute : jusque là les biens de la terre s'offraient à lui en telle abondance que le besoin, le désir même lui étaient inconnus. Mais lorsque la voix de Jéhovah s'adresse à lui dans sa colère :

« Puisque tu as écouté la voix de la femme, s'écrie le Dieu, et que tu as mangé le fruit de l'arbre dont tu devais t'abstenir, que la terre soit maudite à cause de toi ! Tu t'en nourriras *péniblement* pendant toute ta vie ; elle te produira des épines et des ronces, et tu mangeras l'herbe des champs : tu mangeras ton pain à la sueur de ton front, jusqu'à ce que tu retournes à la terre dont tu as été formé, car tu es poussière, et tu retourneras à la poussière, »

Déjà se dégage un fait primordial dont nous suivrons pas à pas le vestige à travers l'histoire ; ce fait, c'est la malédiction du travail.

« Tu travailleras, dit Jéhovah, parce que tu as péché : si tu étais resté juste selon le Seigneur, tu aurais pu vivre dans l'oisiveté, cueillant les fruits que la terre t'eût prodigués sans peine, buvant l'eau des sources, et te couchant à l'ombre des chênes. »

D'où cette conclusion, que la race humaine est éminemment ennemie du travail ; et cette autre plus conforme à l'esprit philosophique, que tout travail, étant un effort, doit être considéré comme une souffrance, que le courroux d'un Dieu a paru seul expliquer et motiver.

III

La malédiction du travail poursuit son œuvre : Abel est

faible, il s'endort sur le sein de sa mère ou se livre à la contemplation, Caïn, le travailleur, l'assassine, en haine de cette inégalité, et l'anathème du Dieu tombe sur sa tête :

« Sois maudit sur la terre qui a ouvert son sein pour boire le sang de ton frère. Tu cultiveras la terre, et la terre ne te donnera plus de fruits ; tu seras agité et fugitif sur la terre. »

Caïn, c'est le travail érigé en punition. De Bohlen, dans son *Introduction à la Genèse*, donne de son nom une traduction qui vient à l'appui de cette légende : *Kaïn* de *Kana*, forgeron.

Les Caïnites sont les fondateurs des premières cités, Jubal invente les instruments de musique, Tubalcaïn est le premier forgeron.

Ainsi le travail, *action intelligente de l'homme sur la matière* (P. J. Proudhon), est considéré par les écrivains légendaires à un double point de vue, crime et punition. Le premier assassin est un travailleur : le premier châtiment est la condamnation au travail.

Ainsi le comprennent d'ailleurs les écrivains catholiques : « Partout, dit M. de Ségur, Caïn trouvait la colère céleste ; partout l'image de son frère le poursuivait. Ses enfants, objets, ainsi que lui, du courroux divin, se laissèrent entraîner par leurs *passions* et leurs *vices*. Ils fondèrent des États, inventèrent les arts, et introduisirent le luxe sur la terre. »

Et dès lors, cette civilisation, maudite à son principe, attire de nouveau la colère divine qui engloutit le monde sous un déluge.

Cette pensée est d'ailleurs générale, et nous en voyons

encore le développement dans la théorie chrétienne : la misère devant toujours être attribuée à la volonté divine.

Le premier misérable, d'après la théogonie juive, c'est Caïn, le maudit ; d'après la mythologie antique, Vulcain, fils de Jupiter.

IV

Et pourquoi Vulcain ?

Parce que chez les peuples primitifs, deux faits seulement emportent avec eux les idées de puissance, de richesse, d'honorabilité en quelque sorte :

D'une part, la propriété foncière, rurale, d'autre part, la force physique : le propriétaire et le brigand (qui devient le propriétaire) sont seuls craints et respectés.

Quant au serviteur rural ; le *Shaddaï* des Juifs, il est pris en pitié.

Quant à l'ouvrier des villes, au travailleur, au véritable prolétaire, la fable de Vulcain est là pour nous montrer en quelle estime il est tenu.

Existe-t-il quelque doute sur le véritable sens du mythe de Vulcain ?

D'abord son nom, Ηφαιστος, dérivant évidemment du verbe Απτω, j'allume : Vulcain, c'est le feu, c'est-à-dire la forge, le foyer qui amollit le fer, qui courbe le bois ; le feu, maître de la matière qu'il détruit ou façonne ; Vulcain, fils de Jupiter, c'est-à-dire du brigand envahisseur, qui, gardant pour lui seul la totalité des biens ruraux, laisse à ses sujets le soin de gagner leur vie.

Jupiter regarde cet enfant qui s'appelle *Travail*, et qui vient de naître. Il le méprise, il le dédaigne : il le voit laid, contrefait, ses bras sont nerveux, ses épaules larges ; mais cette force n'est point celle du combattant, du héros, du guerrier. Jupiter frappe le monstre d'un coup de pied, et voilà Vulcain qui tombe du ciel, *de la propriété*, dans l'île de Lemnos, selon les uns, dans la mer, selon d'autres.

Que fait le déshérité ? Il faut qu'il vive, il faut qu'il mange, il faut qu'il plaise à son seigneur. Alors il se confine dans une grotte : il empoigne le marteau, il frappe l'enclume, et fabrique des armes, fond le métal, tord des colliers, des bracelets, des parures de toutes sortes. Il faut bien s'attirer la bienveillance du maître.

Par ironie, on lui donne pour femme la déesse de la beauté, Vénus : mais le batailleur Mars prouve bientôt au pauvre prolétaire que son mariage est chose folle, et les Dieux rient à gorge déployée en voyant la piteuse figure du travailleur trompé. Vulcain s'abaisse, se courbe, et en signe de soumission, fabrique un collier pour Harmonie, fille de Vénus et de Mars.

Pour Ariane, fille de Minos et de Pasiphaë, il forge une couronne. Il devient flatteur, tant il doit être humble, s'il ne veut qu'on l'écrase.

C'est pourtant avec bonheur qu'il façonne le bouclier d'Hercule, le sauveur, le *fort* : c'est le commencement de l'espérance, l'aurore de la revendication.

Mais en même temps, pour ses maîtres, il bâtit dans l'Olympe un palais splendide.

Caché dans les profondeurs de la terre, souvent confondu avec Pluton, le dieu des enfers, comme au moyen

âge, le travailleur s'unira par le sabbat au diable qui
représente la révolte contre l'oppression, Vulcain a pour
emblèmes le marteau, la hache, les tenailles : toutes les
fêtes qui lui sont consacrées sont marquées d'un même
symbole, le feu ; aux éphesties d'Athènes, ce sont des
torches ; aux vulcanales de Rome, ce sont des lampes.

Enfin c'est Vulcain, le Travail, qui révèle au monde
Minerve, la Sagesse, la Justice, en brisant la tête du maître,
Jupiter.

La mythologie fait la Misère fille de l'Erèbe et de la
la Nuit : c'est Vulcain, Ηφαιστος, qui éclaire cette fille de
la Nuit. Il vit au milieu d'elle, dans son sein ; ils sont
indissolublement liés, et à côté d'eux frissonne la Faim,
fille elle aussi de la Nuit, qui l'engendra, selon Hésiode,
d'elle-même et sans le secours d'aucun mâle.

V

N'oublions pas cette observation, que, dès la première
organisation des sociétés, le premier fait saillant est la
hiérarchie. « C'est ainsi que nous voyons Abraham,
Isaac, Jacob, continuant en Chanaan et en Égypte leur
noble vie de pasteurs, riches, fiers, chefs d'une nombreuse domesticité, en possession d'idées religieuses
pures et simples, traversant les diverses civilisations sans
s'y confondre et sans en rien accepter (1). »

Ainsi, encore, dans les mythologies indiennes, nous
voyons les soudras, ou travailleurs, sortir des pieds de

(1) Renan, *Histoire des langues sémitiques.*

Brahma : les pieds sont les serviteurs des autres membres et dépourvus de toute liberté.

Et ici il faut dire quelques mots de l'essence même du *patriarcat*, cette forme primitive qui a servi de prétexte et de prétendu modèle à toutes les tyrannies.

La tribu est divisée en familles ou sous-tribus, gouvernées chacune par leur chef naturel ; législateur souverain de la tribu, le patriarche prononçant sur les discussions qui pouvaient s'élever de famille à famille. Il est facile de comprendre comment, dans la suite des temps, les tribus et sous-tribus ont fini par être considérées comme inféodées politiquement à certaines familles.

Le patriarche a ses préférences, ses sympathies ou ses haines : Jacob est substitué à Ésaü, les frères de Joseph le haïssent en raison des avantages que semble lui promettre le ciel. Lutte, hiérarchie, oppression, misère.

Les droits du père sont exorbitants : il peut vendre son fils, dans la terre hébraïque, pour sept années. Puis l'aîné a droit dans l'héritage à une double part, et devient à son tour le patriarche, le père.

Donc les premiers pauvres, ce sont les cadets, usage qui s'est perpétué jusqu'aux époques modernes, antérieures à la Révolution.

Dieu, dont le père est la représentation sur la terre, est le maître absolu des hommes et des choses :

« La terre est à moi, et vous n'en êtes que les fermiers. »

« Le Seigneur, dit Ésaü, est notre législateur, le Seigneur est notre juge, le Seigneur est notre roi, et c'est lui qui nous sauvera. »

Le grand prêtre est le représentant de Jéhovah ; repré=

sentant direct, alors que la division des tribus a multiplié le nombre des patriarches.

La hiérarchie se dessine plus accentuée et plus implacable. En Égypte, Diodore divise ainsi les castes : prêtres, rois et guerriers, puis au-dessous le peuple, pasteurs, agriculteurs et artisans.

Les guerriers sont propriétaires d'une grande partie du sol, et grâce à cette appropriation, les agriculteurs sont, déjà, les serfs de la glèbe.

D'après Diodore de Sicile (III, § 43), les premiers habitants de l'Égypte étaient ignorants et barbares : ils vivaient d'herbes, de glands, de racines ou de poissons que le Nil laissait à sec. Chaque année, alors que le Nil sortait de son lit, ils fuyaient les inondations en se refugiant sur les hautes montagnes.

Les étrangers, les Hicsos, viennent s'établir sur ces terres encore infécondées par le travail. Les Éthiopiens conquièrent la Thébaïde. Déjà, c'est le fait de la réduction des autochtones à la situation d'esclaves, de serviteurs des envahisseurs. Et pour légitimer cette oppression, les nouveaux venus agissent au nom des Dieux dont ils se disent les représentants : la caste des prêtres soutient de son ascendant moral la caste des guerriers.

« Les guerriers, dit Hérodote, sont tous consacrés à la profession des armes ; *pas un n'exerce d'art mécanique...* il leur est interdit d'exercer aucun autre métier que la guerre ; le fils y succède à son père. »

On le sent, les arts mécaniques, le travail, restent l'apanage des vaincus, des autochtones opprimés. Et, indépendamment de tout autre motif, ne comprend-on point facilement que les conquérants, adorateurs de la force, méprisassent souverainement ces hommes qu'ils avaient écrasés, et qu'ils regardaient comme bons tout au plus à les servir. De plus, ils trouvent que le pays est fertile, bon à habiter, et ils organisent une sorte d'*armée permanente* pour résister aux invasions. Les travailleurs de la terre, se contentant de vivre, n'avaient point songé à cette précaution.

Les guerriers appréciaient en outre combien il eût été dangereux de laisser le soin de la défense aux indigènes dont la révolte eût été à craindre pendant longues années. C'est ce que certains historiens expliquent en rappelant que les basses classes ont toujours été intéressées à bouleverser l'État. Étrange raisonnement ! l'État, ce sont les oppresseurs, et on impute à crime aux opprimés de songer à secouer ce joug. Puissance morale (ou immorale) du fait accompli.

Que dit Joseph aux peuples d'Égypte :

« Pharaon vous possède, vous et vos terres, » et depuis ce moment ce fut une loi de payer au roi le cinquième des revenus de toute propriété, excepté pour les terres sacerdotales.

On n'a pas assez d'anathèmes pour les tribus, qui, confinées dans les marécages du Delta, seuls vestiges des peuplades indigènes restées libres, tentaient incessamment de chasser les oppresseurs. C'est là du brigandage, disent les historiens ; soit, mais de quelle part ?

VI

Continuons donc nos recherches, et tentons de reconnaître comment la misère, dont l'existence se constate à chaque ligne des auteurs anciens, comment, disons-nous, la misère fit invasion dans le monde.

Il est un fait certain, c'est que les premiers groupes d'hommes, étant pasteurs par nécessité, et n'étant pas assez nombreux pour épuiser la portion de territoire qui se trouvait à leur disposition, avaient sous la main, en amples provisions, la subsistance nécessaire. Il ne faut pas non plus, croyons-nous, prétendre que la paresse a produit la misère, en tant que principe. Et voici sur quelles déductions nous nous fondons.

Lorsque la famille patriarcale, groupe de pasteurs, cultivait la terre, en recueillait les fruits, gardait les têtes de bétail, il est certain que le groupe produisait plus qu'il ne consommait, et ce, en ne donnant qu'une masse d'efforts peu considérables, si bien que le moins actif, le paresseux même, soit par faiblesse de complexion, soit par incurie native, trouvait amplement à satisfaire ses besoins, en usant uniquement du droit que toute l'antiquité a reconnu aux membres d'une même famille.

Revenons pour un instant au meurtre d'Abel : n'est-il pas évident qu'Abel, le contemplateur, le *paresseux*, vivait, et non par grâce, mais de par un droit basé sur la complaisance paternelle, du fruit des travaux d'Adam et de Caïn, travaux qu'il ne partageait pas ?

Caïn s'irrita et tua son frère. La malédiction divine et la malédiction paternelle s'abattirent sur la tête du meurtrier, et pas une voix ne s'éleva, ne fût-ce même que pour donner de son crime une explication logique. Nul ne songea à reprocher à Abel son inertie. Il est donc évident que les paresseux eux-mêmes, à l'origine des sociétés, trouvaient à leur portée nourriture et subsistance. Quant à Caïn, il est voué par la vengeance divine au travail et à la souffrance : mais on comprend si bien que le travail pouvait, en quelque lieu que ce fût, nourrir le travailleur, en l'absence de toute concurrence et de tout encombrement, que la menace divine se corrobore de cet autre anathème :

« Quand vous aurez cultivé la terre, elle ne rendra plus son fruit. »

Fait qui est enregistré comme en quelque sorte invraisemblable et ne pouvant se produire qu'en raison de la malédiction divine. La famine frappait souvent les peuples pasteurs, mais elle ne produisait pas la misère : Abraham se contente de se retirer devant la famine (Genèse, chap. XIII) et de se rendre en Égypte.

Or, de ces circonstances, que faut-il conclure?

La misère ne fut point dans le principe fait individuel, pas plus qu'elle ne l'est devenue, par le développement social : la misère n'a jamais procédé par individu, mais par groupes.

La justice paternelle, sanction du système patriarcal, empêchait toute violence qui eût pu faire souffrir un membre de la tribu. La paresse, nous l'avons expliqué, n'était pas source de misère.

Mais ici encore, la Genèse nous donne d'intéressants renseignements.

« Abraham (ch. XIII), étant sorti d'Égypte avec sa femme et tout ce qu'il possédait, et Loth avec lui, alla du côté du Midi.

« Il était très-riche et avait beaucoup d'or et d'argent.

« Il revint par le même chemin qu'il était venu du

Midi à Bethel, jusqu'au lieu où il avait auparavant dressé sa tente, entre Bethel et Haï.

« Loth qui était avec Abraham avait aussi des troupeaux de brebis, des troupeaux de bœufs, des tentes.

« Le pays ne leur suffit pas pour pouvoir demeurer l'un avec l'autre, parce que leurs biens (c'est-à-dire leurs troupeaux) étaient fort grands et qu'ils ne pouvaient subsister ensemble. »

Il ne faut pas perdre de vue que les pasteurs se trouvaient dans la terre des oasis ; sans quoi, il serait illogique que leurs troupeaux ne pussent point trouver pâture. Il s'agissait en effet d'un espace restreint. Et ces quelques lignes nous donnent immédiatement une idée première du fait misère.

Le groupe qui quittait le sol déjà fertilisé, soit qu'il se retirât par suite d'un accord volontaire, soit qu'il fut chassé violemment par l'autre parti du groupe indigène, se trouvait contraint de chercher ailleurs place et pâture pour ses troupeaux : d'où la guerre avec ses voisins, d'où des spoliations mutuelles, d'où le vol à main armée, d'où la misère.

Et remarquons-le encore, il n'est question de pauvreté, d'hospitalité et de charité dans les livres hébreux qu'après la constatation de l'existence de groupes divers et séparés les uns des autres. Tant que cette histoire mythique ne se préoccupe que de l'existence d'une seule famille, point n'est fait mention de la misère. Dès que les hommes se séparent, il y a lutte, guerre et misère.

Mais à notre sens, c'est par suite d'une fausse appréciation et de parti pris, que M. Moreau Christophe caractérise le même fait en ces termes :

« Des hommes, peu laborieux, avaient négligé la culture ; d'autres, peu prévoyants, avaient dévoré ou dissipé leurs provisions ; alors pressés par la nécessité, ils allèrent, à main armée, chercher leurs subsistances dans le grenier des cultivateurs infatigables et prudents, qui avaient su semer, recueillir, conserver. Prévoyance, travail, richesse d'un côté ; imprévoyance, oisiveté, misère de l'autre. — C'est l'histoire de l'humanité dans tous les temps. »

Non, ce n'est pas à ce point de vue que l'homme doit être accusé du fait misère. Dans le cas particulier qui nous occupe, que se produit-il? Un travail plus que suffisant, puisque d'une part la terre produit tout ce qu'elle peut produire : et la preuve de ceci ressort de la séparation d'Abraham et de Loth. S'ils eussent pu en travaillant plus produire plus sur le territoire qu'ils s'étaient approprié, se fussent-ils séparés ? Non certes, car ils ne sont pas ennemis et à quelque temps de là, Abraham courra au secours de Loth persécuté. Ce qui manque dès lors, ce qui manque encore aujourd'hui, c'est la saine organisation d'une statistique de la production et de la consommation. Si Abraham et Loth se fussent entendus de telle sorte que leur seule passion ne fût pas de posséder, d'épargner, d'entasser au delà de leurs besoins, mais de proportionner leur production : 1o à la subsistance du groupe qui les entourait ; 2o à l'épargne nécessaire pour conjurer tout danger de récolte insuffisante ; 3o à la possibilité d'échange avec les peuplades voisines, leur séparation n'eût point été nécessaire.

Au lieu de cela, que voyons-nous ? Passion d'acquérir pour acquérir. C'est la théorie de la richesse pour la richesse, opposée à celle de l'équitable répartition. De cette passion d'acquérir, le résultat fut la misère. Faits étranges, conséquences presque incroyables, et cependant faits réels, et conséquences exactes.

Ici, et par la force des choses, apparaît une forme nouvelle de l'activité humaine, la lutte, la spoliation, le brigandage.

VII

Nous avons prononcé le mot brigandage ? Ce mot est grave, puisqu'il doit, selon nous, rendre compte de la longue suite de misères qui accable l'humanité.

Que va faire Loth sortant avec ses richesses et ses troupeaux de la terre qu'il occupait avec Abraham ? Il va s'emparer d'un autre territoire : brigandage.

Puis, ambition développée outre mesure d'acquérir plus, plus encore, ambition commune et à Abraham et à Loth, qui, chez eux, la trouvent fort juste, et aux chefs voisins qui se jettent sur Sodome et Gomorrhe, prennent les vivres et les richesses, et emmènent Loth en captivité.

Quelle remarquable naïveté de brigandage dans ces quatre versets :

« En ce jour-là, le Seigneur fit alliance avec Abraham, en lui disant : Je donnerai ce pays à ta race depuis le fleuve d'Égypte jusqu'au grand fleuve d'Euphrate,

« Je te donnerai les Cenéens, les Cenezéens, les Cedenonéens,'

« Les Hethéens, les Phorezéens, les Réphaïtes,
« Les Amorrhéens, les Chananéens, les Gergesiens, et les Jébuséens. »

Donc la misère provient tout d'abord de ce mouvement fatal qui pousse les peuplades à se jeter les unes sur les autres, les plus fortes à absorber les plus faibles. Les vaincus deviennent, soit esclaves, soit pauvres, c'est-à-dire travailleurs au service de leurs vainqueurs.

Abraham et Loth eussent pu continuer à vivre chez eux : pour cela, il eût fallu sacrifier une portion de leurs troupeaux, richesse encombrante, inutile et toute d'apparat, superflue pour tout dire, dont la conservation produira le manque de nécessaire.

Secousses, perturbations, revirements, rien ne manque à cette histoire de la misère naissante : nous allons rappeler un des exemples les plus frappants de cette lutte entre les dominateurs et les conquis.

VIII

L'antiquité nous a légué le plus admirable mythe qui jamais ait été créé par la logique même des situations sociales : nous voulons parler du Prométhée, et qu'il nous soit permis de citer, en l'analysant, la presque totalité d'une remarquable étude, que le lecteur curieux de s'instruire pourra retrouver dans une des œuvres les plus consciencieuses, et, disons-le, les plus profondes de ce siècle : *L'Homme et la Révolution*, par J. A. Langlois.

Comme l'a dit Pascal :

« Certains auteurs, parlant de leurs ouvrages, disent :
« Mon livre; mon commentaire, mon histoire. » Ils sentent
leurs bourgeois qui ont pignon sur rue et toujours un
« chez moi » à la bouche. Ils feraient mieux de dire :
« Notre livre, notre commentaire, notre histoire, etc., »
vu que d'ordinaire il y a plus en cela du bien d'autrui que
du leur. »

C'est pourquoi je me plais à recommander le livre dans
lequel j'ai trouvé l'étude du *Prométhée*, laquelle, évidemment exacte, ne gagnerait en rien à être défigurée ou
refaite.

Prométhée (c'est Eschyle qui met en scène cette gran-
diose épopée) est enchaîné par ordre de Jupiter sur les
cimes du mont Caucase ? Pourquoi Eschyle a-t-il eu l'audace de mettre dans la bouche de Thémis (la Justice !) les
imprécations les plus violentes contre le Maître des
Dieux ? Pourquoi Vulcain, contraint de river les chaînes
du misérable, ne cède-t-il qu'à la force ? Pourquoi les
Dieux inférieurs, pourquoi les Nymphes, les Océanides,
qui représentent la conscience du poëte et la pensée
intime des spectateurs, témoignent-ils de toutes leurs
sympathies pour la victime ? Pourquoi, enfin, Hercule
délivrera-t-il le captif ?

Nous avons tenté d'expliquer comment, à l'origine des
sociétés, les premières manifestations du *séparatisme*
civilisateur degénérèrent rapidement en actes de violence
exercés sur des voisins, en déprédations, en un mot, en
brigandanges.

Or, la conscience générale, qui sait toujours, quand il
le faut, créer le mythe répondant à ses aspirations, la
légende dans laquelle se personnifient ses besoins, ses

amours ou ses haines, la conscience générale imagina les héros, destructeurs du brigandage, dont le véritable type est Hercule. La venue du fils d'Alcmène coïncide, remarque très-fortement M. Langlois, avec l'ère nouvelle, l'ère de la paix entre les peuplades qui vivaient jusque-là en ennemies sur le même sol. Ces peuplades appartenaient à deux races distinctes, la race autochtone, à laquelle Hérodote donne le nom de Pélasgique, et la race des Hellènes qui, sous les noms d'Ioniens et de Doriens, envahirent par deux fois le sol de la Grèce.

Les Doriens écrasent les Ilotes autochtones ; mais la race Pélasgique ne perd pas la mémoire de ses Dieux, de son origine, de sa liberté.

Qu'est-ce donc que le *Prométhée* d'Eschyle, sinon l'explosion des sentiments de haine pour les Dieux nouveaux qui sont l'oppression, d'amour pour les Dieux anciens qui personnifient dans le souvenir des vaincus l'indépendance et la liberté.

Que disent en effet les Océanides à Prométhée :

« Ne crains rien ; nous sommes des divinités amies, « un nuage de terreur, grossi de larmes, se répand sur « nos yeux en considérant ton corps flétri sous le poids « de ces chaînes de diamants. *De nouveaux maîtres* « *règnent dans Olympe.* Jupiter y dicte injustement de « nouvelles lois : ceux qu'on redoutait jadis ont disparu « devant lui. Dis-nous pour quelle offense il te fait subir « un traitement si barbare. Quelle est ta faute ? Parle, si « ce n'est pas une peine pour toi. »

Et Prométhée répond en racontant la guerre des anciens Dieux, des autochtones, contre les Dieux nouveaux, les envahisseurs. Cette lutte terrible s'est terminée par la chute de Saturne et des Titans, Jupiter vainqueur a voulu anéantir la race des rebelles : Prométhée seul a osé résister : le Titan est enchaîné, parce qu'il n'a pas voulu l'anéantissement des humains, c'est-à-dire des autochtones. N'est-ce pas déjà la devise : *Vivre en travaillant, ou mourir en combattant ?*

Dans ces quelques lignes, gît tout le mystère des origines de la misère. Nous avons vu Abram et Loth se séparant, nous savons que les Hicsos ou Hébreux ont envahi l'Egypte, et ont tenté de s'emparer de la propriété de la terre, les Hellènes ont envahi la Grèce.....

Alors Promethée, le vaincu, spolié de cette terre qui lui appartenait par droit de premier occupant, de propriétaire s'est fait travailleur. Ce prétendu droit inaliénable, violé dès le commencement de l'histoire, il l'a échangé contre le droit au travail, et le fils de Thémis, Prométhée, est devenu le prolétaire, le travailleur, l'artisan : il a enseigné aux hommes les éléments de tous les arts, la domestication des bœufs et des chevaux, la métallurgie et l'agriculture, l'écriture et la médecine, laissant aux conquérants l'art de la guerre, mais forgeant leurs armes.

Comment maintenant parmi les nouveaux venus, parmi les envahisseurs, les uns sont-ils restés propriétaires du sol, comment d'autres ont-ils été réduits à la même condition que les vaincus? C'est ce que le lecteur comprendra facilement en se reportant à ces époques éloignées où la culture du sol était en réalité la seule industrie. Aux citoyens qui par une raison ou par une autre se trouvaient sans patrimoine foncier, il ne restait d'autre ressource que de se faire accepter comme serviteurs par les propriétaires,

I X

Or quelles étaient les conditions de ce service, quelle était la situation du prolétaire ? L'Exode, le Deutéronome et le Lévitique sont là pour nous instruire :

« Le serviteur de race Israëlite ne pourra être retenu par son maître au delà de six ans. La septième année, il sera libre de partir avec sa femme, si celle-ci s'est engagée temporairement avec lui, et avec les enfants qu'il aura eus de cette femme pendant sa domesticité ; si le maître lui a donné une femme et que celle-ci lui ait enfanté des fils ou des filles, le serviteur pourra sortir avec son corps ; mais sa femme et ses enfants seront à son maître. Que si, à l'expiration de la sixième année, le serviteur hébreu dit : *J'aime* mon maître, ma femme et mes enfants, je ne sortirai point pour être libre, alors son maître le fera venir devant les juges, le fera approcher de la porte ou du poteau et lui percera l'oreille avec un poinçon, et il le servira à toujours. » (Exode XXI.)

D'après le Deutéronome (XV) le serviteur ne sera pas renvoyé *vide*. Le Lévitique, plus explicite, stipule (XXV) que le serviteur Israëlite sera payé au jour le jour comme le mercenaire ou l'étranger :

« Quand ton frère sera devenu pauvre auprès de toi et *qu'il se sera vendu à toi*, tu ne te serviras point de lui comme on se sert des esclaves, mais il sera chez toi comme seront le mercenaire et l'étranger ; et il te servira jusqu'à l'année du jubilé. »

Ainsi il existe une grande différence entre le serviteur

indigène, l'étranger qui vend volontairement ses services, et l'*esclave*, vaincu, opprimé, qui devient la *chose* du maître de par la loi du plus fort. L'esclave ne connaît pas la misère; le *frère* qui s'est vendu volontairement, l'étranger mercenaire sont les véritables pauvres, car c'est à cause de la faim qu'ils aliènent temporairement, sinon perpétuellement leur libre arbitre.

La misère des groupes devient bientôt la misère des individus : ici se montre le mendiant.

Rappelons un épisode de l'Odyssée :

« A l'aurore, dit Ulysse, je désire me rendre à la ville pour y mendier... cédant à la nécessité, j'errerai par la ville pour voir si l'on m'y tendra la coupe et le pain.... je me mêlerai à la foule des prétendants audacieux. Peut-être se chargeront-ils de me nourrir : car ils regorgent de mets abondants. J'exécuterais bientôt d'ailleurs les travaux qu'il leur plairait de commander... nul autre mortel ne pourrait disputer avec moi d'adresse : faire du feu, fendre le bois, préparer les repas, rôtir les chairs et verser le vin; en un mot, s'acquitter des soins que le pauvre rend aux hommes opulents. »

Au seuil du palais, Ulysse, déguisé en mendiant, rencontre un confrère :

« A ce moment, survient un mendiant qui demandait de porte en porte dans Ithaque, et se signalant par un estomac forcené, toujours à manger et à boire; mais il était sans force et sans énergie, et il avait très-grand air. Sa vénérable mère, à sa naissance, lui avait donné le nom d'Arnaïos; mais tous les jeunes gens l'appelaient habituellement Iros, parce que, quand quelqu'un lui ordonnait de porter quelque part un message, il y allait.

« Dès son arrivée, il veut chasser Ulysse du palais; il le gourmande et lui dit : — Vieillard, va-t'en de ce vestibule, si tu ne veux pas bientôt être traîné par les pieds; ne vois-tu pas que tout le monde me fait signe et m'exhorte à te tirer d'ici? mais j'en aurais honte. Debout donc, ou tout à l'heure nous allons nous quereller et jouer des mains !

— « Méchant, répond Ulysse en lui jetant un regard courroucé, je ne te fais point de mal et ne te dis rien, je ne trouve pas mauvais qu'on te donne, même beaucoup ; ce seuil nous contiendra tous les deux et il ne sied pas de porter envie à un étranger. Tu me sembles un vagabond comme moi. Mais ce sont les Dieux qui distribuent les richesses; ne me provoque donc point aux coups de poing ; crains de m'irriter, prends garde que, tout vieux que je suis, je ne souille de sang ta poitrine et tes lèvres; je n'en serais demain que plus tranquille, et je crois que tu ne reviendrais plus dans le palais du fils de Laerte.

— « Grands Dieux ! s'écrie, plein de colère, le vagabond Iros, comme ce parasite parle vivement ! on dirait une vieille enfumée; je le mettrai à mal en le frappant des deux mains. Je ferai sauter de ses mâchoires toutes les dents..... »

Que nous apprend cette fable?

Dans la vie patriarcale, nous l'avons constaté plus haut, le frère, déshérité par quelque circonstance de ses biens fonciers, se vendait volontairement à son frère. C'était un contrat régulier, dont la durée était limitée, et dont le renouvellement était soumis à certaines formalités.

Le frère, c'est l'indigène, égal à son frère par l'origine. Nous trouvons aussi l'étranger, celui qui n'a pas été vaincu, qui n'a pas été attaqué, mais qui, de son propre mouvement, est venu offrir ses services d'émigrant à ceux qu'il a rencontrés sur sa route.

Ici encore un contrat régulier.

Mais dans la civilisation plus avancée de la Grèce, le frère misérable ou l'étranger inaugurent un nouveau mode de procéder. Au lieu de traiter directement avec tel ou tel maître qu'ils choisissent eux-mêmes, ils s'adressent à la collectivité, rendent à droite et à gauche quelques services, et tendent la main pour en recevoir le prix, comme une faveur, comme une aumône.

Le serviteur devient le mendiant.

Le mendiant conserve sa liberté : il n'est le serviteur de personne, encore moins l'esclave. Il se drape fièrement dans ses haillons, et remarquez combien le mendiant indigène craint la concurrence de l'étranger.

Iros, qui a *très-grand air,* une sorte de Bazan déguenillé, s'oppose à ce que l'étranger vienne partager les bribes qui tomberont de la table des prétendants. Ces reliefs lui appartiennent en droit, puisqu'il est le messager, le proxénète de ses maîtres provisoires.

L'esclave aurait vu sans colère un nouvel esclave s'asseoir à la table du maître : il sait qu'il est de l'intérêt de celui-ci de les recevoir tous deux.

Mais le mendiant ne jouit pas de cette même sécurité. Il forme dans la société un ordre à part, qui attend tout de la bienveillance et non plus de l'intérêt des riches, ni de l'exécution d'un contrat régulier.

En même temps que le mendiant apparaît, l'esprit de charité, doublé de l'esprit de dédain et de mépris, surgit dans l'histoire. Les prétendants de Pénélope excitent d'abord les deux mendiants à la lutte : ce contrat entre hommes émaciés par le besoin, les distraira, Mais Minerve rend à Ulysse la force des jarrets et la vigueur des cuisses et des épaules. Alors une pitié mêlée d'admiration se substitue dans l'âme des riches à ce premier sentiment. Puis, comme le dit Télémaque :

— « N'oubliez pas que souvent les Dieux empruntent la forme des mendiants pour visiter les mortels.

Quelle différence avec l'esclave !

— « L'esclave, dit Aristote, ne participe à la raison que dans le degré nécessaire pour modifier sa sensibilité, mais non pas assez pour qu'on puisse dire qu'il possède la raison. L'esclave est en quelque sorte une propriété animée, il est comme une partie du corps de son maître... Si chaque outil pouvait, quand on lui commande, ou même sans attendre l'ordre, exécuter la tâche qui lui est propre, si la navette pouvait d'elle-même tisser la toile, on n'aurait pas besoin d'esclaves. »

Ainsi l'esclave travailleur est placé plus bas dans l'échelle des êtres qu'Iros, le parasite et le fainéant. Ceci est la morale antique, si peu connue.

Le citoyen, c'est l'homme qui n'a pas besoin de travailler pour suffire aux besoin de son existence, et qui participe aux fonctions publiques.

La guerre, la force, sont seules en honneur. « Dans quelques États, dit encore Aristote, il suffit non pas seulement de porter les armes, mais même de les avoir portées pour jouir du droit de cité. Chez les Maliens, le corps politique se compose de tous les guerriers, et l'on ne choisit les magistrats que parmi ceux qui ont fait des campagnes. »

Chez les Spartiates, nous apprend Plutarque, les citoyens qui ne sont point occupés, par suite de circonstances, à traiter les affaires politiques ou à la guerre, ce qui constitue leurs fonctions essentielles, passent leur temps dans les fêtes, les festins, les jeux, les danses ou les chasses. Ils ne vont pas au marché; ils laissent à leurs parents les soins de la vie matérielle; encore est-il honteux aux vieillards de s'occuper trop longtemps de ces sortes de soins.

Tout métier est réputé honteux et vil, tout travail des mains déshonorant. L'agriculture est laissée aux Ilotes.

Un Lacédémonien, à Athènes, entendant condamner à l'amende un citoyen convaincu d'oisiveté, s'empressa d'aller féliciter cet homme qui savait vivre en homme libre.

Ainsi, travail et liberté, sont deux termes qui s'excluent; donc, travail est adéquat d'esclavage, travail égale misère.

A Thèbes, d'après Aristote, tout négociant était de droit exclu des affaires publiques.

Aussi quel est alors le droit de guerre?

Le vainqueur met à mort le vaincu, s'empare de sa famille et de ses biens. La plus grande gloire du guerrier ressort de l'abondance du butin.

Les Thessaliens et les Doriens inaugurent l'esclavage de la glèbe; ils offrent aux vaincus l'alternative d'un choix odieux : l'exil ou la servitude.

De là, l'émigration en masse, les souffrances de longues pérégrinations, la misère, la haine, et parfois de sinistres représailles sur d'autres groupes innocents du crime dont ils portent le châtiment.

« Les Thessaliens, rapporte Denys d'Halicarnasse,

traitaient les vaincus avec une insupportable fierté; ils les obligaient à des fonctions indignes d'hommes libres; ils les menaçaient de coups pour toute désobéissance aux ordres qu'on leur donnait; en toute occasion ils les traitaient comme des esclaves achetés à prix d'argent. »

L'évasion ou la révolte leur restaient comme seule ressource.

L'évasion, c'était la misère.

La révolte, c'était le massacre en masse, comme celui de deux mille Ilotes, mis à mort secrètement par les Spartiates.

« A Sparte, dit Isocrate, les grands ne se contentèrent pas de priver les hommes du peuple des charges et des honneurs. Peu satisfaits, bien qu'en petit nombre, de prendre les meilleures terres, ils s'en approprièrent une plus grande étendue que n'en possède ailleurs personne parmi les Grecs. Ils laissèrent à la multitude *une portion si modique des plus mauvaises terres*, qu'avec beaucoup de travail elle en tirait à peine sa subsistance. Ils mirent le peuple autant à l'étroit qu'ils purent pour les habitations, laissant aux hommes de cette classe le nom de citoyens, mais leur accordant moins d'influence que n'en ont à Athènes les habitants du bourg. »

A Athènes le peuple était-il mieux partagé?

« Tout le peuple, dit Plutarque, était débiteur des grands; les uns cultivaient les terres des riches auxquels ils rendaient le sixième des fruits. D'autres livraient leurs personnes en nantissement de leurs dettes et devenaient esclaves de leurs créanciers, ou même étaient vendus en pays étrangers. Beaucoup étaient réduits à vendre leurs enfants ou à quitter leur patrie pour échapper à la cruauté de ces usuriers sans pitié. »

Les législateurs vinrent-ils réagir contre ces tendances ultra-despotiques? Non. Il serait temps de laisser de côté les idées fausses et de réduire à néant les illusions dont sont entretenus les étudiants des lycées universitaires : s'habituer à vanter la justice de Lycurgue ou de Solon, la sagesse des philosophes grecs, c'est dès l'enfance accepter l'arbitraire, l'illogique, c'est perdre toute notion de justice et de solidarité humaines.

Il ne rentre pas dans notre cadre de nous livrer à une étude approfondie du véritable caractère des législations antiques et des théories des prétendus *sages* qu'on nous habitue imprudemment à révérer. Mais par quelques citations, il est facile de comprendre l'ordre d'idées dans lequel nous nous plaçons.

« L'éducation des Spartiates, dit Plutarque dans la Vie de Lycurgue, s'étendait jusqu'aux hommes faits : *on ne laissait à personne la liberté de vivre à son gré*. La ville même était un camp où l'on menait le genre de vie *prescrit par la loi*, où chacun savait ce qu'il devait faire pour le public, où tous étaient persuadés qu'ils n'appartenaient pas à eux-mêmes, mais à la patrie. *Une des plus belles et des plus heureuses institutions de Lycurgue*, c'était d'avoir ménagé aux citoyens le plus grand loisir, *en leur défendant de s'occuper d'aucune espèce d'ouvrage mercenaire...* Les Ilotes labouraient les terres pour eux et leur en rendaient un certain revenu... Les Spartiates regardaient comme une occupation basse et servile d'exercer des arts mécaniques et de travailler pour amasser des richesses! »

X

Mais ne l'oublions pas, tout excès entraîne la réaction.

C'est la poésie, c'est le sentiment, et non par malheur la logique et la science, qui se chargèrent de réhabiliter le travail.

Athènes entra la première dans cette voie : ses poëtes, ses tragiques ne laissèrent échapper aucune occasion de relever le travail, de défendre les misérables. Le luxe des grands, leur puissance, leur égoïsme n'échappèrent point à la satire.

La décomposition de la société grecque, fondée sur les principes monstrueux de l'oppression oligarchique, s'annonça par la bouche des poëtes, mais non des philosophes. Autoritaires et aristocrates, les Socrate, les Platon, les Aristote se firent les hérauts de l'inégalité des classes, dédaignant le travail et méprisant la misère.

Appuyons notre dire par quelques citations et interrogeons d'abord les poëtes :

« On n'achète qu'au prix du travail un heureux succès. » (*Sophocle. Les Atrides.*)

« On n'arrive à la gloire que par le travail. » (Id. *Les Devins.*)

« Le prix attaché au travail en fait supporter la peine. » (*Euripide. Rhésus.*)

« Le travail est le père de la gloire. » (Id. *Licymnios.*)

« La pauvreté nous préserve de bien des maux. » (*Epicharme.*)

« Les Dieux nous vendent le bonheur au prix de nos travaux. » (Id.)

Bien que, dans les prétendues démocraties grecques, le travail ne fût pas en honneur, cependant il était fait une distinction très-sensible entre la *pauvreté* et la *misère*, le premier de ces deux termes impliquant la frugalité, le contentement à peu de frais, le second, la paresse, l'incurie, la malpropreté : c'est ce qui ressort admirablement de cette scène du *Plutus* d'Aristophane, que nous demandons la permission de citer textuellement :

La Pauvreté engage un long dialogue avec l'opulent Chrémyle : celui-ci préfère hautement la richesse à la médiocrité. — Mais si tout le monde est riche, dit la Pauvreté, où trouveras-tu des serviteurs ?

CHRÉMYLE.

Nous en achèterons avec de l'argent.

LA PAUVRETÉ.

Et qui donc voudra se vendre, puisque tout le monde aura de l'argent ?... C'est toi qui devras labourer, bêcher, travailler, et ta vie sera mille fois plus pénible qu'elle ne l'est aujourd'hui.

CHRÉMYLE.

Que ce présage retombe sur ta tête !

LA PAUVRETÉ.

Tu n'auras plus ni lit pour te coucher (où en trouverais-tu ?), ni tapis (qui voudrait en fabriquer ?), ni parfums pour la toilette de ta femme, ni étoffes brochées et teintes en pourpre pour sa parure. Et cependant à quoi sert d'être riche, si l'on est privé de toutes ces jouissances ? Grâce à moi, au contraire, vous avez aisément tout ce qu'il vous faut : comme une maîtresse vigilante, je force l'ouvrier par le besoin à travailler pour gagner sa vie.

CHRÉMYLE.

Quels autres biens peux-tu donner que des brûlures au feu de l'étuve publique, que les cris des enfants affamés et des vieilles femmes gémissantes ; que les puces, les poux, les cousins dont le bourdonnement nous réveille et nous dit : « Lève-toi pour crever de faim ! » et quels autres habits que des haillons ; quel lit, qu'une litière de joncs pleine de punaises qui nous empêchent de fermer l'œil ? Pour couverture, une natte pourrie ; pour oreiller, une grosse pierre sous la tête ; en guise de pain, des racines de mauve ; pour tout potage, des feuilles de rave sèches ; pour siége, un vieux tesson de cruche ; pour pétrin, une douve de tonneau fendue : voilà les biens dont tu nous combles.

LA PAUVRETÉ.

Cette vie-là n'est pas la mienne ; c'est celle des mendiants que tu décris.

CHRÉMYLE.

Mendicité n'est-elle pas sœur de Pauvreté ?

LA PAUVRETÉ.

Telle n'est point, telle ne sera jamais ma vie. La mendicité consiste à végéter sans posséder rien ; la pauvreté, à vivre d'épargne et de travail : point de superflu, mais le nécessaire !

CHRÉMYLE.

Vie heureuse, ma foi, d'épargner et de se donner de la peine, pour ne pas laisser de quoi se faire enterrer !

LA PAUVRETÉ.

Tu plaisantes et tu railles, au lieu de parler sérieusement, quand tu refuses de reconnaître que je sais, bien mieux que Plutus, rendre les hommes forts de corps et d'esprit. Avec lui, ils sont ventrus, lourds, goutteux, chargés d'un honteux embonpoint; avec moi, minces, à taille de guêpe, et redoutables à l'ennemi.

CHRÉMYLE.

C'est en les affamant, sans doute, que tu leur donnes cette taille de guêpe....... En somme, comment se fait-il que les hommes te fuient?

LA PAUVRETÉ.

C'est parce que je les rends meilleurs. Est-ce que les enfants ne fuient pas les salutaires avis de leurs parents? tant il est difficile de discerner ce qui est bon !

. . . .

Que disent, au contraire, les philosophes, les amants de la sagesse ?

« L'artisan, demande Aristote, doit-il être compté parmi les citoyens? Non, une bonne constitution n'admettra jamais les artisans parmi les citoyens. Ceux qui se livrent au travail ont une existence dégradée, où la vertu n'a rien à voir. Ils sont déjà esclaves par l'âme, et ils ne vivent libres que parce que l'État n'est pas *assez riche pour les remplacer par des esclaves, ni assez fort pour les réduire à cette condition.* »

« Les arts mécaniques, suivant Xénophon, altèrent la santé, déforment le corps et ne peuvent, en conséquence, manquer d'exercer sur l'esprit une funeste influence. On a donc raison d'exclure des charges publiques tous ceux qui se livrent à l'industrie. »

« La nature ne nous a point faits pour être cordonniers, s'écrie le *divin* Platon ; de pareilles occupations dégradent les hommes qui les exercent ; ces hommes ne jouiront d'aucun droit politique. »

N'a-t-on pas écrit de notre temps ces lignes horribles :

« L'abolition de la misère est la pierre philosophale de la civilisation moderne. Dieu semble avoir permis qu'il y ait toujours de la misère en ce monde, pour laisser un sujet d'exercice éternel à la sympathie et à la pitié naturelle de l'homme pour l'homme. »

Ceci a été écrit par M. Alloury. On ne saurait oublier le nom d'un aussi noble amant de l'humanité.

M. Thiers a droit aussi à notre reconnaissance :

« A côté de la misère, disait-il en 1850, condition *inévitable* de l'homme dans le plan *général* des choses, se trouve placée la bienfaisance, qui est *la plus attrayante* des vertus dont Dieu ait doté l'homme. »

Nos philosophes modernes ne sont-ils pas dignes des philosophes anciens ?

XI

Ainsi la misère, il faut bien le comprendre, se confond presque absolument dans les républiques grecques avec la servitude ou l'esclavage. La mendicité, nous l'avons montré, est, en quelque sorte, un métier accepté, qui n'a rien de déshonorant : messager, bouffon ou rhapsode, le mendiant est accueilli partout; il a sa place au seuil du palais des riches, et ceux-ci condescendent à lui jeter un morceau de pain, que le plus souvent il paye par un chant ou un récit.

Cependant, en dehors de cette catégorie de vagabonds, indigènes ou étrangers, nous rencontrons déjà à Athènes les vrais pauvres, la cohorte nombreuse de ceux que la guerre a ruinés ou dont les opérations commerciales n'ont pas été fructueuses, de ceux enfin que les infirmités corporelles rendent incapables de pourvoir à leur subsistance.

« Dans les premiers temps, dit Bœckh (*Économie politique des Athéniens*), Athènes pouvait se vanter qu'aucun de ses citoyens n'était dans le besoin et ne lui faisait honte en sollicitant un bienfait des passants; mais, après la guerre du Péloponèse, la pauvreté se montra de toutes parts, et des hommes affaiblis ou mutilés eurent besoin de secours. La loi ne l'accordait qu'à ceux qui avaient moins de trois mines (275 francs) de bien. Du temps de Socrate, un tel avoir était déjà très-peu de chose, et ceux qui recevaient un secours étaient très-indigents. Je ne crois cependant pas que les Athéniens en aient été avares.... Suivant le Scholiaste inédit d'Eschine, le secours donné aux indigents était de trois oboles par jour (46 centimes). Suivant Aristote, les secours auraient été de neuf drachmes (8 fr. 25 c.) par mois. Mais, selon toutes probabilités, le secours ne s'éleva jamais à plus d'*une obole* (15 centimes) par jour. »

D'après le même auteur, l'entretien d'une famille composée de quatre personnes adultes nécessitait une dépense minimum annuelle de quatre ou cinq cents francs, et encore, à ce prix, la vie était-elle plus que frugale.

On comprend alors ce que pouvaient être les pauvres, auxquels il était alloué quinze ou trente centimes par jour.

Voici donc la vraie misère, et il ne nous a pas fallu de longs efforts pour découvrir le monstre, vivant, se développant, et comme la pieuvre illustrée par Victor Hugo, enlaçant de ses cent bras toute une portion de l'humanité.

Mais, au début des sociétés, la revendication n'était-elle point possible? Ne pouvait-on donc trancher dans sa racine ce hideux fléau? N'existait-il aucun moyen de briser ces chaînes à peine formées?

Réponse facile.

La misère, dans les cités antiques, est-elle un fait en quelque sorte normal, et auquel se puissent appliquer les sublimes théories de nos économistes modernes? Le riche aurait-il, dès cette époque, répondu que la misère est un mal nécessaire, inhérent à l'essence, à la nature même de l'humanité :

Non, les arguments invoqués sont d'une simplicité que l'on peut qualifier d'antique :

— Je suis le plus fort, dit le guerrier, donc j'ai droit à la richesse, au bien-être, à l'activité. Toi, que j'ai vaincu, je te méprise, je t'écrase, et si je te fais grâce de la vie, faveur dont tu dois me remercier à deux genoux, c'est à cette seule condition que tu me nourriras, que tu me vêtiras, que tu m'apporteras des ornements pour mes bras et les chevilles de mes pieds, des colliers pour mes Aspasies et des bracelets pour mes Laïs. — Songe, continue-t-il, que tu ne vis que par mon bon plaisir, que ton existence m'appartient et que, de par ma force, j'ai le droit de te tuer. Donc, travaille ou meurs!... Tu me dis que tu es pauvre, que tu souffres, que tu as faim. Je le sais bien. Que m'importe! Pourquoi n'as-tu pas été le plus fort? C'est moi qui serais ton serviteur, et tu aurais pris mon rôle. Et ce serait justice : car la justice, c'est la force.

— Du droit de la force, du droit de nos armes, nous prenons ce qui nous plaît, et il nous plaît de prendre le sol. Car s'il t'appartenait, misérable, tu serais capable de le cultiver pour ton propre compte et de nous marchander tes produits. Nous sommes forts, et mieux encore, intelligents. La terre est à nous, tu as besoin d'elle pour soutenir ta chétive existence, et tu te traînerais à nos pieds pour que nous t'autorisions à la cultiver. Soit, mais à la condition que tu nous remettras les neuf-dixièmes de tes produits.

Et ainsi, la misère, l'expropriation naquirent du droit de la violence. Ainsi, les brigands devinrent maîtres; et comme les victimes se courbèrent bien bas devant ceux qui tenaient leur vie entre leurs mains, à l'idée de propriété s'attacha l'idée de respect.

On oublia qu'on avait en face de soi des voleurs et des pillards.

On salua ceux qu'on aurait dû, si la justice eût été la plus forte, chasser et punir.

Les misérables, tremblants de tous leurs membres, auraient-ils pu dire à leurs oppresseurs :

— Cette terre n'est pas à vous, car la terre n'appartient ni ne peut appartenir à personne. La terre ne peut être

appropriée. C'est un instrument sur lequel tout travailleur a un droit égal. La terre n'est pas indéfinie. Si vous
vous emparez de toute la terre, il ne nous restera rien;
car vous nous chassez si nous ne voulons être esclaves.
Donc, votre droit n'est pas un droit, puisqu'il implique la
mort par inanition d'un certain nombre d'hommes qui
sont vos égaux......

Les conquérants eussent haussé les épaules et dit :

— Que l'on déchire les épaules de cet homme à
coups de fouet, et qu'on lui demande ensuite s'il se croit
notre égal....

Ainsi fut le premier propriétaire.

XII

Nous sommes à peine au début de la tâche que nous
nous sommes imposée, et déjà la plume nous tombe des
mains. N'est-pas avec raison que M. de Carné écrivait ces
lignes navrantes :

« Rien de plus tristement monotone, qu'une histoire
de la misère. L'entreprendre, c'est se résigner à compter
les larmes de l'enfance sans secours, de l'âge mûr sans
travail, de la vieillesse sans asile, et ces douleurs-là se
ressemblent dans tous les temps et dans tous les lieux.
La faim dans ses tortures, la douleur physique dans ses
angoisses n'ont qu'un même cri de détresse au sein des
nations avancées comme chez les peuples enfants..... »

Mais il est temps que l'on apprenne enfin cette vérité :
que la misère n'est point d'institution divine, qu'un Dieu
(et oser prétendre que ce Dieu eût été bon et intelligent!)

n'a pu condamner la majorité des hommes à la faim et à la souffrance; que l'on sache enfin que la misère est due aux plus bassés et aux plus sordides passions des hommes, à l'ignorance, à la brutalité, et que celui-là fut un sauvage; dans la plus terrible acception du mot, qui le premier dit à son frère :

— Ote-toi d'ici! ce rayon de soleil m'appartient!

XIII

Un fait nous reste à étudier, mais qui touche à des questions d'un ordre si délicat et si complexe que nous hésitons quelque peu à les traiter.

Quoi qu'il en soit, et en dépit de certaines craintes faciles à concevoir, nous ne pensons pas qu'il soit de la dignité de l'homme de reculer devant l'expression de sa propre pensée.

Or, voici ce qui, dès les débuts de la période légendaire ou semi-historique, nous frappe profondément :

Simultanément, avec l'idée d'oppression, de défaite, de misère, naît, se développe, grandit l'idée de Dieu.

Par quelle singulière affinité ces deux idées ont-elles ainsi une origine identique, contemporaine? Et ne serait-il pas possible que l'une ne fût que la conséquence de l'autre, et pour nous expliquer plus clairement, que l'idée de Dieu ne fût que la résultante de l'idée de souffrance ?

Peut-être surgit-elle d'abord à l'état vague par suite de la terreur inspirée aux hommes par les grandeurs inexpliquées de la nature :

Prenons l'homme dans la solitude, à l'état sauvage, au milieu de la nature dont l'immense étendue semble le dominer, l'écraser.

Le soleil se lève.

— Quel est ce disque flamboyant qui sort des entrailles de l'inconnu, cette immense fournaise vomie on ne sait de quel gigantesque foyer? Quoi! je ne puis le regarder en face sans que mes yeux ne soient brûlés par cette incandescence? Ce n'est pas tout! il marche, il va, il monte. Le voici au-dessus de ma tête! S'il s'allait détacher de la voûte où rien ne semble le retenir, s'il tombait sur moi, pauvre être humain.....

A genoux, à genoux devant le soleil!

— Quel est ce grondement sourd qui devient roulement et fracas? Une masse liquide bondit et rebondit d'une hauteur prodigieuse dans les plus profondes vallées. Ne se peut-il pas que quelque cataclysme inconnu précipite les masses hors du lit qui les contient aujourd'hui! Et alors, ne serait-ce pas fait de nous?

A genoux, à genoux devant le torrent!

— Que sommes-nous devant cette robuste nature qui proclame sa force par les terribles voix des vents et de la foudre? D'où vient le jour? D'où vient la nuit? Que sont ces trombes insaisissables et qui saisissent tout, ces avalanches qui nous écrasent, pauvres fourmis, sous le talon de la nature furieuse? De quel foyer s'échappe ce feu qui, tombant des cieux, consume et détruit nos moissons, écrase nos demeures et tue nos enfants?

A genoux, à genoux devant la nature!

— Tout est Dieu: car nous ne connaissons rien et tout

nous effraye. Nous ne dirigeons rien et tout nous gouverne.

Toi, faible morceau de bois, implore pour nous la forêt et ses mystères !

Toi, goutte d'eau, parle au torrent, à la mer !

Toi, caillou, parle aux roches dont les masses se suspendent sur nos têtes !

De la terreur, le Fétichisme.

Fétichisme, adoration, conjuration de tout ce qui tient à cette nature que nul ne comprend et que tous redoutent.

N'est-il pas vrai que cette idée, dont le corollaire est l'idée divine, a préexisté évidemment dans l'âme de tous ?

Cruels et ignorants, les oppresseurs demandent à cette nature dont ils jugent la puissance si efficace de seconder leurs vengeances, de les épargner, de les aider contre leurs ennemis.

Qu'est-ce que cela prouve ?

Sinon que l'homme a peur de tout ce qu'il ne peut tenir dans sa main, de tout ce qui lui paraît plus fort que sa fantaisie.

Conclure de là que l'idée de Dieu est innée au cœur de l'homme, c'est tirer une fausse déduction de prémisses réelles.

Ce n'est pas l'idée divine, mais bien la terreur de l'incompris, le besoin d'une alliance forte et secourable qui préexiste au cœur de tous et qui fait chercher à tous un point d'appui en dehors de leur propre essence.

Tel est le fait dans son expression primitive.

Ce n'est pas tout : les vaincus, par orgueil et par

ignorance, ont également attribué à une intervention surhumaine cette défaite qu'ils n'avaient pu conjurer.

Dieu, ce fut le dompteur d'hommes, le conquérant.

Le Fétichisme était une grossière synthèse, rapportant tout à une force unique, la nature.

La gradation du Fétichisme à l'Anthropomorphisme est des plus simples.

Les peuples, possédant des notions artistiques, s'habituant à manier, à analyser les forces naturelles, se dépouillant de cette ignorance dont le corollaire était une terreur instinctive, sont remontés du fleuve à la source, des expressions générales aux principes.

Là où les Fétichistes ne voyaient rien que la nature dans sa brutalité souvent effrayante, les antropomorphistes occidentaux ont constaté l'injustice de leur défaite; et, ne trouvant dans l'humanité aucune raison suffisante de ces inégalités, ils les ont attribuées à la divinité alliée à l'homme, aux demi-Dieux.

Ne pouvant encore tout comprendre, et se laissant entraîner par l'imagination qui leur laissait ignorer la conscience, au lieu de maudire, ils ont tremblé et se sont laissé entraîner par un impérieux besoin d'adoration. Reculant devant une lutte avec cet inconnu, qui leur paraissait intangible, insaisissable, ils ont mieux aimé se courber devant lui : ils ont personnalisé cette force innommée, incompréhensible, dont ils ressentaient les effets sans en pouvoir discerner la cause rationnelle, humaine.

Et ils ont créé les Dieux.

Primus in orbe Deos fecit timor, a dit Stace, avec une profonde logique.

Comment expliquer autrement ces écrasements subis pendant de longues périodes par des peuplades, des tribus entières plus nombreuses que leurs oppresseurs?

Le premier adorateur de Dieu fut un blessé, un mourant ou un esclave.

On nous a dit et cent fois répété que l'idée de Dieu provenait d'une admiration involontaire des splendeurs de la nature.

Nous ne pouvons laisser passer cette objection sans la discuter, car nous nions absolument que l'homme primitif ait *admiré*.

L'admiration est un sentiment tout délicat, incompatible avec la nature primitive, non civilisée. L'enfant n'admire pas ce qui l'entoure, car il ne connaît pas de termes de comparaison : il sourit à ce qui lui fait plaisir, il a peur de ce qui lui fait mal.

Mais creusons cette idée d'*admiration*, qui d'ailleurs, ne l'oublions pas, eut bien vite disparu de par l'habitude. L'habitant d'un palais n'admire plus le luxe au milieu duquel il se trouve continuellement.

Or supposons que ce sentiment de la crainte n'existe pas ;

XIV

Que signifie ce mot : Dieu?

Dans toutes les religions, dans tous les dogmes, Dieu est une puissance à la fois créatrice et active.

Dieu a créé, Dieu agit :

C'est-à-dire que sa volonté influe sur les événements comme sur les choses inertes, qu'elle peut les modifier à son gré, qu'elle peut protéger celui-ci, rejeter celui-là, appeler, élire, punir, récompenser, enfin exécuter tous les actes qui constituent l'exercice d'un pouvoir souverain et surnaturel.

Cela est-il vrai ? L'existence de cette force se fait-elle réellement sentir actuellement, en discernons-nous les effets, en constatons-nous la vitalité, en un mot, si cette force est, où se révèlent ses actes ?

Il faut ici, pour éviter toute confusion, bien comprendre ce qu'est Dieu dans l'opinion générale, nous dirons même universelle.

DIEU, être supérieur, infiniment bon, puissant et juste, est, pour tous les croyants, un être trinal, binaire ou unique, auquel on élève des temples, que conjurent des milliers de fidèles, dont tous doivent, à tout instant, implorer l'appui suprême, redouter la colère et adorer la grandeur. A cet être, le monde qu'il a créé est soumis : il peut l'anéantir d'un signe de tête, le bouleverser d'un geste.

Son premier acte, par rapport à nous, a été la création.

Donc la création est le fait d'un être à la fois infiniment bon, infiniment puissant,

Par conséquent, meilleur et plus fort que nous, créatures plus qu'imparfaites.

Il a créé le monde, il a dû mieux faire que nous ne ferions, nous, en qui la partie bonne n'est qu'une émanation, un reflet de cette Divinité excellente.

Raisonnons :

Tout est-il si bien organisé, si bien ordonné dans la création que si vous étiez Dieu pendant une seule journée vous ne pussiez trouver rien à modifier dans ce qui est ?

Nous en avons fini avec les déclamations basées sur la splendeur d'un lever de soleil, l'immensité des cieux et l'éclat des astres de l'infini.

Soyons donc terre à terre, une fois pour toutes, et mettons la Divinité en face des principes indélébiles que sa *toute bonté* a gravés en nous, citons-la au tribunal de la conscience qu'elle s'est plu à ériger elle-même.

D'abord où trouver rationnellement la nécessité de la création ? A quelles considérations s'est donc soumis ce Dieu qui n'a pas de comptes à rendre, ce Dieu irresponsable ? Est-ce de sa part un jeu, un caprice ?

S'il est infiniment bon, il ne fallait pas créer, car les créatures souffrent.

S'il est intelligent, il ne fallait pas créer, car, si pures et vigoureuses que soient les aspirations de l'humanité, approchera-t-elle jamais de la plénitude absolue de l'esprit divin.

Voulait-il produire, par un progrès successif, des races de plus en plus épurées ? Pourquoi cette perfectibilité ? Pourquoi ne pas avoir d'un coup imaginé la perfection ?

Mais encore pourquoi créer ? Aucun raisonnement ne peut conduire à la constatation de ce besoin qui, pour nous servir d'une expression devenue presque triviale, ne se faisait nullement sentir.

Un être intelligent aurait compris que la création était inutile, un être bon que la souffrance est cruelle, un être juste que le crime est horrible.

Et que inutile, cruel ou horrible, le monde ne devait pas être tiré du néant.

Le bien qui se trouve en nous représente-t-il un grain de sable dans l'océan de la bonté divine ?

Cet être que nous ne nous lasserons pas d'appeler intelligent et bon a-t-il donc été dominé par une coercition supérieure ?

Là est la question, question qui équivaut à une négation absolue.

Comme je l'ai dit plus haut, qu'un homme, le plus mauvais d'entre nous, soit Dieu pendant un jour, que fera-t-il ?

Ou il anéantira d'un geste tout ce qui est, comme parfaitement iutile.

Ou bien alors, il créera d'un signe de tête un monde parfait, il combinera si bien les organes de la créature qu'elle n'ait à souffrir d'aucune des intempéries que les saisons lui font actuellement éprouver; à chaque besoin il donnera pour balance une satisfaction, et en supposant qu'il imagine des besoins et des désirs, il leur fera équilibre par des jouissances adéquates et en quelque sorte immédiates; aux nécessités de la vie, en admettant qu'il les laisse subsister, il répondra par les éléments de consommation, de telle sorte que les unes ne se produisent pas sans être immédiatement compensées par les autres.

Il ne mettra point le crime en opposition à la vertu, la maigreur du *meurt-de-faim* en face de l'obésité du gourmet, la poitrine du juste sous le poignard du scélérat.

Aura-t-il un instant l'idée, cet homme que vous proclamez si imparfait, si mauvais dès qu'il ne s'appuie pas sur la Divinité, s'imaginera-t-il de modeler de ses mains des pantins dont il tiendra les fils, qui souffriront, se convulseront, géindront pendant quelques années de vie qu'il leur aura parcimonieusement mesurées.

Leur donnera-t-il des instincts mauvais pour avoir le plaisir de les voir lutter contre la vertu ? Jouera-t-il ce jeu cruel de leur faire risquer sur un coup de dés, et en raison de ces mêmes instincts mauvais qu'il leur a prodigués, une éternité de joies ou de souffrances ?

En un mot, possédant toute puissance de bien faire, trouvera-t-il dans sa conscience la volonté de mal faire ?

Demandez cela au dernier assassin,

Il vous répondra que s'il était Dieu, il eût créé tous les hommes bons et heureux.

Et ce que vous feriez avec les seules lumières de votre conscience, le Dieu que vous imaginez, essence de cette même conscience, ne l'a pas fait ?

Il n'a pas compris ce que vous comprenez, vous dont la raison obscurcie laisse à peine filtrer quelques rayons de vérité.

Et l'homme primitif, s'il eût raisonné, aurait attribué à un Dieu une œuvre qu'il n'aurait pas osé signer.

Est-ce logique, est-ce juste ? Non, mille fois non.

La création est, pour l'homme qui raisonne, la négation de l'existence d'un Dieu actif, juste et intelligent.

Que sont les splendeurs de la nature auprès de ses atrocités ? N'y eût-il qu'un atome de mal, cet atome ne crierait-il pas qu'il ne peut être l'ouvrage d'un Dieu infiniment bon ?

Ceux là étaient mille fois plus logiques dans leur hypothèse qui supposaient deux principes luttant l'un contre l'autre, le bon ange et le mauvais ange. Mais il les fallait égaux, assez forts pour se combattre l'un l'autre.

..... Arrêtons-nous : ces questions nous entraîneraient trop loin de notre sujet.

Que voulons-nous établir ? Ceci seulement, que la nature est tellement imparfaite que loin d'exciter l'admiration, elle n'a pu, chez les hommes primitifs, inspirer que la crainte, et que toute l'histoire de la croyance divine a pour point de départ la misère humaine.

Timor Domini initium miseriæ.

Le premier conquérant-propriétaire-oppresseur, Jupiter, est apparu à Prométhée enchaîné, au bruit de la foudre.

Voilà l'idée de Dieu.

Le premier justicier-punisseur, Jehovah, est apparu à Caïn, environné d'éclairs.

Voilà l'idée de Dieu.

De l'admiration, point. Quand Adam entend la voix de Dieu dans le paradis terrestre, il se cache.

Dieu ne s'est pas imposé à l'imagination, au principe, comme un être bon et intelligent, mais comme un vengeur : il s'est appelé le Fort des forts.

Lorsque nous parlerons de Jésus, le lecteur comprendra par quelle suite de modifications l'idée de Dieu s'est dépouillée de ce caractère de bonté, qui n'a rien d'originaire.

A un fait (souffrance imméritée) les hommes ne pouvaient attribuer une cause de justice et de bonté.

Abstraction faite de la terreur qui laisse l'homme lâche et irraisonnant, l'homme n'eût point attribué à une puissance supérieure la création d'un monde où tout est douleur.

Il a vu, il a senti le mal : il a supplié le mal de l'épargner.

Là, il a été logique.

Rien de plus.

« Lorsque les philosophes enseignent la vérité, a dit d'Alembert, ils se contentent de la montrer, sans forcer personne à la connaître. »

———————

DEUXIÈME PARTIE

ROME

SOMMAIRE

De la nature de l'homme. — La *crainte de manquer*. — Romulus. — Servius Tullius et les cinq classes. — Le vétéran. — Le fouet. — L'*Ergastulum*. Qu'ils coupent le corps du débiteur ! — Le sénat romain. — Antiquité du machiavélisme. — Les plébéiens et les clients. — *Salutatores, Asseclatores* et *Prosecutores*. — Riches, pauvres, esclaves. — Le pauvre?.... Qu'il mourût! — La loi agraire. — La colonisation. — Les *Latifundia*. — Plaute, Juvénal, Catilina. — Auguste. — Caligula. — Claude. — Néron pleuré du peuple. — Les affranchis. — Usuriers. — Sa Majesté l'Argent. — Les Barbares. — Jésus.

DEUXIÈME PARTIE

ROME

_____

I

Ce n'est point sans une certaine appréhension que, posant des prémisses aussi antipathiques aux majorités dépourvues de sens social, nous nous hasardons à poursuivre notre tâche.

Mais nous le demandons aux plus endurcis des conservateurs :

Quand ils voient passer dans la rue un être qui semble un cadavre, et non plus un homme, quand ils visitent quelqu'une de ces familles déshéritées, composées d'un père qui se tue par le travail, d'une mère qui tend à son enfant un sein où le lait s'est tari, ne perçoivent-ils pas une voix qui leur crie :

— Non, cela n'est pas juste !

Il n'y a pas d'hommes nés pour souffrir, il ne peut en exister. Ou alors le monde, la société ne sont que chaos, la guerre est juste, la spoliation est normale... Qui oserait répondre ainsi ?

Dans la première partie de notre travail, nous nous sommes attaché à retracer les circonstances primordiales qui, d'après les règles de la logique, ont donné naissance à cet état d'une partie de la race humaine, état que nous soutenons être anormal et qui a nom la misère.

Et si le lecteur nous a bien compris, voici à quelles conclusions nous nous sommes arrêté :

Incompatible avec l'état de nature, la misère, soit générale à un groupe entier, soit particulière à une individualité, provient d'une cause unique, la violence, ou, pour mieux dire, la cupidité.

Cette violence, cette cupidité doivent-elles être attribuées à de prétendus mauvais instincts, que certains philosophes accommodants ont, pour les besoins de leur thèse, déclarés innés dans la conscience de l'homme, provenant de source divine, de droit divin, inséparables de l'essence même de la société? Si ces philosophes disaient vrai, il serait inutile de poursuivre cette étude, car, en réalité, exposer le tableau des misères humaines, ce serait tout au plus exciter les pauvres et les déshérités à la vengeance, c'est-à-dire à l'accomplissement d'un bouleversement ou mouvement de bascule en raison desquels ceux qui sont en bas voudraient s'élever, en opprimant à leur tour leurs oppresseurs.

Si l'homme est mauvais par nature, point n'est besoin de discuter. Laissons les choses en l'état, car le seul but que nous poursuivons serait de donner la richesse aux pauvres, qui, à leur tour, en raison de ces mauvais instincts, accableraient les riches devenus pauvres, comme ceux-ci les ont accablés.

Mais ce n'est pas ainsi que parle la justice.

Il est absolument faux que l'homme soit de nature mauvaise. Tout méchant est un malade. Quelle que soit la faute commise, quel que soit le crime perpétré, l'homme a obéi soit à un sentiment irraisonné qui procède de l'ignorance, soit à une surexcitation passagère qui a énervé sa faculté raisonnable, ou oblitéré son entendement : l'or ou le sang, selon la vigoureuse expression populaire, *lui sont montés aux yeux.*

Nous allons plus loin. Il n'est pas un homme qui, après avoir commis un acte mauvais, revenu au calme, éloigné des circonstances extérieures à son individualité qui l'ont conduit au mal, il n'est pas un homme, disons-nous, qui n'ait la saine notion de l'acte accompli, et ne le juge en parfaite connaissance de cause. La fièvre du mal peut être plus ou moins intense, plus ou moins persistante.

La société n'a devant elle que des malades à guérir ou des ignorants à instruire.

Qu'avons-nous vu dans la société que nous appellerons biblique ?

De grands propriétaires fonciers, maîtres du sol par droit d'occupation, propriétaires des fruits par droit de travail personnel. Jusque-là rien d'injuste.

Si ces propriétaires, se contentant de ce qui leur était nécessaire, à eux et à leurs familles, eussent appelé autour d'eux, non point des serviteurs, mais des associés, il est certain que le groupe aurait pu grossir en proportion des ressources présentées par la culture du sol occupé. Il n'aurait été question de séparation que lorsque l'accroissement de population eût été trop grand pour que les habitants d'une oasis pussent trouver sur son territoire et dans sa culture une occupation suffisante. Alors, il aurait été raisonnable de se demander si, en dehors de la culture des terres, il ne pouvait être installé d'autres industries qui concourussent au bien-être général ; les constructeurs de maisons, les tisseurs de lin, les forgerons, etc., eussent mis la main au travail, et en échange de leurs soins, il leur eût été donné place au banquet libéralement offert par la nature, qui, ne l'oublions pas, en ce qui concerne le travail de la terre, rend pour le travail d'un homme plus qu'il n'est nécessaire pour le nourrir seul, et laisse un excédant, destiné tant à subvenir à l'épargne, ou prime d'assurance contre les intempéries des saisons, qu'à obtenir les mille commodités de la vie, indépendantes de la nourriture.

Jusqu'ici, nous ne voyons pas poindre l'idée de guerre. C'est l'association élémentaire, le mutuellisme dans son essence. Entre groupes divers, et organisés de même façon, l'échange international se fût rapidement institué. Supposez de part et d'autre la bonne foi, rendez à l'épithète *patriarcal* son caractère légendaire, et vous comprenez que la misère n'a plus aucune raison d'être.

Mais il n'en fut pas ainsi. Pourquoi ?

Parce que l'homme, avant tout autre sentiment, a connu, pour nous servir d'une expression populaire, la *crainte de manquer*. La passion de l'entassement des richesses n'a jamais eu d'autre mobile. La réunion et la possession d'immenses troupeaux n'impliquent-elles pas la thésaurisation, rien autre chose ? L'élevage d'innombrables têtes de bétail entraînait la conservation de pâturages immenses et diminuait d'autant la quotité des terres arables.

Déjà, nous pouvons le voir, l'équilibre économique est détruit, et de cette désorganisation seule peut naître la misère.

Joignez à cela la concurrence entre *thésauriseurs*, l'ambition naturelle au cœur de l'homme d'une égalité complète, sinon d'une supériorité, et vous formulez rapidement l'idée de haine, de violence, de guerre, vous arrivez à l'idée de misère.

II

Mais, remarquons-le, cette guerre, profitable pour un temps aux propriétaires, aux possesseurs, n'a-t-elle pas comme toute autre ses victoires et ses défaites ? Si longtemps que le riche reste en possession de ses trésors, n'arrive-t-il pas un jour où c'est lui qui tombe à son tour dans la misère ? L'encombrement de ses biens ne le désigne-t-il pas à l'attaque, à l'incursion des peuplades plus pauvres ? Son intérêt bien entendu l'aurait-il poussé à fomenter ces dissensions ?

Non certes. Mais il a été de bonne foi. Il a eu *peur de manquer*. D'où lui venait cette crainte, sinon de l'ignorance ?

Donc, la mère de la misère, c'est l'ignorance, et rien de plus, rien de moins.

La misère est fille de l'opulence, parce que l'opulence, c'est l'ignorance économique; c'est un état anormal qui entraîne la désorganisation du système social, la rupture de l'équilibre économique. La misère est sortie de la crainte de la misère.

Voilà ce que nous tenions à constater, et nous ajouterons que cette ignorance, se perpétuant de siècle en siècle, va, chez les Romains, donner lieu non plus à une misère en quelque sorte accidentelle, comme chez les Hébreux, les Égyptiens ou les Grecs, mais à l'éternisation, à la nécessité de la misère.

Et de quoi s'occuperont les pauvres ? Non pas de rétablir l'équilibre économique détruit aux premiers jours de leur histoire, mais de reprendre par la force non-seulement les biens dont ils ont été dépossédés, mais surtout la domination. La misère et la souffrance sembleront excuser ces velléités de revendication. Elles paraîtront justes, parce que la souffrance est anormale. Mais en réalité, quand les classes humbles parviendront à faire pencher la balance de leur côté, l'équilibre ne sera pas rétabli pour cela. Bascule, et rien de plus.

Et toujours l'ignorance !

Mais, en songeant que de nos jours la science économique est encore à peine comprise, et que les plus simples enseignements sont qualifiés d'utopies, peut-on s'étonner que, dans les siècles moins civilisés, où l'adoration de la force semblait fatale, ce soit par la force seule qu'on ait songé à réaliser la réhabilitation des classes déshéritées.

D'ailleurs, l'étude de la misère romaine nous servira

à suivre pas à pas l'élucubration de ces terribles problèmes.

Encore un mot. A quoi attribuer ce mépris du travail manuel, dont nous retrouvons à chaque page de l'histoire les manifestations non équivoques?

En dehors des causes complétement naturelles que nous avons, aux paragraphes précédents, assignées à la misère, ou mieux, à la dépossession du sol, il faut encore ajouter, bien entendu, les actes de violence motivés soit par la brutalité, soit par un acte justicier.

Caïn est dépossédé de la terre en punition d'un crime, Loth est dépossédé de la terre par la violence.

Or, il est évident que le travail de la terre fut dès le principe sérieusement honoré. En effet, c'était en premier lieu un travail nécessaire et auquel l'homme sentait qu'il était impossible de se soustraire. De plus, il entraînait la possession foncière, la propriété, puisqu'il faut l'appeler par son nom.

Lors donc que des hommes furent dépossédés du sol, ils se trouvèrent, relativement aux propriétaires, dans un état d'infériorité qui motiva de la part de ces derniers un dédain incontestable.

Ces hommes *sans terre* furent contraints, pour gagner leur vie, soit de se louer comme serviteurs, soit de se livrer à des travaux manuels : la réprobation méprisante qui s'attachait à leurs personnes rejaillit fatalement sur leurs occupations.

D'où un préjugé difficile à déraciner comme toute idée primordiale.

Caïn, le dépossédé de la terre, est le premier artisan.

Vulcain, le dépossédé du ciel, c'est-à-dire de la propriété foncière, est le premier forgeron.

Et ainsi s'explique ce mépris du travail qui joue un si grand rôle dans l'histoire sociale de Rome.

Et à ce sujet, qu'il nous soit permis de citer quelques lignes dues à la plume de Michelet :

« Peut-être doit-on expliquer cette ruine des Pélasges et le ton hostile des historiens grecs à leur sujet, par le mépris et la haine qu'inspiraient aux tribus héroïques les populations agricoles et industrielles qui les avaient précédées. »

Ici point un aperçu nouveau et dont l'histoire de Rome nous démontrera la justesse. Pour les conquérants le travail agricole lui-même deviendra une sorte d'opprobre dont on se débarrassera sur les esclaves et les vaincus.

« C'était là en effet, continue Michelet, le caractère des Pélasges. Ils adoraient les dieux souterrains qui gardent les trésors de la terre; agriculteurs et mineurs, ils y fouillaient également pour en tirer l'or et le blé. Ces arts nouveaux étaient odieux aux barbares; pour eux, toute industrie qu'ils ne comprennent point est magie.... le culte magique de la flamme, cet agent mystérieux de l'industrie, cette action violente de la volonté humaine sur la nature, ce mélange, cette souillure des éléments sacrés, ces traditions des dieux serpents et des hommes dragons de l'Orient qui opéraient par le feu et par la magie, tout cela effrayait l'imagination des tribus héroïques. Elles n'avaient que l'épée contre les puissances inconnues dont leurs ennemis disposaient; partout elles les poursuivirent par l'épée..... Les Pélasges industrieux ont été traités par les races guerrières de l'antiquité

comme la ville de Tyr le fut par les Assyriens de Salma-
nazar et Nabucadnézar, qui, par deux fois, sa'charnèrent
à sa perte, comme l'ont été au moyen âge, les populations industrielles et commerçantes, Juifs, Maures, Pro-
vençaux ou Lombards. »

Lutte de l'épée contre l'outil, de l'oisiveté oppressive
contre le travail opprimé, en ces deux termes se résume,
hélas! l'histoire de l'humanité.

III

Ces préliminaires posés, rentrons dans notre sujet :

Aux temps héroïques, vers l'époque de la guerre de
Troie, environ l'an 1300 avant Jésus-Christ, Evandre,
Arcadien, amena, dit-on, en Italie une colonie de Pélasges, dépossédés de la terre grecque par les Doriens. Les
Pélasges s'arrêtèrent au confluent du Tibre et de l'Anio,
pays sauvage, abrupt, couvert de broussailles, dominé par
le *Mons Palatinus*, au pied duquel le Tibre formait de
nombreux marécages.

Que se passa-t-il jusqu'à l'an 753 avant Jésus-Christ ?
C'est ce que l'histoire ne nous apprend pas. D'où vinrent
Romulus et ses compagnons? Nous l'ignorons, mais les
Ramnenses, ou compagnons de Romulus, furent évidemment des envahisseurs qui dépossédèrent les autochthones, d'ailleurs peu nombreux et peu policés, de leur
territoire et de leurs propriétés.

Dans le nom même des premiers Romains, *Quirites* (de
quir, lance), on retrouve le symbole de la violence, pour
ne point dire du brigandage.

4

Cette civilisation nouvelle, remarquons-le, ne devra rien ni à ses devancières ni aux civilisations contemporaines. Si les compagnons d'Evandre, si même les descendants d'Enée existent encore, ils ont rompu tout lien avec le monde grec. Romulus est un barbare qui n'a rien appris des Orientaux, et qui semble venir des régions où le soleil se couche.

Nous allons donc, dans le développement des institutions romaines, suivre encore une fois le jeu naturel des passions humaines, des ambitions!, des nécessités prétendues fatales, de l'ignorance et de la cupidité.

S'il pouvait subsister quelque doute sur le caractère de l'occupation par Romulus du territoire des autochthones, l'organisation même des classes en fournirait une preuve indiscutable. Le premier soin des nouveaux dominateurs fut de consacrer leur suprématie par des institutions qui la perpétuassent.

Dans la vieille cité latine qui s'élevait sur le Palatin, l'autorité paternelle, représentée par le patriciat, le patronat, le sénat, régnait en souveraine. Romulus confisqua cette organisation à son profit.

Dès les premiers temps nous distinguons trois castes :

Les compagnons de Romulus ou *Ramnenses*, qui accaparent sous le titre de patriciens l'autorité et la propriété foncière ; auprès d'eux les *Titienses*, ayant part à cette domination, par suite sans doute d'un contrat consenti volontairement par les nouveaux envahisseurs et qui les contraignait à respecter chez les plus puissants des indigènes des droits qu'il eût été trop imprudent de contester.

Enfin les *Luceres*, qui n'étaient probablement autres que les anciens habitants du territoire, et qui, dépouillés par la conquête de toute prérogative, étaient également éloignés de l'autorité politique.

Les patriciens étaient en possession de toutes les fonctions comme de toutes les propriétés : ils étaient dépositaires des droits de la famille, et tenaient la haute main sur toutes les prérogatives religieuses.

« Sur les collines qui entourent le mont Palatin, dit M. de Givodan (*Histoire des classes privilégiées*), vivaient des hommes qui n'étaient ni clients, ni serviteurs, ni membres des *gentes*, qui ne pouvaient entrer par mariage dans les familles patriciennes, qui n'avaient ni la puissance paternelle, ni le droit de tester, ni celui d'adopter, enfin qui ne prenaient aucune part aux délibérations publiques. Transportés autour de Rome par la conquête ou attirés par l'asile, ils vivaient comme sujets du peuple romain, restant étrangers aux tribus, aux curies, au sénat, sans auspices, sans droit d'usages, sans aïeux. Cependant ils jouissaient de la liberté personnelle; ils avaient gardé une partie des terres conquises par eux, et ils pouvaient recevoir du roi des fermes que l'on appelait *assignations;* ils exerçaient des métiers et faisaient le petit commerce; ils avaient des juges choisis par eux pour leurs procès; ils ne recevaient d'ordres que du roi; ils combattaient dans l'armée à un rang inférieur. Leur nombre n'avait fait que s'accroître de jour en jour par l'habile coutume d'appeler les vaincus autour de la cité..... »

Or, par la translation des Albains vaincus dans le territoire romain, par celle des Fidénates, des Véiens, des Latins, le nombre des populations déshéritées de tout droit croissait de jour en jour. Servius Tullius comprit que s'il ne prenait l'initiative d'une fusion devenue nécessaire, elle s'accomplirait par la force. Le problème se réduisit donc à ces termes élémentaires :

Diviser la population en classes, par un système qui laissât aux patriciens leur prépotence, tout en donnant place, aux rangs inférieurs, à cette masse remuante et dangereuse.

Servius Tullius forma cinq catégories : dans la première furent rangés tous ceux qui possédaient cent mille as, ou environ huit mille francs ; dans la seconde, ceux qui possédaient soixante-quinze mille as. La troisième exigeait cinquante mille as, la quatrième vingt-cinq mille, la cinquième onze mille.

Ceux qui ne possédaient rien ou moins de onze mille as formèrent une sixième classe, connue dès lors sous le nom de prolétaires, exempts de toute charge et de tout service militaire.

Ce n'est pas tout : par une combinaison censitaire dans les détails de laquelle nous n'entrerons pas, le vote de toutes les mesures politiques appartint quand même aux patriciens. Les prétendues réformes de Servius Tullius n'étaient donc qu'un leurre, ou mieux, l'organisation régulière du prolétariat, l'accession de la misère au droit de cité.

« Servius, dit Cicéron, ne voulut pas donner la puissance au nombre. Tout se décida par les suffrages des riches et non par ceux du peuple. »

Remarquons en passant que l'antagonisme si souvent blâmé, qui existe entre les classes riches et les classes pauvres, ne provient pas du fait de ces dernières. L'histoire nous en donnera des preuves nombreuses.

I V

Pourquoi les prolétaires étaient-ils relevés de tout
service militaire? Il est facile de le comprendre. La plèbe,
qui n'avait rien, ne devait pas être armée. Aurait-on pu
compter sur son dévouement à défendre des biens dont
elle ne possédait aucune part ? Détail curieux, les classes étaient elles-même inégalement armées : la première avait le bouclier, la cuirasse, les cuissards, le javelot, l'épée : la seconde n'avait plus la cuirasse, la quatrième
n'était protégée par aucune arme défensive, la cinquième
ne portait que la fronde.

En somme, la féodalité d'argent s'ajoutait purement
et simplement à la féodalité de naissance.

· N'oublions pas encore que, même dans cette échelle de
la fortune, les distinctions d'origine subsistaient dans
toute leur force. Les patriciens seuls pouvaient obtenir le
consulat, l'entrée au sénat. Le patricien, même pauvre,
avait des droits dont le plébéien le plus riche était privé.

Dans cette Histoire de la misère, nous attacherons peu
d'importance aux luttes continuelles qui ensanglantèrent
la cité romaine, et dont le seul objectif était l'accession
des plébéiens riches aux honneurs jusque-là réservés
aux patriciens.

Cependant nous constaterons que, grâce à la communauté d'origine, les plébéiens s'efforcèrent sans cesse de
rattacher à leur cause et de faire servir à leur ambition
la masse des prolétaires non possédants, en proposant

ou exigeant des mesures dor⁺ l'effet temporaire devait
enlever leurs suffrages.

. . . .

C'était l'an 495 avant Jésus-Christ. Des groupes nombreux stationnaient sur le Forum. Les portiques des
édifices publics, des temples, étaient envahis par la foule,
et, au pied des statues de l'*area* centrale, des orateurs
improvisés péroraient avec animation ; les marchands
et les usuriers s'étaient avancés sur le seuil de leurs
colonnades à plusieurs étages, et des murmures sinistres,
avant-coureurs de l'émeute, passaient dans l'air.

Des clameurs s'élevaient au loin ; une foule compacte
s'avançait en un long cortège.

Il y avait là des plébéiens et en grand nombre, des
prolétaires qui, n'ayant aucune propriété, ne supportaient
aucune charge, et, clients des patriciens, érigeaient la
mendicité réglée en dignité civique.

Il y avait là des plébéiens de la glèbe, ceux qui, en
dehors de l'enceinte de la ville, cultivaient la terre et
pliaient sous l'impôt du sang et de l'or, et ceux-là surtout
étaient pâles, la fureur brillait dans leurs yeux, et ils
levaient les mains au ciel comme pour appeler les Dieux
à leur secours.

Au milieu des groupes, passaient dédaigneux quelques
patriciens.....

Tout à coup, la foule débouche sur la place publique,
s'arrête en formant un cercle, et seul, un vieillard s'avance.

- Est-ce bien un homme?

- Il est couvert de haillons, il est pâle, défait, sa maigreur
est effrayante.

Ce n'est pas tout.

Sans dire un mot, il déchire les tristes guenilles qui couvrent à peine sa poitrine : de nobles cicatrices la sillonnent, et un murmure court dans la foule :

— « C'est le brave Décius, centurion..... »

Puis il découvre ses épaules, son dos, et l'on voit d'horribles traces; ce n'est plus l'épée qui a déchiré ces chairs bleuies, c'est le fouet, c'est l'instrument de torture et de honte.

Un cri de colère s'élève de toutes les poitrines.....

— « Ecoutez-moi ! s'écrie le vieillard, écoutez-moi tous! Citoyens romains, si orgueilleux de votre nom, écoutez-moi tous, et sachez ce qu'on fait de vos défenseurs, de vos pères, et sachez ce que demain on fera de vous ..... Vous me connaissez, n'est ce pas ! et je n'ai pas besoin de vous rappeler qui je suis et ce que j'ai fait .... Mais il faut cependant que vous connaissiez toute la vérité. Je suis ..... ou plutôt j'étais possesseur d'un petit champ, dont la culture suffisait à ma subsistance. Les Sabins nous attaquèrent, ils menaçaient notre indépendance, la vôtre, ô patriciens! et sans hésiter, je m'élançai à la défense de la patrie ..... Ce fut une belle campagne, vous vous en souvenez, et le triomphe fut grand ..... je revins à mon champ ..... Malheur! pendant que, payant moi-même et mes armes et ma nourriture, je donnais à Rome et mon sang et ma vie, savez-vous ce que l'ennemi avait accompli, sous les yeux mêmes de ces patriciens que nous défendions? ..... Ma petite maison était brûlée, mon champ dévasté, mes troupeaux volés! ..... je me laissai tomber sur la terre et je pleurai

amèrement. J'invoquai les dieux ..... les dieux m'entendirent. Un patricien vint à mon aide..... »

Et les traits du misérable se contractaient de colère et
d'ironie.

— « Il vint à mon aide, le descendant de Romulus ; il
me prêta quelque argent ..... à douze pour cent ! »

Le malheureux ne put achever, ses forces étaient épui-
sées, et il tomba sur le sol .....

Un cri de rage s'échappa de toute les poitrines. Puis,
un homme s'avança ; celui-là était jeune, fier, hardi, et se
plaçant auprès du moribond, il étendit sa main sur sa tête :

— « Ce qu'il ne vous a pas dit, le misérable, je vais vous
le rappeler ..... Accablé d'impôts, le travailleur ne put
payer à la première échéance et l'intérêt s'accrut encore,
tant les patriciens et les usuriers sont bienveillants.
L'homme travailla tant qu'il eut de la force, et du produit
de ses sueurs, il faisait deux parts. L'une était destinée à
soutenir son énergie, l'autre servait à calmer son créancier ; mais la seconde part empiétait de plus en plus sur la
première, si bien qu'un jour l'homme qui n'avait plus de
ressources pour se nourrir, ne put même plus payer l'intérêt de sa dette..... Alors, sais-tu bien, ô peuple romain,
sais-tu bien quelle est la loi sous laquelle tu te courbes,
peuple d'exploités..... Le débiteur n'est plus un homme,
ce n'est plus un citoyen, c'est la chose, la victime du
créancier. Appelle le débiteur en justice, dit la loi. S'il
se refuse à comparaître, prends des témoins et contrains-
le. S'il est vieux, s'il est malade, jette-le sur un cheval,
et amène-le au tribunal ..... Devant le juge, pas de
discussion. La dette est-elle reconnue ? Oui .... c'est
jugé. Trente jours de délai. Les trente jours s'écoulent, il

n'a pas payé.... ô crime! mets la main sur lui et traine-le de nouveau au tribunal. Et s'il ne paye, si nul ne répond pour lui, saisis-toi de sa personne, attache-le avec des courroies où des chaînes, à ton choix, pourvu que leur poids ne dépasse pas quinze livres..... la loi est même indulgente, elle permet au créancier d'alléger les chaines

« Mais du moins le créancier nourrira-t-il son débiteur, son prisonnier, qu'il retient dans l'*ergastulum*, cachot ténébreux, humide?.... Oui, il le nourrira avec une livre de farine, et il l'accablera de coups de fouet, si bon lui semble, car la loi n'interdit pas les mauvais traitements; et ainsi pendant soixante jours, au bout desquels reprenant en main le bout de la chaîne qui retient les membres du misérable, menez-le au marché par trois fois et à trois jours différents, et vendez-le à l'étranger au delà du Tibre.

« A moins que mieux n'aimiez le tuer (1) .... Et c'est ainsi que le vieux centurion, le travailleur, le plébéien courageux vient sur la place publique vous montrer, tout sanglant, son dos meurtri par le fouet du créancier !...

— « Vengeance ! vengeance ! cria la foule.

— Vengeance ! répéta la voix faible du moribond. »

. . . .

Dans ce tableau dont pas un trait n'est forcé, dont pas

---

(1) La loi dit textuellement : Au troisième jour de marché, s'il y a plusieurs créanciers, *qu'ils coupent le corps du débiteur*. En vain les commentateurs s'efforcent d'établir, par respect pour l'humanité, qu'il ne s'agit point d'une mutilation corporelle, mais de la vente du corps et du partage du prix reçu. En vérité, il est bien difficile d'être de leur avis, en face des textes et de l'esprit général de la loi.

un détail ne peut être historiquement contesté, ne voit-on pas l'horrible drame de la misère?

<h1 style="text-align:center">V</h1>

Mais il faut aller plus loin; il faut prouver, ce qui est vrai, que Rome, la Rome des Quirites et des patriciens, eut la volonté ferme, raisonnée de la *paupérisation*; que, de propos réfléchi, elle implanta la misère sur son sol, arrosant de sang et de souffrances cette plante vivace; que Rome enfin se dresse dans l'histoire comme la sombre statue de l'Oppression et de l'Exploitation.

Les historiens se font parfois de singulières illusions: aveuglés par leur passion d'autoritarisme, ils admirent de confiance ce qu'ils n'approfondissent pas; et il nous est donné, partant d'un principe de justice et de liberté, de rougir des opinions antihumaines étalées au grand jour de la publicité.

Voici ce que nous lisons dans l'œuvre de M. Amédée Thierry, intitulée *Tableau de l'Empire romain* (l'historien compare le génie grec au génie romain).

« Deux races d'hommes différentes, superposées sur le même sol, mais séparées par une inimitié implacable, éternelle, l'une spoliatrice, l'autre dépouillée; l'une, guerrière et oisive; l'autre désarmée, dépérissant dans l'abjection et dans les fatigues du labeur servile; en un mot, la violence perpétuée en système, l'opposition de race à race, l'abrutissement intéressé de l'homme par l'homme: voilà ce que nous rencontrons constamment à l'origine des cités de la Grèce. *Bien au contraire*, le fait primitif qui préside à l'organisation de la cité romaine est un fait non d'esclavage territorial, non d'oppression d'une race par une autre race, mais *d'association*. Des hommes de toute race, de toute tribu, de tout rang se donnent la main dans un asile ; l'association d'individus devient une association de tribus, puis de nations et de races entières. L'avenir possible des Etats grecs était restreint et caduc, parce qu'il était fondé sur l'exclusion ; celui de Rome, par la raison contraire, fut immense en étendue, immense en durée. Le résultat de part et d'autre se rattache au fait originel par un enchaînement évident, et n'en est, en quelque façon, que la dernière conséquence logique.

« Rome naquit donc affranchie des funestes nécessités qui pesaient sur les villes de la Grèce. Dans l'asile du mont Palatin, vécurent confondus, sans distinction de sang, des hommes venus de tous les coins de l'Italie, Latins, Sabins, Etrusques, fugitifs de la Grande-Grèce, aventuriers de l'Ombrie ; grands et petits, libres et esclaves, bannis, meurtriers même, tous y furent admis. »

Ainsi, rien n'est plus beau, rien n'est plus juste. C'est à un sentiment de commisération, à une noble entente de l'hospitalité qu'il faut attribuer cette tendance de Rome à agglomérer autour d'elle les peuples vaincus.

Et si nous venons nier hautement ces prétendus beaux sentiments, les historiens, défenseurs de la gloire romaine, ne trouveront pas assez d'anathèmes et de railleries pour nous en accabler.

Essayons de répondre.

A notre humble avis, les Quirites, les *Ramnenses*, les

patriciens, les *Patres*, fort habiles politiques, de par cet instinct qui nous guide toujours lorsqu'il s'agit de notre intérêt personnel, n'eurent d'abord qu'une ambition, celle de l'oisiveté. Oisiveté à belle apparence et qui se dissimulait sous une prétendue passion pour la chose publique. Or, ne rien faire est bien ; s'assurer la perpétuité de cet état éminemment agréable, c'est mieux.

On ne pouvait confier la défense du territoire à des esclaves : d'abord, d'après le préjugé antique, il eût été déshonorant pour la république que des esclaves, qui n'étaient pas même des hommes, fussent appelés à protéger des citoyens. D'autre part, eût-on été sûr d'eux ? Comment ne pas prévoir qu'à une certaine heure, ils eussent jeté leurs armes, en criant : Nous ne nous faisons pas tuer pour qui nous opprime, ou comme Spartacus, tourné leurs glaives contre leurs maîtres.

Alors surgit cette pensée qui ne pouvait venir qu'à un grave sénat romain : Attirer autour de soi une masse de défenseurs, en les inféodant à la cité mère par la concession de droits politiques; élever si haut l'idée d'honneur attachée à ces droits qu'ils se considérassent comme très-honorés de la faveur qu'on daignait leur octroyer; et enfin leur donner la charge de défendre cette patrie qu'on faisait leur.

En distinguant les classes par le degré de fortune, sans préjudice du caractère divin attaché au patriciat, on était certain de les tenir toujours en tutelle; ce n'était pas assez encore : par la ruine, par la misère, par l'usure, on était plus certain encore de les tenir enchaînés. Ce n'étaient pas des esclaves; c'étaient des citoyens, c'étaient des débiteurs.

Mais, dira-t-on, n'existait-il pas dans la cité même une

sixième classe, sans patrimoine, ne possédant rien, qui eût pu remplir le même mandat, et que l'on déchargeait au contraire de tout service militaire.

Ici, au contraire, se révèle tout le machiavélisme (mot nouveau qui se trouve avoir bien des applications anciennes) du génie des Quirites : il fallait se créer, sous la main, à portée directe, facile, tout un groupe d'individus, nantis eux aussi de cette splendide et illusoire qualité de citoyens romains, qui eussent tout intérêt, au moment où les exploités de la glèbe, *chair à canon* du temps, se fussent révoltés contre le joug qui leur était imposé, à se porter en masse du côté des patriciens.

Alors les plébéiens de la sixième classe furent erigés en clients, c'est-à-dire en mendiants plus que tolérés, flattés, choyés, utilisés, véritable armée mercenaire qui se massait autour du privilége et de la richesse et à laquelle on jetait un morceau de pain, sachant bien qu'à l'instant décisif, ces misérables défendraient contre toute attaque ceux qui les nourrissaient.

Des preuves. Pourquoi Romulus se serait-il opposé à ce que les citoyens qui entouraient la ville possédassent plus de deux *jugera* (environ un demi-hectare), étendue qui fut portée plus tard à sept jugera (1 hectare 70 ares), sinon parce qu'il fallait prendre garde à ce que ces soldats laboureurs ne devinssent grands propriétaires à leur tour ? En ne leur laissant que de petites propriétés presque insuffisantes aux nécessités de la vie matérielle, on était bien sûr, un jour ou l'autre, de les avoir réduits à la condition de prolétaires non clients, de les faire passer de la condition de propriétaires à celle de fermiers, et d'envahir par les *latifundia* tout le sol romain.

Que pouvaient faire les misérables, lorsque ruinés par le service militaire, par l'usure, par l'impôt, ils étaient réduits à la misère ? Il leur restait l'alternative de la fuite (on les chassait comme des bêtes fauves) ou de la servitude volontaire.

Pendant que ces étrangers, auxquels M. Amédée Thierry trouve une si belle part faite par la magnanimité romaine, mouraient de faim sur les chemins ou expiraient dans les *ergastula* de leurs créanciers, ou enfin étaient vendus comme esclaves, les prolétaires de la ville se refusaient à tout travail, estimant que le travail est déshonorant, vendaient leurs votes, recevaient la sportule et les distributions publiques, prenaient leur part opime du butin rapporté par les cultivateurs, et se prostituaient sous diverses dénominations :

Salutatores, quand le matin ils allaient assister au lever de leurs patrons ;

Assectatores, quand ils descendaient avec lui sur la place publique ;

Prosecutores, quand ils l'accompagnaient toute la journée par la ville.

Et les patriciens regardaient avec dédain et le cortége de parasites qui ajoutait à leur gloire, et ces misérables qui se battaient pour rien et les enrichissaient.

Rome est peinte tout entière dans cette parole de Néron : J'embrasse mon rival, mais c'est pour l'étouffer.

Elle embrassait ces peuples étrangers, mais c'était en les prenant à la gorge.

Et lorsque ces malheureux songeaient à la révolte, Rome nommait un dictateur, et sous cette épouvantable pression, ses cent dix mille soldats couraient aux champs de bataille, pour défendre la mère patrie qui les terrifiait.

VI

Nous avons parlé de l'opinion d'un sérieux historien ; voici ce qu'écrit à ce sujet M. Duruy, et ce qu'on enseigne dans nos universités.

« Rendons hommage à cette grande aristocratie romaine qui eut une si admirable entente des nécessités politiques, et qui jamais, dans ces premiers siècles, ne ferma son livre d'or. A tous les pas que le peuple voulut faire en avant, elle l'arrêta, il est vrai, mais comme pour le forcer à se rendre plus digne de la victoire. Chaque fois, après une résistance habilement calculée pour opposer au torrent populaire une digue qui amortît sa force sans l'exciter, ces patriciens cédaient ; et, comme une vaillante armée qui jamais ne se laisse rompre, ils reculaient, mais pour prendre sur un autre point une forte défensive. »

Peut-on s'étonner que Machiavel ait admiré ces grandes institutions ?

Quant aux pauvres, nous les avons vus d'abord, sous le titre de clients, vendre leur dignité et se faire les valets des ambitions patriciennes.

Les plébéiens, réunis autour de Rome par la conquête, sont devenus les mendiants de la glèbe.

La république se trouve partagée en trois castes :

Les riches, les pauvres, les esclaves.

Sur la première, aucun contrôle. Elle était maîtresse absolue, régnant par la fortune, par la corruption, la violence et s'appuyant sur la superstition.

Aussi, avec quelle terreur les patriciens ne repoussèrent-ils pas les prétentions de Spurius Cassius, qui proposait de partager entre les plus nécessiteux une partie des terres publiques, de contraindre les fermiers de l'Etat à payer régulièrement leurs dîmes et d'employer le revenu à solder les troupes ?

Que fit le sénat ? Selon le principe préconisé par M. Duruy, il feignit d'accepter ces modifications ; mais il sut si bien tromper le peuple que Spurius Cassius, sortant de charge, fut battu de verges, comme ayant voulu attenter à la majesté du citoyen romain.

Rome, profonde politique et digne d'être admirée par un ministre du dix-neuvième siècle, érige la misère en instrument de domination. Tandis que, chez les Grecs, l'esclavage était en quelque sorte un refuge contre le besoin, chez les Romains, il n'était au contraire que le dernier degré de la souffrance et de la pauvreté.

César et Pompée se vantèrent un jour d'avoir vendu ou tué plus de deux millions d'hommes : Cicéron, le sage et le philosophe, raconte que, dans son proconsulat de Cilicie, il fit une vente de plusieurs milliers de captifs d'une seule ville.

Des femmes, des enfants, des hommes même étaient surpris sur les routes, enlevés, vendus : possession valant titre.

On vendait les criminels, on vendait les débiteurs insolvables; le père vendait ses enfants pour payer l'impôt.

Il y avait des éleveurs d'esclaves, bétail humain.

Caton, dit Varron, louait des esclaves comme cuisiniers, maçons ou scribes. Toute famille riche avait, parmi ses esclaves, des tisserands, des ciseleurs, des brodeurs, des peintres, des doreurs, des architectes, des médecins, des précepteurs.

Le travail libre pouvait-il supporter cette concurrence ? Entre les envahissements des fonctions manuelles par l'esclavage et la non-possession du territoire, que pouvait faire le peuple des prolétaires ?

Le *Qu'il mourût!* de Corneille ne trouve-t-il pas ici son application.

Les troupeaux d'esclaves servirent au délassement du peuple, en s'entre-tuant dans les luttes de gladiateurs.

L'esclave est plongé dans la prison, dite *ergastulum* ; il est marqué au front d'un fer chaud, il tourne la meule à broyer le blé, il est accablé sous le fouet, il est crucifié...

Et les philosophes de s'écrier avec Aristote : « Il ne faut pas de loisir à l'esclave ! »

Ou avec Caton : « L'esclave doit ou dormir ou travailler. »

« Les sociétés, dit M. de Givodan, avaient une sorte de pressentiment de leur crime : tout doit contribuer à retenir de force l'esclave dans l'état contre lequel la nature le soulève ; il faut que la faim l'épuise, il faut que le fouet et les verges ramènent son âme à l'esclavage. (Platon, *les Lois*.) On redoute celui qui sort d'une nation libre, parce qu'il n'est pas façonné à la servitude ; on craint d'en avoir plusieurs qui parlent la même langue, parce qu'ils pourraient s'entendre pour la révolte. Ils sont soupçonnés d'avance de haine pour celui qui les possède : si le maître est tué et que le meurtrier reste inconnu, tous les escla-

ves sont mis à la torture et même à mort. Si l'un d'eux
avoue le meurtre, les autres sont encore coupables d'y
avoir contribué d'intention ou de ne s'y être pas opposés.
Ce que l'on craignait aussi, c'était la fuite de l'esclave :
les précautions étaient atroces : la tête rasée d'un côté,
les cicatrices du fouet sur le dos, les traces des entraves
aux pieds, les marques du fer rouge sur le front, dénon-
çaient le fugitif, et il n'avait plus à attendre que le dernier supplice, les mines ou le moulin. »

Misère ! misère !

Michelet a, mieux que tout autre, jugé la civilisation
romaine :

« Indépendamment de la rapide consommation d'hommes que faisait la guerre, la constitution de Rome suffisait pour amener à la longue la misère et la dépopulation.
Or, dans une aristocratie d'argent sans industrie, c'est-à-
dire sans moyen de créer de nouvelles richesses, chacun
cherche la richesse dans la seule voie qui puisse suppléer
à la production, dans la spoliation. Le pauvre devient
toujours plus pauvre, le riche toujours plus riche. La spoliation de l'étranger peut faire trêve à la spoliation du
citoyen. Mais tôt ou tard il faut que celui-ci soit ruiné,
affamé, qu'il meure de faim, s'il ne périt à la guerre. »

La loi agraire semblait constituer le seul remède possible. Et cependant, comment ne comprenait-on que les
mêmes manœuvres de haute politique eussent en peu de
temps réduit les détenteurs de la petite propriété à l'emprunt, et par suite à la même misère ? Cercle vicieux tracé
par l'ignorance et l'oppression !

Quand le sénat daigna se préoccuper des pauvres,

parce qu'il les craignait, il leur proposa l'expatriation
dans les colonies.

Appien nous édifie sur ce système de colonisation :

« Dans leur conquête successive des diverses contrées
de l'Italie, les Romains avaient coutume ou de s'approprier une partie du territoire et d'y bâtir des villes, ou de
... r dans les villes déjà existantes une colonie com-
... de citoyens romains. Ces colonies servaient comme
de garnisons pour assurer la conquête. La portion de territoire dont le droit de la guerre les avait rendus propriétaires était distribuée sur-le-champ aux colons, si
elle était en valeur, ou bien ils la vendaient ou la bail-
laient à ferme ; si au contraire elle avait été ravagée par
la guerre, ce qui arrivait souvent, ils n'attendaient point
pour la distribuer par la voie du sort, mais ils la mettaient
à l'enchère telle qu'elle était : se chargeait de l'exploiter
qui voulait moyennant une redevance annuelle en fruits,
savoir, du dixième pour les terres qui étaient susceptibles d'être ensemencées, et du cinquième pour les terres
à plantations. Celles qui n'étaient bonnes que pour le pa-
turage, ils en retiraient un impôt levé sur le gros et le
menu bétail... Ces citoyens riches accaparèrent bientôt la
plus grande partie de ces terres incultes, et à la longue
ils s'en regardèrent comme les propriétaires incommuta-
bles. Ils acquirent, de gré ou de force, les petites propriétés des pauvres qui les avoisinaient. Les terres et les
troupeaux furent remis à des mains esclaves ; des hommes libres eussent été trop souvent éloignés pour le service militaire... Si bien que les grands devinrent très-
riches, que la population des esclaves fit dans les campagnes beaucoup de progrès, tandis que celle des hommes

libres allait diminuant, par suite du malaise, des contributions et du service militaire qui les accablaient. Et lors même qu'ils jouissaient, à ce dernier égard, de quelque relâche, ils ne pouvaient que languir dans l'inaction, puisque les terres étaient entre les mains des riches, qui employaient des esclaves préférablement aux hommes libres... »

On connaît le mot de Pline : *Latifundia perdidere Italiam.*

Si nous avons pu dire que le premier mobile de l'accaparement et de la thésaurisation fut la crainte de l'indigence ou des accidents imprévus, le même prétexte ne peut être invoqué en faveur des Romains. Leurs propriétés grandissaient à mesure que s'enflait leur orgueil : c'étaient des entassements de richesses et de vanités.

Dépouillant ceux-ci par force, achetant à vil prix, en raison d'expropriation pour cause d'utilité personnelle, le petit domaine de celui-là, pressurant et ruinant cet autre par l'usure, chassant les parents ou les enfants des légionnaires qui avaient conquis la colonie, les riches accaparaient des domaines dont, au dire de Columelle, ils ne pouvaient faire le tour à cheval : montagnes, lacs, forêts, rivières, tout un monde appartenait à ces potentats, et dix mille légionnaires suffisaient à peine à défricher leurs terres.

César trouva trois cent vingt mille citoyens, sur quatre cent cinquante mille, nourris aux dépens du trésor public.

Les colons, pressurés, maltraités, aimaient mieux abandonner leurs terres : les plus pauvres préféraient la misère à cette existence d'ilotes et de persécutés. L'exportation des blés d'Italie était interdite, et l'importation était encouragée.

Les terres se transforment de toutes parts en pâturages, la culture disparaît ; les marais envahissent le sol : « Entassez ! entassez ! » conseille Caton.

« Maintenant, écrit Varron, les pères de famille ont abandonné la faucille et la charrue pour se glisser dans les murs de Rome, préférant l'aumône du trésor public et les jeux du Cirque au travail des blés et des vignobles ; il nous faut, pour ne pas mourir de faim, acheter notre blé aux Sardes et aux Africains, vendanger à Cos ou à Chio. »

Splendide civilisation, et bien digne d'exciter l'admiration des économistes modernes !

Le peuple, écrasé sous l'abrutissement, réduit à l'état de mendiant, eut vite conquis les vices de son nouvel état.

A la misère générale s'ajouta la corruption universelle.

Et ce colosse aux pieds d'argile qui s'appelait la république romaine croula tout d'un coup, et les empereurs vinrent, qui mirent le pied sur lui et achevèrent d'en écraser les débris.

VII

Quelle amertume dans les satiristes latins !

— « Est-on honnête homme, mais pauvre, dit Plaute, on ne vaut rien. Un fripon, s'il a de l'argent, est estimé. »

Et dans les *Captifs :*

— « Selon que l'on a la fortune pour soi, on est un homme supérieur, et tout le monde admire, après, votre prudence. Le succès règle nos opinions : qui réussit est proclamé sage; qui échoue passe pour un sot. »

Ne sent-on pas toute la pesanteur du joug qui écrasait les prolétaires dans ces quelques lignes :

— « Oblige-t-on les riches, leur reconnaissance ne pèse pas une plume : les offense-t-on, si peu que ce soit, leur vengeance tombe sur vous comme du plomb. »

— « Le pauvre! dit Juvénal, il est ici le jouet de tous : sa lacerne se déchire, on le raille; sa toge est tachée, on le raille ; ses chaussures sont fendues, ou leurs plaies béantes laissent entrevoir le gros fil qui voudrait en vain les cicatriser, on le raille encore ! De toutes les misères, ô pauvreté, la plus poignante est de rendre les hommes ridicules. » (Satire III.)

Juvénal encore a poussé ce cri de désespoir et d'impuissance :

« Le monde vaincu s'est vengé en nous donnant ses vices ! »,

— « Le peuple, affirmait Catilina, corps sans tête, tête sans corps. »

Le peuple romain, conclut l'histoire, s'abîma tout entier dans la mendicité : suivons-le sous l'empire.

Jules César triomphe cinq fois, monte au Capitole à la lueur des torches portées par quarante éléphants; il donne à ses vétérans vingt-quatre mille sesterces par tête, distribue au peuple dix boisseaux de blé par homme, autant de livres d'huile, trois cents sesterces, fait remise des loyers jusqu'à concurrence de deux mille sesterces, donne un festin public, distribue de la viande, prodigue les combats de gladiateurs, les jeux du Cirque, les représentations navales, et tous l'acclament quand il dit : « Moi, César, dictateur ! »

Ce n'est pas tout : quatre-vingt mille citoyens furent transportés dans les colonies au delà de la mer, et les éleveurs de bestiaux durent prendre au nombre de leurs bergers au moins un tiers d'hommes libres ; les dettes furent réduites d'un quart... Aussi le peuple voulut-il incendier la maison de Brutus et de Cassius.

Auguste se voit contraint par la disette et la misère croissante de chasser de Rome les esclaves qui étaient en vente, les gladiateurs, les étrangers. Rien de plus honteux pour le peuple romain que ces lignes de Suétone :

« Comme on demandait à Auguste une donation publique promise au peuple, il dit qu'il tiendrait sa parole ; mais, comme le peuple réclamait plus qu'il n'avait promis, il publia un édit reprochant aux prolétaires leur infamie et leur insolence. »

Toutes les fois que le trésor public était garni par des confiscations, Auguste faisait de fréquentes donations : dans les temps de disette, il donnait du blé, ou gratuitement ou à très-bas prix, et doublait les distributions d'argent.

Par son testament, Auguste léguait au peuple romain quarante millions de sesterces (80 millions de francs).

Tibère ne néglige pas ce peuple dépravé : il donne des spectacles de gladiateurs, qu'il paye cent mille sesterces par tête : une autre fois, il lui prête cent millions de sesterces pour trois mois et sans intérêt. Par un sénatus-consulte, il avait ordonné que tous ceux qui s'étaient enrichis par

l'usure plaçassent les deux tiers de leurs biens en fonds
de terre, et que les débiteurs payassent les deux tiers
de leurs dettes en argent comptant. L'exécution de cet
arrêt eût été impossible sans son secours.

Caligula ne pouvait rester en arrière : il distribua un
jour à tous les citoyens des corbeilles remplies de pain et
de viande. Il est vrai que, trouvant que la viande coûtait
trop cher pour nourrir les animaux destinés au spectacle,
il leur fit jeter des criminels que les bêtes féroces déchi-
raient tout vivants. Mais le peuple romain tendait la
main et recevait les pièces d'or que Caligula lui jetait du
haut de la basilique de Jules César.

Claude négligea pendant quelque temps cette horde
d'affamés ; le peuple l'arrêta sur la place publique et lui
rappela son droit de mendiant en lui lançant des pierres
et du pain.

Mais le véritable père du peuple romain fut Néron.
Que le lecteur juge : à son avénement, il abolit ou diminue
les impôts, il distribue au peuple quatre cents sesterces
par tête, il institue des jeux nouveaux, et fait paraître au
Cirque jusqu'à des attelages de chameaux. Il fait distribuer au peuple, pendant plusieurs jours et en grande
quantité (Suétone) des provisions et des présents de toute
espèce, des oiseaux, du blé, des habits, de l'or, de l'argent, des perles, des pierreries, des tableaux, des esclaves, des bêtes de somme, des vaisseaux, des îles, des
terres !

Le peuple le regretta.

VIII

Donc désorganisation immense, mais fatale : patriciens hideusement corrompus, plébéiens sans pudeur et sans dignité, voilà ce qu'avait produit dans la société romaine le culte de la force, la théorie de l'oppression hiérarchique. Nous accusera-t-on d'erreur systématique lorsque nous rappellerons que la société romaine basée sur l'inégalité et non sur l'association, sur le prêt (*fœnus*) et non sur la mutualité, sur le brigandage et non sur l'échange, sentit peu à peu cette base de boue se dissoudre sous ses pieds.

Au temps des empereurs, il n'y a plus de patriciens, parce que, de l'autoritarisme du guerrier, ils sont descendus à la corruption du jouisseur.

— « Moi, je descends de Cécrops, » dit un patricien dans une satire de Juvénal.

— « Fils de Cécrops, c'est fort bien. Mais dans cette vile populace que tu méprises, tu trouveras le Romain éloquent, dont la parole te défendra, toi, noble et ignorant : c'est la vile populace qui t'expliquera les lois et leurs énigmes ; qui défend la patrie sur les bords de l'Euphrate ? Le plébéien..... »

Néron, image accentuée de l'aristocratie romaine, court la nuit les cabarets et les lieux mal famés, et y rencontre Damasippe, le consul. Les patriciens sont devenus farceurs, ils amusent le maître ; les Fabius sont des va-nu-pieds, et les Mamercus reçoivent des soufflets dans les pantomimes.

Les affranchis, c'est-à-dire les usuriers, les *pressureurs* enrichis, ont envahi toutes les situations élevées.

« Je ne me dissimule pas, dit l'affranchi, que je suis né sur les bords de l'Euphrate, et mes oreilles percées le prouvent à tout venant : mais je possède cent boutiques et quatre cent mille sesterces de rente... vos patriciens gardent les troupeaux pour le compte d'autrui...

> Quandoquidem inter nos sanctissima divitiarum Majestas...

« Sa Majesté l'Argent !.... »

Mais les affranchis du moins représentent-ils le travail ? leur élévation constitue-t-elle une revanche de l'effort individuel contre le privilége ? Laissons ces illusions aux historiens sentimentaux. La société romaine est gangrenée de haut en bas de l'échelle, et cela parce qu'elle porte au pied une trace d'antique blessure, la division des classes par rang de fortune... Les affranchis ne sont que des chevaliers d'industrie, exploiteurs de vices patriciens, qui, *per fas et nefas*, entassent des richesses dont le plus souvent la source est inavouable, et lorsque Juvénal dit en parlant d'eux : « Ces entrepreneurs à qui tout est facile, qui savent bâtir une maison, nettoyer le lit des fleuves, les ports, les égouts..... » il n'emploie pas l'épithète de travailleurs. Les affranchis mettent les esclaves en coupe réglée. Rien de plus.

Terminons cet horrible tableau en traçant les derniers traits, les plus sinistres, les plus navrants...

La misère est partout, elle est au Forum, sur les routes, au coin des carrefours, sur les quais ; elle se traîne, elle gît, elle pleure, elle perfectionne chaque jour la mendicité..:. de petits enfants sont volés et mutilés, puis on les envoie sur le chemin des riches qui passent tendre leurs pauvres mains sanglantes; pendant que les clients mendient la *sportule*, pendant que les masses courent aux distributions ou élèvent vers Néron leurs mains suppliantes, la grande propriété marche, marche toujours, elle engloutit un à un les champs des prolétaires; c'est une hydre que rien ne rassasie, et l'on voit aux bords de la route « des hommes qui pleurent le champ paternel. » Hommes que l'on retrouve, à quelques jours de là, pitres et jongleurs devant les palais romains.

Mais on entend déjà la grande voix du monde barbare qui va donner à cet édifice, pourri dans ses moindres parties, le coup qui déterminera sa chute...

Et en même temps, la voix de l'Homme de Nazareth qui fait entendre la grande protestation des pauvres.

TROISIÈME PARTIE

JÉSUS

SOMMAIRE.

Au Golgotha. — Les Prophètes. — Malédiction sur les riches. — C'est le Pauvre qui monte au Calvaire. — Le mythe messianique. — L'originalité du mandat de Jésus. — Son idéal de poëte. — Son vrai nom est Réaction. — Il glorifie la misère. — Le riche n'entrera pas dans le royaume des cieux. — Déification de la pauvreté et de l'ignorance. — Théorie de l'humilité. — Les savants, scribes et pharisiens. — Lamennais. — Lazare le Pauvre. — Charité, sentiment. — Que la charité entretient la misère. — Les Actes des Apôtres. — Inintelligence de la prédication de Jésus. — Saint Paul. — Au Dieu inconnu ! — La Croix, symbole effrayant. — Les ascètes. — Julien l'Apostat. — La charité païenne. — Que l'idée essentielle du Christ a été défigurée.

TROISIÈME PARTIE

JÉSUS

I

Le vendredi 15 Nizan, l'an 785 de la fondation de Rome, un homme (d'aucuns disaient un Dieu) marchait péniblement, chargé d'une croix, vers une colline nommée Golgotha, entre les deux vallées de Cédron et d'Hinnmon.

Trois hommes passèrent. L'un se nommait Simon, les deux autres étaient ses fils, Alexandre et Rufus.

Les soldats qui entraînaient le condamné saisirent Simon par le bras et le contraignirent à porter la croix, dont Jésus ne pouvait plus supporter le poids. Puis, quand le funèbre cortége toucha la colline, les trois hommes laissèrent la croix aux mains des soldats, et s'en retournèrent en se voilant la tête sous leur manteau. Et tous trois se disaient.

— « Quel est donc cet homme qui va mourir ? »

Quelqu'un, qui marchait à côté d'eux, les entendit et leur dit :

— « C'est le Christ, Fils de Dieu, c'est le Verbe, c'est-à-dire la vérité.

— « Que voulez-vous dire par ce mot, la vérité ?

— « La vérité, c'est-à-dire la liberté...

— « La liberté ?

— « Venez avec moi, ajouta cet homme, et vous apprendrez ce que vous ne savez pas, et vous entendrez ce que nulle oreille humaine n'a jamais entendu. »

Simon et ses fils le suivirent en disant :

— « Est-ce un prophète? »

. . . .

— « Vous souvient-il, leur dit l'inconnu, que votre prophète Malachie a dit :

— « Voilà que le jour qui vient sera enflammé comme « une fournaise, où les superbes et ceux qui commettent « l'iniquité seront comme de la paille, et que ce jour les « consumera sans laisser d'eux aucune trace.

— « Vous souvient-il que Zacharie a dit :

— « N'opprimez ni la veuve, ni l'orphelin, ni l'étranger, ni le pauvre ; ne méditez pas dans vos cœurs le mal contre votre prochain.

— « Mais ils ont rendu leur cœur dur comme le dia- « mant, pour n'y pas laisser passer la loi et la parole « de Jéhovah, et alors s'alluma contre eux la grande co- « lère de Jéhovah.

« — Et, dit Jéhoyah, je les ai dispersés subitement
« parmi toutes les nations qui ne les connaissaient pas,
« et leur pays a été tellement dévasté derrière eux, qu'il
« n'y vient plus personne qui y passe ou qui y voyage... »

« Vous souvient-il que Sophonie a dit :

« — Je punirai les hommes qui se reposent tranquille-
« ment sur leurs richesses et qui se disent : Jéhovah ne
« nous fera ni bien ni mal.

« — Leur richesse deviendra une proie, leurs maisons
« seront désertes; ils construiront des maisons qu'ils
« n'habiteront pas, ils planteront des vignes dont ils ne
« boiront pas le vin.

— « Ni leur argent, ni leur or ne pourra les préserver
« au jour de la fureur de Jéhovah! »

« Vous souvient-il qu'Habacuc a dit :

— « Malheur à celui qui s'appropria ce qui n'était pas
« à lui. Jusqu'à quand se chargera-t-il du poids de
« cette dette?

— « Est-ce que tes créanciers ne se lèveront pas subi-
« tement? est-ce que les délégués des opprimés ne te
« surveilleront pas? et tu seras leur proie.

— « Car comme tu as pillé de nombreuses nations,
« le reste de ces nations te pillera à cause du sang
« humain que tu as versé...

— « Malheur à qui accumule des gains injustes dans
« sa maison... »

« Vous souvient-il que Michée a dit :

— « Écoutez, princes de Jacob, chefs d'Israël, n'est-
« ce pas à vous à connaître la justice ?

— « Vous haïssez le bien et vous aimez le mal, vous

« enlevez aux malheureux la peau de leur dos et la chair
« de leurs os.

— « Et lorsque vous aurez mangé la chair de mon
« peuple et arraché sa peau, brisé ses os, découpé sa
« chair,

— « Alors, le malheur viendra, et vous invoquerez
« Jéhovah qui ne vous exaucera pas. »

« Vous souvient-il qu'Amos a dit :

« — Écoutez cela, vous qui absorbez le pauvre et qui
« ruinez les faibles du pays.

« — Et qui dites : Quand sera passée la néonémie,
« nous vendrons notre blé, après le Sabbat seulement,
« afin que nous puissions augmenter le prix en diminuant
« la quantité et nous servir de fausses balances,

« — Pour acheter les pauvres avec notre argent, et les
« indigents pour une paire de chaussures ou la criblure
« des grains.....

« — Écoutez cela, vous qui avez opprimé le faible et
« lui avez pris sa charge de blé : Vous n'habiterez pas les
« maisons de pierre que vous avez construites, vous ne
« boirez pas le vin des vignes que vous avez plantées,

« — Car je sais vos crimes, à vous qui opprimez l'in-
« nocent, vous qui corrompez le tribunal du droit des
« pauvres. »

« Vous souvient-il qu'Ézéchiel a dit :

« — Chacun des chefs de la maison d'Israël use chez
« toi de sa puissance pour répandre le sang ;

« — Chez toi, on fait peu de cas du père et de la mère,
« on exerce la violence au milieu de toi envers l'étranger,
« et on opprime, dans ton sein, la veuve et l'orphelin ;

« — Dans ton enceinte ont circulé des calomniateurs
« qui ont fait couler le sang ;

« — Chez toi, on a reçu des présents pour condamner
« à mort, on a reçu des intérêts avec l'usure, et tu as
« enrichi tes amis par la concussion :

« — Et voilà que je te frappe, pour ton avarice, et
« pour le sang répandu. »

« Et encore Ézéchiel :

« — Si le fils du juste ne fait rien de ce qu'a fait
« son père,

« — S'il opprime le pauvre et l'indigent, s'il commet
« des vols, s'il ne rend pas les gages,

« — S'il donne à intérêt, s'il prend le produit de
« l'usure, ce fils vivrait? non ! il ne vivra pas.

« — Mais s'il n'a opprimé personne, s'il n'a pas commis
« de vol, s'il n'a pas pris de gage, s'il a donné du pain
« à l'affamé, s'il a couvert d'un vêtement celui qui était
« nu,

« ·· S'il n'a pris ni intérêt ni usure, il vivra ! »

« Vous souvient-il que Jérémie a dit :

— « Un jour ceux qui vous ont dévorés seront dévorés,
« et tous vos ennemis, oui ! tous ! iront en captivité.
« Ceux qui vous ont dépouillés seront dépouillés, et ceux
« qui vous ont pillés seront pillés à leur tour :

— « Car je cicatriserai vos plaies et je guérirai vos
« blessures.

— « Vos ennemis sont riches et orgueilleux : ils ne
« rendent pas la justice à la veuve, à l'orphelin; ils ne
« font pas droit aux indigents. »

« Vous souvient-il qu'Isaïe a dit :

— « Malheur à toi qui ravages tous les pays! Le tien

« ne sera-t-il pas aussi ravagé? Ne sera-t-on pas aussi
« perfide que toi? Oui, tu finiras de ravager et seras
« ravagé...

— « Alors il naîtra un rejeton du tronc de Jessé,

— « Qui jugera les pauvres avec droiture et pronon-
« cera avec équité le jugement dû aux pauvres du pays.

— « L'homme orgueilleux sera abaissé, l'arrogance de
« l'homme superbe sera humiliée... »

« Vous souvient-il de toutes ces paroles?...

« Alors écoutez-moi, celui que vous avez vu là-bas,
« montant au Golgotha, celui qui à cette heure est cloué
« sur une croix infâme, au moyen de clous qui lui dé-
« chirent les mains, dont le flanc est percé d'une lance,
« qui demande à boire et à qui l'on offre une éponge
« imbibée de fiel;

« Celui qui pleure en sentant que tous l'ont aban-
« donné...

« Celui-là s'appelle l'opprimé, l'abaissé, le blessé;

« Celui-là s'appelle le dépouillé, le captif, le con-
« damné;

« Celui-là s'appelle le faible, le ruiné, dont on mange
« la chair, dont on arrache la peau, dont on brise les os;

« Celui-là s'appelle l'orphelin, l'étranger;

« Celui-là s'appelle LE PAUVRE !

« D'où vient-il? Quelle est son origine? Nul ne le sait,
« il n'est pas le fils d'un homme, il est le fils de l'Homme;
« il naît de cette civilisation qui s'appelle oppression et
« souffrance.....

« Et Jean était son précurseur, son héraut : Jean qui
s'écriait comme le crieront les déshérités de tous les
les temps : Cela ne peut pas durer! Il faut en finir !

« Et lorsque Jean vit que la misère s'était faite homme,
« il s'inclina devant elle...

« Le riche eut peur, et Jésus Sauveur fut conduit dans
le désert; là il eut faim, là il connut toutes les tortures
du dénûment, et le riche crut que le moment était venu :

« Il lui montra tous les royaumes du monde et leur
« gloire.

— « Je te donnerai tout cela, si, te prosternant, tu
« m'adores.

— « Arrière, Satan ! répondit Jésus, et il s'en alla sur
« la montagne.

« Là, ouvrant la bouche, il enseignait, en disant :

« Heureux les pauvres d'esprit, car le royaume des
« cieux est à eux.

« Heureux ceux qui sont doux, car ils posséderont
« la terre.

« Heureux ceux qui pleurent, car ils seront consolés.

« Heureux ceux qui ont faim et soif de justice, car ils
« seront rassasiés.

« Heureux les miséricordieux, car ils obtiendront
« miséricorde.

« Heureux ceux qui ont le cœur pur, car ils verront
« Dieu.

« Heureux les pacifiques, car ils seront appelés en-
« fants de Dieu.

« Heureux ceux qui souffrent persécution pour la
« justice, car le royaume des cieux est à eux.....

« Donnez à qui vous demande, et ne vous détournez
« point de celui qui veut emprunter de vous...

« Quand vous faites l'aumône, ne sonnez pas de la
« trompette devant vous comme font les hypocrites dans

6

« les rues et les synagogues afin d'être honorés des
« hommes.....

« Quand vous faites l'aumône, que votre main gauche
« ne sache pas ce que fait la droite,

« O toi, notre Père, Justice qui est dans le ciel, que
« ton nom soit enfin connu...

« Que ton règne arrive, que ta volonté soit faite sur la
« terre et au ciel.

« Donne-nous du pain !

« Remets-nous nos dettes et nous les remettrons à qui
« nous doit..... Ne nous tente pas, et délivre-nous du mal
« qui est l'oppression !

« Et maintenant, pauvres et déshérités, demandez et on
« vous donnera ; cherchez et vous trouverez; frappez et
« on vous ouvrira !

« Et les exploiteurs se sont levés contre le Fils de
l'Homme, et il a envoyé leur esprit dans le corps de pour-
ceaux qui se sont précipités dans la mer.

« Et Jésus dit à ses disciples : « Je vous le dis en vérité,
« difficilement un riche entrera dans le royaume des
« cieux.....

« Plus facilement passerait un câble par le trou d'une
« aiguille qu'un riche par la porte des cieux.

« Et les derniers seront les premiers, et 'les premiers
« les derniers. »

« Et le Pauvre a dit encore :

« Ceux qui aideront les pauvres seront bénis de Dieu
« et placés à sa droite ;

« Car à qui avait faim, ils ont donné à manger; à qui
« avait soif, ils ont donné à boire; à qui était sans de-
« meure, ils ont donné asile; à qui était nu, ils ont donné

« des vêtements ; à qui était en prison, ils ont rendu vi-
« site..... »

« Et pour avoir ainsi parlé, le Pauvre va mourir ! »

. . . .

L'homme les ayant quittés, Simon et ses deux fils s'en
allèrent en disant :

— Il est vrai que notre misère est bien cruelle.

II

Quelle est exactement la signification du mythe messianique, et n'est-ce pas en forcer le sens que de faire jaillir
des enseignements du Christ une pensée sociale, sorte de
constatation des aspirations des peuples ?

Il est un fait curieux : tandis que toute la terre était
soumise à la célèbre *paix romaine*, tandis que l'oppression des proconsuls ou des gouverneurs était universelle,
tandis enfin que le prolétariat et la misère formaient en
quelque sorte une des conditions d'existence de la puissance dominatrice des Romains, toutes les nations restèrent
muettes, toutes les provinces se turent, et la voix qui
s'éleva si timide d'abord et sitôt étouffée sortit des entrailles d'un peuple que les Romains semblaient dédaigner
comme trop facile à écraser.

Jésus est avant tout un prophète ; c'est-à-dire, dans le
sens hébraïque, un poëte. Les imprécations que les anciens prophètes de la Judée avaient lancées contre les
oppresseurs ont absolument changé de caractère dans sa
bouche.

Est-il vrai, comme l'affirme Renan, que la répression
terrible de la sédition soulevée par Juda le Gaulonite fut
un exemple dont profita le nouveau réformateur ?

Cette explication peut être vraisemblable, mais plus
vraisemblable encore est cette supposition que Jésus,
pauvre fils d'un charpentier, naïf et n'obéissant qu'à
une sorte d'instinct poétique, ignorait absolument et ce
qu'étaient les Romains et ce que signifiait la revendication
d'une nationalité opprimée.

Il ne voyait rien en dehors du cercle où il se mouvait ;
et l'horizon sur lequel s'exerçait son sens moral était
borné par les palais somptueux des dominateurs qu'il appelait les puissants de la terre et par les masures des
pauvres, dont il se sentait le frère et dont il allait résumer les plaintes.

Les Juifs eussent évidemment voulu faire du Christ un
Messie guerrier : la preuve s'en rencontre à chaque ligne
dans les Évangiles qui, ne l'oublions pas, rédigés après
la mort de Jésus, se trouvent empreints de l'idée juive de
rébellion contre les conquérants.

Ainsi dans saint Luc :

« Zacharie fut rempli de l'Esprit-Saint, il prophétisa,
« disant :

« Béni soit le Seigneur Dieu d'Israël de ce qu'il a visité
« et racheté son peuple ;

« Et nous a suscité un puissant Sauveur de la maison
« de son serviteur David !

« Selon ce qu'il a dit par la bouche des saints, de ses
« prophètes, aux siècles passés,

« Qu'il nous sauverait de nos ennemis et des mains de
« tous ceux qui nous haïssent. »

Et, ainsi qu'on l'a remarqué, le soin extrême que prennent les Évangélistes à faire remonter jusqu'à David la généalogie de Jésus, l'adoration des mages qui, venant d'Orient, demandent : « Où est le Roi des Juifs nouvellement né ? » la terreur qui envahit l'âme d'Hérode, tous ces signes prouvent, à n'en point douter, que les Juifs attendaient, non pas un réformateur, mais un roi, mais un chef.

« Et toi, Bethléem, terre de Juda, tu n'es pas la moin-
« dre parmi les cités de Juda ; car de toi sortira le chef
« qui doit régir Israël mon peuple. »

Si Jésus, nouveau Macchabée, nouveau Juda, fils de Sariphée, nouveau Juda de Gamala, eût tenté par la force de soustraire Israël à la domination romaine, que fût-il resté de son œuvre ? A peine un souvenir, une mention vague, dans quelques lignes dédaigneuses d'un historien.

Mais ce qui constitue l'originalité du mandat assumé par Jésus, c'est que dans cette société juive tracée, divisée, hiérarchisée à l'instar des autres provinces romaines, il n'a relevé que les traits principaux, humains, qui se retrouvaient, dans tout l'univers connu, absolument semblables, en dépit des différences particulières dues à la diversité des civilisations, des aptitudes nationales ou des aspirations politiques.

Jésus ne se préoccupe pas de la situation respective des Romains et des Juifs ; lui parle-t-on du maître : il répond, « Rendez à César ce qui est à César. » De liberté politique, nationale, il n'est point question pour lui.

Un seul fait le frappe, la misère.

Il ne voit que des pauvres, des humbles, des souffrants, des exploités : il ne songe en aucune façon à des opprimés, aspirant à l'indépendance.

6.

L'indépendance pour lui, c'est la délivrance du joug que font peser sur les pauvres les vendeurs du temple, les usuriers, les pharisiens.

Il ne revendique pas le royaume de la terre, la propriété; il sent que la domination, la force du conquérant sont choses placées trop loin de lui pour que lui ou ses semblables puissent y aspirer.

Il se fait petit devant la puissance matérielle : « Mon royaume n'est pas de ce monde. »

Alors il se crée un idéal, idéal de poëte; et quand la terre lui échappe parce qu'elle appartient aux riches, il lève la main vers le ciel et dit aux pauvres : « Voilà ce qui est à vous, voilà ce qui vous appartient. »

Ne pouvant posséder la réalité, il s'élance dans le rêve et entraîne après lui dans le ciel tous les déshérités de la terre.

Le vrai nom de Jésus est Réaction.

En effet il ne propose point, comme Spurius ou les Gracques à Rome, le partage des terres; il ne s'élève pas jusqu'à l'idée sociale de l'égalité et du mutuellisme, son imagination ne lui montre qu'un jeu de bascule. Les derniers doivent être les premiers; les premiers doivent être les derniers.

Il trouve les pauvres abaissés, écrasés, esclaves : d'un seul mot, il les fait maîtres, plaçant l'essence de leur domination dans un monde supérieur au monde réel, dans le ciel qu'il leur désigne comme une proie.

Toute l'idée messianique est renfermée dans ces mots : « Le royaume du ciel. » Les espaces célestes, dans lesquels réside le Maître des maîtres, sont ouverts à tous les pauvres; et il les fait participer au domaine et par contre à la puissance surhumaine de Celui devant qui les rois, les empereurs, les dominateurs, en un mot, ne sont que poussière.

Bien mieux, il rabaisse les richesses et toutes les puissances de la terre par le mépris :

« N'ayez en votre possession ni or, ni argent, ni aucune « monnaie dans vos ceintures,

« Ni sac pour la route, ni deux tuniques, ni chaussures, « ni bâtons. »

Si un pareil mot pouvait être employé, nous dirions que l'*habileté* de Jésus est extrême.

Il ne se contente pas de prêcher le mépris des richesses, il arrive peu à peu à la glorification du dénûment.

Le pauvre doit être orgueilleux de sa misère même. En effet, c'est parce qu'il n'a rien qu'il entrera facilement dans le royaume des cieux. C'est en raison de cette misère qu'il prononce ces paroles, relevant si haut sa dignité :

« Je vous donnerai les clefs du royaume des cieux, et « tout ce que vous lierez sur la terre sera lié aussi dans « les cieux, et tout ce que vous délierez sur la terre sera « aussi délié dans les cieux. »

Le riche même vertueux est en état de suspicion, et tant qu'il sera riche, Jésus se défie de lui :

« Comme il sortait pour se mettre en chemin, un jeune « homme accourant et se jetant à ses genoux, lui dit : — « Bon, maître, que ferai-je pour acquérir la vie éter- « nelle ? »

« Jésus lui dit : « Pourquoi m'appelez-vous bon ? Nul « n'est bon que Dieu seul.

« Vous connaissez les commandements : Vous ne com-

« mettrez point d'adultère. Vous ne tuerez point. Vous
« ne désobéirez point. Vous ne rendrez point de faux té-
« moignage. Vous vous abstiendrez de toute fraude. Vous
« honorerez votre père et votre mère. »

    « Il lui répondit : —·Maître, j'ai observé tous ces pré-
« ceptes dès ma jeunesse.

    « Jésus le regardant, l'aima et lui dit : « Une seule
« chose vous manque ; allez, vendez tout ce que vous
« avez, donnez-le aux pauvres, et vous aurez un trésor
« dans le ciel. Puis venez et suivez-moi. »

    « Mais, affligé de cette parole, il s'en alla triste, car
« il avait de grands biens.

    « Et Jésus, jetant ses regards autour de lui, dit à ses
« disciples : « Que difficilement ceux qui ont des richesses
« entreront dans le royaume des cieux ! »

    « Ses disciples, entendant ceci, s'étonnaient grande-
« ment. Alors Jésus reprit : « Qu'il est difficile à ceux
« qui se confient dans les richesses d'entrer dans le
« royaume de Dieu ! »

Et, comme le remarque fort justement Lamennais, ces
paroles constituent d'autant plus l'originalité de l'ensei-
ment de Jésus que,·dans la loi de Moïse, les richesses
étaient présentées comme la récompense de la fidélité à
la loi elle-même, comme le signe de la bénédiction de
Jéhovah.

Nous disions plus haut que la doctrine du Christ tira
son importance particulière de son caractère d'univer-
salité.

Et en effet, dans la seconde partie, nous avons parlé
des prolétaires de Rome, de cette race éminemment orgueilleuse, qui considérait le travail comme un opprobre

et se résignait à la mendicité chronique, croyant porter bien haut dans son oisiveté ce titre de citoyen romain dont elle était si fière.

Si quelque velléité de honte pouvait de temps à autre faire rougir leur front, n'étaient-ils pas admirablement préparés pour accepter la doctrine chrétienne, qui les arrachait aux seuils des palais patriciens pour les envoyer mendier à la porte du ciel, en réhabilitant leur pauvreté et leur paresse ?

Jésus pousse la logique plus loin : ce n'est pas seulement la misère matérielle qu'il exalte et qu'il déifie, c'est encore la misère morale, c'est-à-dire l'ignorance ; et l'on peut affirmer hardiment que la doctrine du Christ prépara ce prolétariat de l'ignorance qui, aujourd'hui encore, marque d'une façon si accentuée la division des classes sociales.

« Heureux les pauvres d'esprit, dit-il.

« Qui est le plus grand dans le royaume des cieux ? Je « vous le dis en vérité, si vous ne changez et ne devenez « comme de petits enfants, vous n'entrerez point dans le « royaume des cieux. »

D'où vient chez Jésus cette terreur de la science, cette passion de l'ignorance, qui, avec l'orgueil de la misère, forme la caractéristique de son enseignement ? De la répulsion que lui inspiraient à lui, pauvre, l'orgueil et l'insolence des scribes et des pharisiens.

Ce sont les docteurs qui sont en même temps les exploiteurs :

« Les scribes et les pharisiens sont assis sur la chaire « de Moïse.

« Observez donc et faites tout ce qu'ils disent, mais

« n'imitez pas leurs actions; car ce qu'ils disent, ils ne
« le font pas.

« Ils lient sur les épaules des hommes des fardeaux
« pesants et insupportables qu'ils ne voudraient même
« pas remuer du doigt.

« Ils aiment les premières places dans les festins et les
« premières places dans les synagogues.

« Malheur à vous, scribes et pharisiens hypocrites !
« parce que, faisant de longues prières, vous dévorez les
« maisons des veuves. »

Les scribes sont les savants ; ils nettoient les dehors de
la coupe et du plat, et au dedans ils sont pleins de souil-
lures et de rapines.

Ce sont les savants, mais, sépulcres blanchis, ils pa-
raissent beaux aux hommes, et sont au dedans pleins de
pourriture.

On sent que le travail n'est pas la source du bien-être
des citoyens : que la richesse provient de la fraude, de
l'usure, de l'oppression.

Charles Comte l'a démontré dans son *Traité de législation,* l'esclavage et par contre l'oppression a pour effet
de faire déchoir non-seulement l'esclave, mais encore et
surtout le maître. Les maîtres, les riches, les savants
sont déchus, et Jésus craint avant toutes choses de leur
ressembler ; donc, réhabilitation de l'esclave, du pauvre,
de l'ignorance. C'est l'antithèse logique qui ressort de la
situation même et dont Jésus se trouve l'expression.

Le plus grand mérite de Jésus, ne l'oublions jamais,
c'est d'être venu à son heure.

Jésus avait-il conscience du bouleversement profond
que ses doctrines amenaient dans le vieux monde ? Il de-

vait du moins en avoir le soupçon, car il sentait combien
les riches et les puissants étaient ses ennemis. Et pour
qu'ils ne pussent pas l'accuser, il parlait en paraboles :

« Parce qu'en voyant ils ne voient pas, et qu'en écou-
« tant ils n'entendent pas. »

III

« Il y a dix-huit siècles, ô Jésus, s'écrie Lamennais,
« qu'appelant à vous les pauvres, les délaissés, les op-
« primés, tous ceux qui portent avec douleur le poids du
« travail et le fardeau de la vie, vous leur promîtes un
« sort meilleur, et cependant qu'y a-t-il pour eux de
« changé sur la terre ? Vous leur avez dit au fond de
« l'âme des choses qui les ont consolés, vous les avez
« nourris d'espérance et d'amour, les recueillant sur
« votre sein et les y endormant, quels que fussent leurs
« maux, dans la vision des joies futures. Soyez-en à
« jamais béni ! Mais ont-ils aujourd'hui plus d'air et plus
« de soleil ? Sont-ils moins oppressés ? Souffrent-ils
« moins de la faim du corps et de la faim de l'esprit ?
« Hélas ! le cri de leur détresse de toutes parts monte
« vers vous. Est-ce donc que votre parole ne devait ja-
« mais s'accomplir ? Est-ce que l'iniquité qui prive les
« trois quarts de la race humaine de leur portion de l'hé-
« ritage commun ne devra jamais avoir de terme ? Fils
« de l'homme, auriez-vous trompé vos frères ? Non, non,
« car vous leur avez dit : « Venez à moi et je vous ra-
« nimerai !.... »

Ceci nous conduit à examiner rapidement l'influence de la doctrine de Jésus, telle que la comportent les Évangiles, sur le mouvement social, et quels résultats on pouvait en attendre pour la solution du problème de la misère.

Et nous n'hésitons pas à le déclarer : Jésus n'apportait aucune solution, même théorique, même utopique, de l'éternel problème de la misère.

Dans l'Évangile de Luc se trouve un passsage à méditer : « Malheur à vous, riches, parce que vous avez votre consolation dans ce monde !

« Malheur à vous qui êtes rassasiés, parce que vous aurez faim ! Malheur à vous qui riez maintenant, parce que vous serez réduits aux pleurs et aux larmes !. »

Ainsi, en admettant la réalité de ces paroles attribuées au Christ, il est évident qu'aucune union, aucune association ne lui paraissaient possibles entre le riche et le pauvre. Par la force même dès circonstances, ils étaient ennemis ; seulement le pauvre ne devait pas se lever contre le riche, ni lui demander compte de son droit :

« Humilie-toi, dit Jésus. Le ciel se chargera de ta vengeance.

« Bénissez ceux qui font des imprécations contre vous et priez pour ceux qui vous calomnient.

« Si un homme vous frappe sur une joue, présentez-lui l'autre ; et si quelqu'un vous prend votre manteau, ne l'empêchez point aussi de prendre votre robe.

« Donnez à tous ceux qui vous demanderont, et ne demandez pas votre bien à celui qui l'emporte.... »

La parabole de Lazare le pauvre complète cet aperçu :

« Il y avait un homme riche, qui était vêtu de pourpre

et de lin, et qui se traitait magnifiquement tous les jours.

« Il y avait aussi un pauvre, appelé Lazare, étendu à sa porte tout couvert d'ulcères,

« Qui eût bien voulu pouvoir se rassasier des miettes qui tombaient de la table du riche; mais personne ne lui en donnait. Et les chiens venaient lécher ses plaies.

« Or, il arriva que ce pauvre mourut et fut emporté par les anges dans le sein d'Abraham. Le riche mourut aussi et eut l'enfer pour sépulcre. »

De cet apologue, que ressort-il ?

Que le riche qui veut être sauvé doit faire l'aumône, comme il a été déjà dit qu'il doit donner tous ses biens au pauvre et suivre l'Apôtre.

Là, en effet, se résume toute la doctrine du Christ, dans la charité.

Or, la charité est-elle réellement sociale ? Peut-elle, dans un laps d'années, de siècles, plus ou moins long, amener, ne disons pas même la suppression, mais la diminution du paupérisme ?

L'expérience répond négativement.

La charité est chose de sentiment, et l'organisation sociale est chose de science. Le sentiment se modifie selon chaque individualité : *tot capita, tot sensus.*

On sera plus charitable, moins charitable. Dans cette oscillation du plus au moins, que deviendra le pauvre ? Admettons encore que la charité soit toujours égale ; il est évident que la charité poussera toujours au soulagement de la souffrance, et non à l'élévation du pauvre à la dignité de travailleur indépendant.

Tout sentiment, toute effusion poétique, a pour essence

de perpétuer l'objet sur lequel il s'exerce. Comme on l'a dit un jour : « La charité regretterait qu'il n'y eût plus de pauvres ! car ce sentiment, le plus bel apanage de la nature humaine, disparaîtrait de la surface de la terre. »

La charité entretient la misère.

D'abord le mendiant est un être chez lequel la dignité personnelle s'atrophie de plus en plus. Le gain obtenu sans travail, en tendant la main, encourage l'oisiveté, et par contre le vice, qui augmente encore la misère.

Cercle dans lequel la parole de Jésus a enchaîné l'humanité.

Son plus grand mérite est d'avoir appelé l'attention sur les pauvres. En les exaltant, il les a rendus à la lumière. Il les a tirés de leur obscurité, et en voyant leur nombre, le riche a compris qu'il fallait compter avec eux.

Mais s'emparant de la parole même du Christ, il les a, de par la charité, maintenus dans une subalternisation éternelle. « Demandez et vous recevrez, » disait l'Homme de Nazareth.

Et ainsi il consacrait l'inégalité.

IV

Certes, c'était un grand progrès que cette réhabilitation du pauvre ; c'était le ramener à la condition d'homme et préparer pour l'avenir une rénovation sérieuse. Mais de ce progrès, il ne paraît pas que Jésus ait eu conscience. Il a prétendu consoler les misérables ; il a fait ce que de notre temps font encore les prêcheurs et les discoureurs.

Ne pouvant donner la véritable solution du problème, il a endormi les souffrants par de magnifiques paroles et de splendides espérances.

Cette pensée, la seule qui existât réellement dans la doctrine du Christ, fut, chose curieuse, celle dont se préoccupèrent le moins les apôtres.

Pour eux, et nous allons le prouver par un rapide examen, la question principale devint, d'une part, la modification des croyances religieuses, en tant que dogmes et mystères, et d'autre part le développement aussi rapide que possible des croyances chrétiennes.

Des pauvres, de cette sublime, quoique irraisonnée tentative du Christ, plus ne fut parlé, sinon dans de longues et violentes apostrophes aux riches. Mais ce qui chez Jésus était théorique ne devint plus dans la bouche des apôtres que rhétorique accessoire.

Je le répète, parce que rien ne paraît plus vrai.

A Jésus, on a prêté nombre d'intentions diverses. Les textes ont été augmentés, falsifiés dans le but de mettre dans la bouche du maître des opinions dont même il n'avait point eu conscience. Tout le christianisme *essentiel* se résume en ceci :

Amour des pauvres, accession des pauvres à toutes les joies du ciel.

Jésus songeait-il même à substituer le monothéisme chrétien au polythéisme païen ? Jésus, à cet égard, ne fut en aucune façon un novateur. Il accepta le Jéhovah, Dieu unique, auquel il avait, dès l'enfance, rendu hommage. Et si plus tard il y eut séparation complète entre les chrétiens et les juifs, c'est que les premiers attribuèrent à Jésus le rôle de *Fils de Dieu*. Dans le principe, Dieu le

Père et Jéhovah n'étaient point distincts l'un de l'autre.

Ce fut donc du côté du polythéisme païen que les apôtres dirigèrent tous leurs efforts ; et la grandeur de la lutte leur fit perdre de vue le caractère de la prédication chrétienne, la réhabilitation de la misère.

Si les apôtres eussent compris cette pensée de Jésus, si celui-ci, moins poëte, et par conséquent plus simple et plus compréhensible, eût insisté sur la question qui seule le préoccupait, sur la question de pauvreté, de misère, d'oppression, qui sait quels progrès se fussent peut-être réalisés ?

Les apôtres comprirent si peu le sentimentalisme de Jésus, que, dès les premières lignes des *Actes des apôtres*, nous lisons ces mots :

« Seigneur, sera-ce alors que vous rétablirez le royaume d'Israël ? »

Il était bien question en vérité de rétablir un royaume, et là était bien l'idée de Jésus ! Pierre renia trois fois son maître, les apôtres le renièrent mille fois. Car nul d'entre eux ne se souvint que Jésus n'avait parlé qu'au nom des pauvres.

Le premier discours de saint Pierre proclame la rupture entre l'idée chrétienne et la prédication de l'avenir.

Que le lecteur s'y reporte (Act. ch. II), et il comprendra toute notre pensée.

Les apôtres s'érigent en prédicants : ce ne sont plus des pauvres mettant en Dieu tout espoir et tout avenir. Ils commencent déjà à se sentir forts ; d'autant que ce fait essentiel de la misère disparaît dans le groupe :

— « Car il n'y avait aucun pauvre parmi eux ; parce que tous ceux qui possédaient des fonds de terre ou des maisons les vendaient et en apportaient le prix qu'ils mettaient aux pieds des apôtres ; et on le distribuait ensuite à chacun selon qu'il en avait besoin. »

Le peuple les entoure, les suit, les presse.

Que prêchent-ils ? En vérité, il est difficile de s'en rendre un compte exact : ils affirment que le Christ est le Fils de Dieu, qu'il est venu sur la terre pour la rémission des péchés. (Lire notamment à ce sujet le discours d'Étienne martyr.)

La persécution s'attache à leurs pas ; on les met en prison ; ils s'évadent, sont repris et traduits devant le tribunal, fouettés : leur mission acquiert une importance capitale. Étienne est lapidé, et avant d'être entraîné au supplice, il lance cet anathème :

— « Têtes dures, incirconcis de cœur et d'oreilles, vous résistez toujours au Saint-Esprit, et vous êtes tels que vos pères ont été.

« Qui est celui d'entre les prophètes que vos pères n'aient point persécuté ? Ils ont tué ceux qui prédisaient l'avénement du Juste que vous venez de trahir et dont vous avez été les meurtriers ! »

Avec saint Paul, le caractère de la prédication change définitivement : point capital. Il ne s'agit plus des pauvres, des misérables, mais des pécheurs. Distinction des plus importantes et qui marque absolument l'inintelligence de la prédication de Jésus. « Il nous a été commandé, dit Pierre, de prêcher et d'attester devant le peuple que c'est Jésus qui a été établi de Dieu pour être le juge des vivants et des morts :

« Tous les prophètes lui rendent témoignage que tous

ceux qui croiront en lui recevront en son nom la rémission de leurs péchés. »

Que nous sommes loin du Jésus de Nazareth, lorsque nous entendons ces paroles de Paul :

— « Athéniens, il me semble qu'en toutes choses vous êtes religieux à l'excès.

« Car ayant regardé en passant les statues de vos dieux, j'ai rencontré un autel sur lequel il est écrit : AU DIEU IN-CONNU ! C'est donc ce Dieu que vous adorez sans le connaître que je vous annonce.

« Dieu qui a fait le monde et tout ce qui est dans le monde, étant le Seigneur du ciel et de la terre, n'habite point dans les temples bâtis par la main des hommes...

« Dieu étant en colère contre ces temps d'ignorance, fait maintenant annoncer à tous les hommes et en tous lieux qu'ils fassent pénitence,

« Parce qu'il a arrêté un jour auquel il doit juger le monde selon la justice..... »

Jésus prêche la charité, l'aumône, la vente des biens et le partage de leur valeur entre les pauvres : bienfait immédiat et dont Jésus comprend la nécessité, en voyant la misère des veuves et des orphelins.

V

Les apôtres, et notamment saint Paul, abandonnent ce côté matériel de la prédication : là où Jésus a prêché l'amour de l'homme, ils prêchent, eux, la crainte de Dieu, la colère du Seigneur contre l'*impiété* des hommes.

L'ancien ésprit des prophètes hébreux, esprit de colère et de vengeance, se retrouve dans les dithyrambes de saint Paul, notamment dans son *Épitre aux Romains*.

Or de cette déviation, quelle est la cause ?

Comment d'une prédication toute de mansuétude et de miséricorde surgira-t-il une doctrine de menace et de colère ?

Jésus n'avait point l'idée nette de la rénovation dont il pressentait la nécessité : il était la voix qui se plaint et non la voix qui enseigne.

Les pauvres pouvaient-ils se résigner au rôle passif que leur assignait Jésus ? Pouvait-on supposer que, frappés sur une joue, ils tendraient l'autre joue, s'ils n'étaient soutenus par un orgueil immense ? Et cet orgueil, puisé dans la croyance extatique à une intime communication avec Dieu, donna seul aux apôtres la force nécessaire pour commencer au milieu des périls la prédication chrétienne.

Mais cette prédication perdit immédiatement son caractère originaire de soumission ? Il y eut lutte et discussion d'égal à égal. Là où Jésus n'était que le pauvre, l'apôtre fut le docteur ; là où Jésus fut victime, l'apôtre fut martyr.

Et le pauvre fut oublié.

La lutte se circonscrivit dans un cercle de plus en plus restreint. Au droit de la force se substitue le droit de l'esprit : ou plutôt à l'oppression se superpose le mysticisme : les consolations du ciel serviront en quelque sorte de sanction et de prétexte aux misères de la terre.

Allons plus loin : dans les dieux d'or et de marbre, c'était encore l'humanité qu'adorait l'antiquité : et le

misérable pouvait, en embrassant les pieds de la statue,
crier grâce! au nom de cette forme, semblable à lui-même.

Le symbole du christianisme, le voilà, sombre, sinistre,
effroyable:

La Croix !

Ainsi une religion a été exaltée pendant vingt siècles,
a été louée comme la plus grande, la plus belle, la plus
consolante, et cette religion, comme emblème, dresse
un poteau d'infamie.

Et savez-vous pourquoi?

Parce qu'il a plu, parce qu'il plaît, parce que peut-
être plaira-t-il encore aux possesseurs et aux exploiteurs
de déclarer que dans le renoncement aux joies terrestres
sont en germe les joies du ciel.

Alors, à ceux qui se plaignent, et qui, de la terre contre
laquelle on les écrase, relèvent la tête vers le ciel qui leur
a été promis, on répond :

« Oui, mais pour parvenir jusqu'à ce ciel, il faut passer
par ceci..... »

Ceci, c'est la croix.

La croix est le pilori auquel ont été clouées toutes les
grandeurs, toutes les espérances, toutes les énergies de
l'humanité.

In hoc signo, c'est au nom de ce signe qu'ont été dé-
crétées toutes les infamies, excusées toutes les tyrannies.

Certes, il était utile à ceux qui se sentaient les maîtres
d'accepter, d'encourager, de développer les doctrines qui
rendaient le petit plus humble et plus malléable ; et
si l'instinct politique eût marché de pair avec l'intérêt,
il est certain que les Romains eussent moins résisté à
l'invasion du christianisme.

Mais l'heure a sonné où les pauvres ne veulent plus laisser debout cette croix dont l'ombre les glace et les oppresse,

La croix, symbole antisocial d'inégalité, d'oppression, de douleur.

L'humanité renie l'ascétisme, doctrine facile à prêcher pour les illuminés, les hystériques et les repus, l'humanité comprend aujourd'hui que son avenir matériel se résume en cette autre expression :

— LE BIEN-ÊTRE.

A l'humanité le royaume de la terre appartient.

Parmi nous, il n'est plus de petits ni de grands : il n'y a plus que des oppresseurs et des opprimés, mais ils se connaissent et se regardent en face.

L'humilité n'est plus qu'hypocrisie.

Et considérant toute cette comédie sociale, la justice attend, sa balance à la main, que l'on se souvienne de son nom.....

VI

Quatre siècles s'étaient à peine passés que les prédicants chrétiens, devenus les ascètes, faisaient déjà pressentir les violences de l'inquisition.

— Vous ne vous préoccupez point, dit Julien aux chrétiens, s'il y a eu chez les Hébreux de la sainteté. Vous n'imitez que leur colère et leur fureur. Vous détruisez les temples et les autels : vous égorgez non-seulement ceux qui restent fidèles au culte de leur pères, mais ceux

d'entre vous que vous dites infectés d'hérésie et qui n'ado-
rent pas la mort de la même manière que vous. Mais ce
sont là de vos inventions. Jamais Jésus ne vous a donné
de préceptes à cet égard, ni Paul. La raison est qu'ils
n'ont jamais espéré que vous en arriveriez à ce degré de
puissance.....

Et là est la vérité.

Christianisme et puissance étaient deux termes antipathiques, comme le sont encore christianisme et richesse.

Que nous sommes loin des pauvres, et faut-il que ce
soit un païen, l'apostat Julien, qui nous ramène à cette
pensée! Comment se peut-il qu'un idolâtre trace en ces
lignes les devoirs du prêtre :

— « Ce qu'il faut pratiquer avant tout, c'est la bienfaisance. Elle amène à sa suite des biens nombreux et
divers... la Divinité, dont l'essence est d'aimer les
hommes, aime de préférence l'homme bienfaisant... Sou-
lagez les hommes dans leurs besoins comme les divinités
nous soulagent dans les nôtres... Je ne parle point de
l'or, de l'airain et du fer, dont les dieux nous ont enrichis,
mais non pas pour que nous leur fassions injure en né-
gligeant les pauvres qui mendient. Il en est, en effet, de
mœurs irréprochables qui n'ont point reçu l'héritage
paternel et, qui, ayant trop de grandeur d'âme pour
convoiter les richesses, sont demeurés dans la pauvreté.
Les mépriser, c'est faire injure aux dieux. Car ce n'est
pas les dieux qu'il faut accuser de leur pauvreté, mais
l'insatiable cupidité des riches qui permet de calomnier
les dieux en donnant aux hommes une fausse idée de la
justice divine..... Qui s'est jamais appauvri en donnant à
son prochain ? Pour ma part, ayant souvent fait largesse

aux indigents, j'en ai toujours été payé avec usure, quoique je sois mauvais financier, et jamais je ne me suis
repenti de ma libéralité..... Lorsque je n'étais encore que
simple particulier, j'ai fait souvent cette heureuse expérience..... 'il faut pourvoir aux nécessités urgentes de
ceux qui sont dans la pauvreté et dans la détresse. Je dis
en outre, dussè-je être taxé de paradoxe, que ce serait
un acte saint d'accorder, même à des ennemis, le vêtement et la nourriture..... »

Ceci a été écrit par un païen, sans mysticisme, sans ce
terrible symbole de la croix planant au-dessus des misérables. Allons plus loin :

— « Tout homme, bon gré, mal gré, est le parent
d'un autre homme... et nous traitons les membres de
notre famille comme des étrangers..... Rien n'empêche
j'en conviens, que le Dieu des chrétiens ne soit grand,
mais il n'a ni de bons prophètes, ni de bons interprètes ;
et cela vient de ce qu'ils n'ont ni tenté de dégrossir leur
âme par une instruction solide, ni ouvert leurs yeux
aveuglés, ni cherché à dissiper les ténèbres de leur intelligence.....Les yeux fermés au grand jour, ils s'écrient de
toutes leurs forces : Tremblez ! frémissez ! feu ! flamme !
mort ! glaive ! grand sabre ! »

Avions-nous tort lorsque nous affirmions que l'idée
essentielle du christianisme avait été défigurée dès le
principe ?

Les témoins ne nous manqueront point.

QUATRIÈME PARTIE

LE MOYEN AGE

SOMMAIRE.

Épisode. — La forteresse. — Ælianus et Amandus, chefs des Bagaudes. La légion Thébaine. — Décimation, massacre. — Voulez-vous vous soumettre? — Vengeance! — La masure et la villa. — Hommes d'Église et hommes d'argent. — Le poing coupé. — Le travail des mines. — Ta femelle est trop belle! — Les communes. — Les laboureurs. — Soldats. — Les Croisades. — L'argent. — Diviser pour régner. — Chartes et priviléges. — Castes des possédants. — Caractère *pécuniaire* des associations communales. — Éloignement systématique des misérables. — Ce que paye le pauvre! — Charles le Mauvais. — Oiseux, truandans et mendiants. — Noblesse municipale. — Le brandon. — La comtesse Mahault. — Jacques Bonhomme se lève. — La Jacquerie et les journées de juin 1848. — Guillaume Callet. — Le trépied de fer rougi. — Le poëme de la Misère. — Complainte du pauvre Commun et des pauvres Laboureurs de France.

QUATRIÈME PARTIE

LE MOYEN AGE

I

C'était en l'an 286 après la venue du Christ.

Au confluent de la Seine et de la Marne, à une petite distance de ce lieu qui devait plus tard acquérir une si grande célébrité, du Paris de l'avenir, s'élevait sur une presqu'île une sorte de môle informe.....

Etait-ce un amas de roches tombées du ciel, ou cette masse énorme avait-elle été entassée par la main des hommes ?

La vérité est que longues années après les événements que nous allons raconter, les pêcheurs et les paysans s'arrêtaient frappés de surprise devant ces blocs qui jonchaient la terre,

C'était une forteresse, que Jules César, dit-on, avait élevée à quelques milles du bourg de Lutèce.

La presqu'île était entourée d'eau au nord, au midi et à l'est : à sa partie occidentale, un fossé profond avait été creusé, et la Marne y avait été détournée.

De ce côté, en outre, s'élevait une haute muraille pétrie dans le ciment et dont la force semblait défier les attaques.

Autour de cette citadelle s'étendaient des champs non cultivés ; et au jour dont nous parlons, la terre disparaissait sous une foule d'hommes.

Étaient-ce des soldats ? Étaient-ce des mendiants ?

Des soldats sans doute, car ils portaient la lance, la hache, le bouclier, le javelot.

Mais des mendiants aussi, car ils étaient à peine couverts de haillons : leur face était hâve, leurs cheveux incultes, et les muscles vigoureux de leurs bras et de leurs jambes ressortaient comme des câbles de leurs chairs amaigries.

A quelque distance de ce groupe muet et dont pas une voix ne s'élevait, se tenaient deux hommes à la taille gigantesque. Eux aussi ils étaient maigres, leur front portait le stigmate de la souffrance, mais on voyait briller dans leurs yeux l'éclair d'une indomptable fierté.

Ces deux hommes, chefs, se nommaient :

Le premier Ælianus,

Le second Amandus.

Et sur le bouclier qui pendait au bras d'Amandus, on lisait un mot, une devise :

Espérance.

Que pouvaient donc espérer ces hommes ?

Tout à coup, les deux chefs levèrent la main, et il se fit dans le groupe immobile un grand mouvement. Les chefs voulaient parler à leurs soldats.

Tous s'approchèrent : il y avait des jeunes gens qui semblaient trop faibles pour supporter le poids de leurs armes, mais qui suppléaient à la vigueur par leur énergie ; il y avait des hommes faits, dont les traits étaient avant l'âge ravagés par la souffrance ; il y avait des vieillards dont les mains tremblantes s'efforçaient encore de soulever la lourde framée....

Bientôt un grand cercle se forma autour des deux chefs. Un murmure interrogateur sortit de toutes les poitrines.

Amandus fit un signe et tous se turent :

« Frères Bagaudes, dit-il en élevant la voix, vous dont le nom veut dire révoltés, écoutez-moi ! L'instant est solennel, et lorsque je vous aurai parlé, vous devrez choisir entre la vie et la mort, entre la liberté par la mort ou l'esclavage par la vie, entre les tortures de l'oppression ou les triomphes du royaume de Dieu.....

« Un messager nous est arrivé ce matin, et voici ce qu'il nous a raconté :

« Vous n'ignorez pas que Dioclétien, l'empereur, le maître, celui dont les esclaves écrasent nos frères, tuent nos femmes et font périr nos enfants, que l'oppresseur a envoyé contre nous Maximien, digne instrument de ses volontés... Déjà l'armée romaine est en marche, dans quelques jours elle sera au pied de ces remparts inaccessibles, et alors ce sera une lutte suprême, lutte folle qui ne laisse aucun espoir.....

« Maximien a réuni autour de lui ses plus féroces centurions, il a appelé des quatre coins du monde ses lé-

gions impitoyables et il leur a désigné la Gaule comme
une proie, et il leur a dit, en leur montrant nos frères :
« Vous voyez ces hommes, s'ils se prosternent devant
« vous, faites-en vos esclaves, s'ils résistent, tuez les.... »

« Et soldats, centurions, légions ont répondu par un
cri de joie : car tous ont compris que l'heure du pillage,
de l'incendie, des tortures, l'heure sauvage de la haine
allait sonner. Ces soldats, esclaves eux-mêmes, ont acclamé celui qui leur jetait en pâture des hommes libres.....

« Une seule légion a résisté aux ordres du maître :
Frères, n'oubliez jamais le nom de cette légion, noble et
grande entre toutes : c'est ou plutôt c'était la vingt-
deuxième légion, c'était la légion Thébaine.

« Un homme la commandait, ayant nom Maurice, le
primicier. Quand Maurice entendit l'ordre de Maximien,
il assembla ses soldats et leur demanda si eux, chrétiens,
ils voudraient marcher contre des chrétiens ; si eux, serviteurs de ce Dieu qui avait prédit le règne des pauvres,
ils voudraient aller massacrer les pauvres ; si eux, les serviteurs de Jésus mort sur la croix, ils iraient torturer ceux
qui, comme Jésus, portent la croix de la misère et de la
douleur...

« Les soldats n'hésitèrent pas : ils refusèrent.

« Maximien entra dans une violente fureur : il dépêcha
auprès de la légion Thébaine ses plus dévouées cohortes,
et ordre fut donné de décimer la légion de Maurice.....

« Savez vous ce que c'est que décimer une légion ?.....

« Les noms de tous les hommes sont jetés pêle-mêle
dans un casque, ces noms sont tirés au sort, autant de
fois un nom qu'il y a de fois dix soldats dans la légion...

On commence, un nom est proclamé. Le soldat est saisi, puis égorgé. Un autre nom, un autre meurtre, les soldats s'écartent pour laisser passer celui qui va mourir; le sang coule sur le sang, les hommes tombent un à un, lentement, et le centurion les compte...

« Il compta longtemps, car elle est nombreuse, la cohorte Thébaine !

« Les assassins frappaient, frappaient sans relâche.

« On attendait, anxieux, le nom qui allait sortir, puis quand il avait été prononcé, les mains se cherchaient et se serraient furtivement, l'homme faisait un pas et tombait sous la hache...

« Les bourreaux ne se seraient pas fatigués. Mais l'ordre de Maximien était formel. Un sur dix. Il fallut s'arrêter.

« Alors un centurion s'avança vers le front de la légion Thébaine, et à tous ces hommes calmes, pâles, immobiles, il lut de nouveau l'ordre de Maximien :

« Il faut marcher contre les Bagaudes ! »

« Maurice fit un pas vers les Romains, et, fier, impassible, il dit à haute voix :

« La légion Thébaine ne marchera point contre les Bagaudes ! »

Un cri d'enthousiasme et d'amour sortit, spontané, involontaire, de la poitrine de tous les hommes qui écoutaient Amandus....

« Alors, continua-t-il, le lendemain, un centurion vint encore au camp de la légion Thébaine, et dit :

« Ordre est donné par Maximien de décimer la vingt-deuxième légion !

« Frappez ! » répondit Maurice.

« Et la légion, sans un cri, sans une menace, se rangea en ordre de bataille..... Le tirage au sort recommença.

« Et encore meurtre après meurtre, crime après crime !

« Quand le dixième des Thébains furent devenus cadavres, le centurion dit à voix haute :

« Ordre de Maximien de marcher sur les Bagaudes. »

« Maurice fit un pas en avant et dit :

« La légion Thébaine ne marche point contre les Ba-
« gaudes. »

« Le lendemain, les survivants furent décimés.

« Et encore le centurion répéta l'ordre de Maximien, et encore Maurice répondit :

« La légion Thébaine ne marchera point contre les
« Bagaudes. »

« Alors, le centurion fit un signe, les Romains entourèrent la vingt-deuxième légion, et une voix cria :

« Par ordre de Maximien, que tous soient exterminés! »

« Les soldats chrétiens ôtèrent leurs casques, jetèrent leurs boucliers, croisèrent les bras.

« Et les assassins commencèrent leur œuvre de mort.

« Oh ! ce fut long ! c'était à se lasser de frapper. Les hommes tombaient par groupes; la lance perçait, la hache brisait, le javelot déchirait. On entendait des cris, mais poussés par les meurtriers et non par les victimes, qui serraient les dents pour que pas une plainte ne s'échappât de leur poitrine...

« Quand le soleil se coucha, la légion Thébaine était tout entière couchée sur le sol, les bras étendus et le crâne ouvert et la poitrine transpercée.,.

« Et les vainqueurs (quels vainqueurs!) fiers de leur

triomphe, allumèrent des feux, mangèrent et s'enivrèrent...

« Un étranger passa, un pauvre. Les soldats l'appelèrent et lui offrirent de la viande.

« Il vit les cadavres et demanda :

« Quels sont ces hommes ? »

« Et lorsqu'il le sut, il arracha de ses lèvres le morceau qu'il allait manger, et le jeta au visage des meurtriers...

« On le tua !

« Vous qui m'avez entendu, voulez-vous vous soumettre aux Romains ? »

I I

Une clameur formidable répondit à la voix d'Amandus: les enfants, les adultes, les vieillards, se jetaient dans les bras l'un de l'autre, et de leurs bouches un seul mot s'échappait :

« Vengeance ! vengeance ! »

Et quand cette émotion se fut calmée, Ælianus s'écria :

« Vengeance ! c'est votre réponse, vengeance contre les oppresseurs et les bourreaux ! Vengeance ! »

— « Vengeance ! dit un vieillard en s'avançant; j'avais une petite masure qui s'élevait humble et chétive à quelque distance de l'orgueilleuse villa d'un sénateur, et le sénateur s'est emparé de ma masure: la condition du paysan est semblable à celle du bœuf. Courbé sous le joug, il faut qu'il travaille sans trêve ni repos, et lorsqu'il s'arrête vaincu par la fatigue, c'est à coups de fouet et de bâton que le maître l'excite, et encore le vieillard trouve-t-il grâce devant eux? Non, car il ne peut plus leur être utile. Pour laboureurs, il leur faut des hommes de taille élevée qui puissent même s'atteler à la charrue; et la taille du vieillard se courbe sous le poids des ans. Pour bouviers, il leur faut des hommes à la voix forte et à l'aspect redoutable, et le vieillard n'est plus même bon à garder les bœufs. Alors on le chasse, on le frappe, on l'insulte..... »

— « Vengeance! dit un jeune combattant, car du patrimoine que m'avait laissé mon père il ne me reste plus rien, les oppresseurs m'ont tout volé. Ils m'ont pris d'abord le vingtième du revenu en jurant, par leurs dieux maudits, qu'ils n'exigeraient rien au delà. Mais les exacteurs sont revenus, ils ont exigé le prix du fermage au nom du maître, l'impôt du fonds pour l'État et encore la superexaction. Pour avoir le droit de vivre, il a fallu payer la capitation; pour avoir le droit de faire paître quelques malheureux animaux amaigris, il a fallu payer la taxe de pâture: ce n'est pas tout encore, il a fallu entretenir les routes, transporter comme une bête de somme les revenus du fisc. Il me restait un cheval, les agents me l'ont pris. »

— « Vengeance! dit un autre, car les hommes d'Église sont aussi durs que les hommes d'argent et les hommes de guerre; brisé par la souffrance, n'ayant plus de pain, n'ayant plus de force, n'ayant plus d'espérance, je suis allé frapper à la porte d'un cloître, et cette porte qui s'était entr'ouverte a été refermée, et une voix m'a crié : « Tu es esclave, reste esclave..... »

— « Vengeance! car nous sommes opprimés par les

petits et par les grands, par les valets et les maîtres, par le commandeur de la ville, par le moniteur, par le décurion, par le collecteur général, tous s'excitant les uns les autres au pillage, à la rapine, aux concussions, à la cruauté. »

Un homme sortit du groupe et, élevant en l'air son bras, fit voir à tous que sa main avait été coupée.

— « Vengeance ! s'écria-t-il ; je m'étais enfui ne pouvant plus longtemps supporter les hontes et les douleurs dont nous accablent nos assassins ; j'étais jeune, j'étais vigoureux, ces hommes lancèrent contre moi leurs plus ardents chasseurs. Ce fut une odieuse poursuite, vingt fois je leur échappai, vingt fois je sus tromper leur vigilance ; mais un soir, mourant de faim, ne pouvant plus me soutenir, je tombai sur la route : ces hommes se jetèrent sur moi, serrèrent dans des liens mes membres amaigris et m'emportèrent devant le maître, qui ne se dérangea même pas pour voir s'il s'agissait d'un homme ou d'une bête sauvage et dit : « Faites de lui ce que vous voudrez. »

« On me mit le poing sur un billot, et d'un coup de hache on me fit sauter la main. Puis, sans attendre que cette horrible blessure fût cicatrisée, on m'envoya aux mines. Pendant cinq ans je ne vis pas la lumière du soleil ; mais l'amour de la liberté défie tous les geôliers. Je me suis enfui. »

— « Vengeance ! car je m'étais uni devant le Dieu que tu adores, ô Amandus, notre maître, à une femme que j'aimais : « Ta femelle est trop belle, me dit le maître, n'importe ! Je te la laisse, qu'elle travaille ! » Et la malheureuse, qui était faible, dut se briser les bras dans un labeur infatigable. Je devins père, la pauvre femme était couchée sur un lit de bruyères. A peine depuis quelques heures notre enfant vagissait auprès d'elle, le maître vint et dit : « Que fait là cette femme, qu'elle se lève, qu'elle prenne son enfant dans ses bras et qu'elle aille travailler. » Il fallut obéir, la pauvre femme en est morte (1). »

. Ainsi parlèrent ces hommes, et ce fut longtemps un concert d'imprécations.

Tout à coup on entendit un grand cri :

— « Les Romains ! les Romains ! »

— « Voulez-vous combattre ? s'écrièrent en se dressant Ælianus et Amandus. Vous savez que le combat, c'est la mort. »

---

(1) Qu'on ne nous accuse pas d'exagération : voici ce que nous lisons dans Salvien :

« Dépouillés par des juges mauvais et cruels, torturés, mis à mort, après avoir perdu la liberté garantie par leur qualité de Romains, ils renoncent à l'honneur de ce nom ; et nous osons après cela leur imputer à crime leur infortune, nous leur infligeons un nom que nous les avons contraints de prendre, nous les appelons rebelles, brigands, lorsque c'est nous qui les avons poussés à la révolté. Qui donc les fait Bagaudes ? Ne sont-ce pas nos injustices, les sentences iniques des juges, leurs proscriptions, leurs rapines ; eux qui détournent à leur profit le produit des impôts et qui se font une proie des tributs publics ; eux qui, semblables à des bêtes féroces, ont dévoré ceux dont les intérêts leur étaient confiés, au lieu de les protéger ; eux qui, moins humains que les larrons, ne se bornent pas à dépouiller leur victimes, mais les déchirent et se repaissent, pour ainsi dire, de leur sang ? »

· Posthume, empereur des Gaules, dit, au quatrième siècle :

« C'est peu pour le riche que d'ajouter champ à champ, forêts à forêts, que de chercher, comme les nations, des fleuves et des montagnes pour limites de ses domaines. Il faut que de partout il chasse le peuple, et n'arrête le flot de sa propriété que là où il vient heurter la marche d'un plus riche qui s'avance sur lui. Les paysans n'ont plus d'héritage. Ce qui suffirait à la nourriture d'une cité est devenu le parc à bétail d'un seul maître. »

— « Le combat ! Aux armes ! crièrent les Bagaudes. »

. . . .

Le lendemain il n'y avait plus dans la presqu'île de la Marne qu'un amas de pierres informes, des corps gisant pêle-mêle au milieu des décombres et des soldats romains qui pillaient les cadavres.

III

Il a été fait grand bruit de cette prétendue révolution du moyen âge qui s'appelle l'affranchissement des communes, et les historiens n'ont pas épargné les formules enthousiastes à ce mouvement, auquel on ne peut refuser une certaine grandeur, mais qui, au point de vue du véritable progrès social, doit être ramené à des proportions infiniment plus modestes.

En traitant de la misère romaine, nous avons, on s'en souvient, insisté sur un fait primordial.

Les patriciens, maîtres par la conquête et qui, s'ils l'avaient pu, n'auraient partagé avec personne les droits et les priviléges léonins qu'ils s'étaient arrogés, se virent contraints, par la force même des circonstances, à donner le titre de citoyens romains à ceux qui les défendaient et qui constituaient l'armée permanente, toujours de garde aux portes de Rome. Ainsi naquit cette société toute de priviléges et qui laissait en dehors de son sein les prolétaires et les misérables.

N'oublions pas encore que les patriciens avaient pris la précaution de tenir à leur merci les petits propriétaires ou laboureurs soldats et que, les écrasant par l'impôt et l'usure, ils surent rendre illusoires ces prétendues faveurs qu'ils leur avaient si bénévolement octroyées.

Les laboureurs soldats grossirent le groupe des misérables ; ce furent les pauvres de Rome.

De tout temps, l'aristocratie oisive s'est vue forcée de plier non devant le travail manuel, non devant ce que nous appellerons le travail réel, mais devant cet autre travail qui serait mieux nommé *exploitation intelligente* et par lequel des commerçants, des usuriers, trouvèrent le moyen de subvenir aux besoins des grands.

A Rome, les *œrarii*, les affranchis, n'étaient que des sous-traitants qui exploitaient, partie pour leur propre compte, partie pour celui des patriciens, la masse des esclaves, des travailleurs libres et des vaincus.

Pour être différente quant aux circonstances, la situation n'en était pas moins identique au fond sous le régime féodal.

De même que les Romains accordaient le privilége de cité aux riches plébéiens dont les services leur étaient à tout instant nécessaires, de même les seigneurs féodaux se trouvèrent, à un moment donné, dans la même obligation vis-à-vis des bourgeois des communes. Lorsque, dans un élan de folie religieuse et pour obéir à leur mission d'inutiles, les seigneurs se lancèrent, dans les croisades, à la conquête du saint sépulcre, ils se trouvèrent obligés de réaliser des sommes importantes.

Lorsqu'ils eurent pressuré et taillé à merci Jacques Bonhomme, le paysan de la glèbe ; lorsque, sur les épaules du malheureux, il ne resta plus que les os, la peau ayant été arrachée avec le vêtement, les seigneurs empruntèrent aux bourgeois. Ceux-ci entr'ouvrirent d'abord courtoisement leurs bourses : on revint à la charge. Les bourgeois mirent alors à leurs services certaines conditions que les seigneurs acceptèrent presque sans hésitation. Déjà l'on commençait à comprendre que, dans la région du privilège, l'argent et la naissance ont une valeur égale. On l'a dit et on l'a répété, les rois de France favorisèrent le mouvement des communes; mais est-il besoin d'expliquer que ce fut uniquement pour contenir les seigneurs féodaux, dont les prétentions et l'insolence portaient ombrage à la royauté ? *Diviser pour régner* fut toujours et tacitement même la devise des gouvernants.

Les rois comprenaient que le capital devenait une puissance, force commerciale à opposer à la force brutale.

« Dans le grand mouvement d'où sortirent les communes, dit M. Augustin Thierry, tout fut l'ouvrage des marchands et des artisans qui formaient la population des villes; ce qui déterminait les rois à se déclarer pour ou contre les villes, c'était l'argent que leur offrait l'une ou l'autre des deux parties. Neutres entre le seigneur et la commune, leur appui était au plus offrant, avec cette différence qu'ils ne donnaient guère aux villes que des garanties verbales ou de simples promesses de secours, et que, lorsqu'ils étaient contre elles, ils agissaient effectivement. »

N'oublions pas que le privilége de la commune, c'est l'exemption d'impôts.

IV

Nous lisons dans la charte de la commune de Cambrai :

« Ni l'évêque ni l'empereur ne peuvent y asseoir de taxe, aucun tribut n'y est exigé. »

Dans la charte de Noyon :

« Quiconque voudra entrer dans cette commune ne pourra en être reçu membre par un seul individu, mais en la présence de jurés. *La somme d'argent qu'il donnera* alors sera employée pour l'utilité de la ville, et non au profit particulier de qui que ce soit. »

La charte garantit encore aux membres de la commune l'entière propriété de leurs biens.

Transcrivons en son entier la charte de Beauvais, telle que l'a traduite M. Augustin Thierry :

« Tous les hommes domiciliés *dans l'enceinte du mur de ville* ou *des faubourgs*, de quelque seigneur que relève le terrain où ils habitent, jureront la commune. Dans toute l'étendue de la ville, chacun prêtera secours aux autres loyalement et selon son pouvoir.

« Les pairs de la commune jureront de ne favoriser personne pour cause d'amitié, de ne léser personne pour cause d'inimitié, et de donner en toutes choses, selon leur pouvoir, une décision équitable. Tous les autres jureront d'obéir et de prêter main-forte aux décisions des pairs.

« Quiconque aura forfait envers un homme qui aura juré cette commune, les pairs de la commune, si plainte leur en est faite, feront justice des corps et des biens du coupable, suivant leurs délibérations.

« Si le coupable se réfugie dans quelque château fort, les pairs de la commune parleront sur cela au seigneur du château ou à celui qui sera en son lieu ; et si, à leur avis, satisfaction leur est faite de l'ennemi de la commune, ce sera assez ; mais si le seigneur refuse satisfaction, ils se feront justice eux-mêmes sur ses biens et sur ses hommes.

« Si quelque marchand étranger vient à Beauvais pour le marché, et que quelqu'un lui fasse tort ou injure dans les limites de la banlieue ; si plainte en est faite aux pairs, et que le marchand puisse trouver son malfaiteur dans la ville, les pairs en feront justice, à moins que le marchand ne soit un des ennemis de la commune.

« Nul homme de la commune ne devra confier ou prêter son argent aux ennemis de la commune tant qu'il y aura guerre avec eux, car, s'il le fait, il sera parjure ; et si quelqu'un est convaincu de leur avoir prêté ou confié quoi que ce soit, justice sera faite de lui, selon que les pairs en décideront.

« S'il arrive que le corps de la commune marche hors de la ville contre ses ennemis, nul ne parlementera avec eux, si ce n'est avec licence des pairs.

« Si quelqu'un de la commune a confié son argent à quelqu'un de la ville et que celui auquel l'argent aura été confié se réfugie dans quelque château fort, le seigneur du château, en ayant reçu plainte, ou rendra l'argent ou chassera le débiteur du château ; et, s'il ne fait ni l'une ni l'autre de ces choses, justice sera faite sur les hommes de ce château à la discrétion des pairs. (1) »

Nous lisons dans la charte de Saint-Quentin :

« Nous ne pourrons mettre ni ban ni assise de deniers sur les propriétés des bourgeois.

« *Les hommes de la ville* pourront moudre leur blé et cuire leur pain partout où ils voudront. »

_____

(1) Aug. Thierry, *Lettres sur l'histoire de France.*

Détail curieux et à noter :

A Laon, les bourgeois, suivant l'exemple de la classe supérieure, exerçaient des violences sur les paysans qui venaient au moulin; on les emprisonnait et on leur faisait payer rançon.

Extrait de la charte de Laon :

« Quiconque sera reçu dans cette commune bâtira une maison dans le délai d'un an, ou achètera des vignes ou apportera dans la ville assez d'effets mobiliers pour que justice puisse être faite, s'il y a quelque plainte contre lui. »

En tout cela, où est-il question du peuple, de la plèbe, des attachés de la glèbe? Que le lecteur réponde et, pour que plus facilement il le puisse faire, mettons en parallèle avec les extraits des chartes communales les faits navrants que nous apporte l'histoire des pauvres.

Oui, les communes ont réclamé des libertés; oui, l'établissement des chartes a été l'aurore d'une revendication des droits politiques : mais il manque éminemment à ce mouvement le caractère·social qui lui eût donné sa véritable grandeur. A côté de la caste des seigneurs, les bourgeois installent définitivement la caste des possédants : qui possède a droit, mais, par contre, qui ne possède pas n'est pas un homme. Et pour leurs droits de négoce, les bourgeois luttent avec un louable courage. Mais, en réalité, que signifie pour eux la liberté, sinon la faculté de ne point payer d'impôt et de ne plus voir leurs biens à la merci du caprice seigneurial?

Pour entrer dans la commune, il faut payer (*la somme d'argent qu'il paiera*, dit la charte de Noyon); il faut être domicilié dans l'enceinte du mur ou des faubourgs,

Le caractère tout *pécuniaire* de ces associations ne se retrouve-t-il pas à chaque ligne des chartes : on ne suppose pas qu'un pauvre puisse faire partie de la commune : (*Nul homme de la commune ne pourra prêter son argent, etc.*).

Et enfin, dans la charte de Laon, obligation de construire une maison dans le délai d'un an, etc.

V

Quant au pauvre (car on ne peut désigner autrement le paysan), il se trouve entre la commune égoïste et le seigneur qui possède, à titre de fief, le territoire tout entier : au seigneur appartient la terre, appartiennent les habitants, instruments et troupeaux de bétail.

Le pauvre ne fait donc pas d'économies et ne peut acheter les droits de commune.

Comptons.

Il paye l'*aide* quand le seigneur marie sa fille,

Quand il arme son fils chevalier,

Quand, fait prisonnier à la guerre, il ne peut être rendu à la liberté que sous rançon

Il paye, le pauvre, le droit de prise ou de chevauchée, quand le seigneur daigne passer sur son champ ; et on lui prend chevaux, chariots, vivres et lits

Il paye pour se marier; encore la licence est-elle difficile à obtenir.

Il paye double droit, comme l'exigeaient les moines de l'abbaye de Saint-Victor, quand le roi fait visite au couvent de l'évêque, ou encore quand l'incendie détruit les bâtiments des moines.

Il paye la taille, ainsi nommée parce que le payement est marqué au moyen d'une *coche* sur un morceau de bois : mais c'est bien sur sa chair que reste l'empreinte.

Il paye un droit :

Sur le blé,

Sur la farine,

Sur le pain,

Sur les gâteaux,

Sur les fouasses,

Sur le bétail,

Sur la viande,

Sur la volaille,

Sur le gibier,

Sur le poisson,

Sur les œufs,

Sur le lait,

Sur la crème,

Sur le beurre,

Sur le fromage,

Sur le vin,

Sur le cidre,

Sur le vinaigre,

Sur l'huile,

Sur le foin,

Sur la paille,

Sur le bois,

Sur le charbon,

Sur les laines,

Sur les étoffes,

Sur le chanvre,

Sur la toile,

Quand il se plaint, Charles le Mauvais l'appelle, le pauvre, dans son château : il le fait entrer en masse dans une cour fermée de murailles, puis il lui dit : « Tu es mal conseillé, délibère encore et tu répondras. »

Puis il le laisse sans nourriture, et craignant que la faim n'ait pas assez vite raison de lui, il met à mort quelques-uns de ses meneurs.

Et le pauvre se courbe et paye.

Et pourquoi se plaint-il ? Est-ce pour les corvées ?

Mais il ne fait, en somme, que faucher, faner, labourer, scier les blés, les rentrer, les battre, façonner les vignes, faire les vendanges, charrier, fournir au seigneur harnais, bêtes et conducteurs, curer les fossés, battre les douves la nuit pour faire taire les grenouilles qui troubleraient le sommeil du maître, entretenir les routes, vider les écuries, enlever le fumier, nettoyer le manoir, au besoin faire l'office de bourreau.

S'il ne se hâte pas d'accourir à l'appel du cor qui lui enjoint de quitter son travail, celui qui lui donne à manger, pour aller gratis s'occuper des affaires de son seigneur, quelques hommes d'armes entourent sa masure et enlèvent les portes et les fenêtres.

Qu'il ne s'avise pas de se faire mendiant, car l'ordonnance du roi Jean (1350) est sévère :

« Tous gens oiseux, truandans ou mendians, joueurs
« de dez ou enchanteurs publics, de quelque état, condi-
« tion, sexe qu'ils seront, vuideront la ville de Paris ;
« qu'après les trois jours, ceux qui seront trouvés oiseux,
« jouant aux dez ou mendians, seront prins et menés en

« prison, et ainsi tenus, par l'espace de quatre jours, et
« quand ils auront été délivrés, s'ils sont trouvés oiseux
« ou s'ils n'ont bien dont ils puissent avoir leur vie, ou
« s'ils n'ont aveu de personnes suffisans, sans fraude à
« qui ils facent besogne ou qu'ils servent, ils seront mis
« au pillory, et la tierce fois, ils seront signez au front
« d'un fer chaud et bannis des dits lieux. »

Mais, par contre, le roi ne se fera pas faute de voler
le pauvre : il a amassé péniblement les quelques sous
nécessaires à l'acquit de sa taille. Le roi, escroc couronné,
altère la monnaie. Son or, quand il va payer, sera déclaré ne plus valoir la somme convenue : si, au contraire,
on a quelque argent à lui remettre, ne craignez rien,
l'altération a encore lieu, mais dans l'autre sens. La monnaie du roi vaut très-cher, et, pauvre volé, tu recevras
vingt ou trente pour cent de moins que ce qui t'est dû.

Les bourgeois ont érigé la commune. Mais le pauvre
a-t-il des tribunaux, des rentes, des fonds de terre, a-t-il
quelque charge de judicature ou de finance ?

Non, mais quand il meurt, on coupe le poing du cadavre, et on le porte au seigneur.

VI

Philippe le Bel a bien dit :
« Toute créature humaine, qui est formée à l'image de
Notre-Seigneur, doit généralement être franche, par droit
naturel. »

Mais ne comprends-tu pas, serf de la glèbe, paysan,

vilain, qu'il ne peut être question de toi qui n'es pas créature humaine ?

Si le serf veut s'affranchir, il faut qu'il abandonne ses biens au seigneur. Alors il ne pourra jurer la commune. Cercle vicieux.

Cependant, il est quelques compensations :

Le serf est affranchi de droit, si son maître a attenté à l'honneur de sa femme ou de sa fille, ou s'il l'a frappé avec un instrument autre que celui dont il se sert pour le travail des champs.

Les serfs refusaient ces conditions d'affranchissement qui impliquaient la misère ou le déshonneur.

Le vilain est chose du seigneur :

Le *colombier* du seigneur vit aux dépens de son champ.

La *garenne* féodale les dévaste.

La *chasse* détruit ses moissons.

« Si tu prends du bien du vilain, disent les jurisconsultes, fors les droites amendes qu'il doit (en dehors des forts impôts que tu peux légitimement exiger), tu les prends contre Dieu, au péril de ton âme. »

On le voit, c'est de bonne composition.

Les dictons sont à la hauteur de cet enseignement,

> Oignez vilain, il vous poindra ;
> Poignez vilain, il vous oindra,

disent les Institutes coutumières d'Antoine Loysel.

Traduisons, car on ne saurait laisser planer aucun doute dans l'esprit du lecteur :

« Caressez le vilain, il vous battra. — Battez le vilain, il vous caressera. »

Mais le vilain, c'est l'homme des champs, la bête de

somme : tandis que le bourgeois, c'est l'homme de la ville, du bourg.

Les langues sont d'admirables historiens. On sent mieux encore cette pensée de caste, dont est empreint l'établissement des communes, en étudiant ce terme : Noblesse de cloche! dont s'affublaient les bourgeois. La *noblesse* municipale est attachée dans certaines villes de France aux charges d'échevin.

Le noble dérogerait en prenant des biens à ferme : il serait frappé de déchéance s'il ne parvenait à tirer des vilains les sommes que le roi exige, s'il exerçait quelque art mécanique, quelque commerce de détail.

Le noble a le droit d'être encensé à l'église, de se faire dire la messe quand il lui plaît et d'y assister le faucon au poing.

Le noble se dispense le plus souvent de payer ses dettes.

Pour le vilain, c'est autre chose : on l'emprisonne, au besoin on le torture. En tout cas, on lui prend ce qu'il peut posséder, et on appose le *brandon* sur son héritage (1). Ordinairement c'étaient des pieux fichés en terre, autour desquels on attachait un morceau de linge, de drap. Ou bien on enlève les portes, ou bien encore on suspend une croix à la fenêtre. Enfin on ferme la porte au moyen de barreaux de fer. On saisit la charrue, la herse, la bêche et la pioche.

Quand, ainsi qu'il se passa lors de la peste Noire, les campagnes sont si désolées que les loups viennent jusque dans les chaumières chercher une proie, certains, comme

(1) Chéruel, *Dictionnaire historique des institutions de la France.*

la dame comtesse Mahault, ont pitié des misérables.

Elle attira un certain nombre de vilains dans une grange et y fit mettre le feu.

Ce n'est pas tout : les seigneurs se font mutuellement la guerre, et dévastent les propriétés les uns des autres. Qui paye? qui est ruiné? qui ne retrouve ni sa chaumière ni sa maison ? Le pauvre.

Puis les routiers, les Anglais, qui, après avoir battu les nobles à l'Écluse et à Créci, ravagent le pays et tuent le paysan, tandis que le seigneur demande à ses vilains la rançon qui doit le faire libre.

« La noblesse française, dit un chroniqueur, favorisait sous main les brigands qui désolaient les campagnes. »

« Ce qu'avaient enduré, dit M. Henri Martin, depuis deux ans les habitants des campagnes passait la mesure des misères humaines. Les nobles avaient rejeté sur leurs sujets tout le poids du désastre de Poitiers et n'en avaient gardé pour eux que la honte. Qu'on se figure ce que dut être la levée en bloc de plusieurs milliers de rançons sur les terres seigneuriales; les nobles ne pouvaient ni ne voulaient emprunter aux Lombards, aux Juifs, alors proscrits et dispersés; quiconque avait de l'argent l'enfouissait plutôt que de leur prêter; vendre leurs terres en tout ou en partie n'était même plus praticable: cette masse de fiefs, même à vil prix, n'eût pas trouvé d'acquéreurs; le paysan paya tout. Chaque seigneur tira de ses vilains libres la plus grosse aide qu'il put; quant aux serfs, aux taillables à merci, le fouet, les cachots, les tortures, tout fut bon pour leur extorquer du fond des entrailles leur dernier denier : on répondait à leurs plaintes par des coups et des gausseries. Encore si on leur eût permis de reprendre haleine et de se remettre au labour; mais après les seigneurs vinrent les brigands. A peine Jacques Bonhomme a-t-il livré à son sire l'humble pécule amassé par deux ou trois générations que les compagnies arrivent, vident son étable, enlèvent de sa grange le peu qu'y a laissé le seigneur, et lui laissent à leur tour pour adieux le viol, le meurtre et l'incendie, pendant que le seigneur, du haut de son manoir bien fortifié, bien approvisionné, regarde tranquillement brûler la cabane du paysan, sans daigner envoyer un carreau d'arbalète aux brigands, bons gentilshommes pour la plupart, et ses cousins peut-être. Jacques Bonhomme, après avoir vu sa fille outragée, son fils massacré, sort affamé et sanglant des ruines de sa chaumière. »

Jacques Bonhomme épuisé, exaspéré, n'ayant plus ni feu ni lieu, sentant que nul ne s'occupait de lui que pour l'opprimer et le désespérer, eut un moment de vertige; le sang lui monta aux yeux, et ce sang était celui de sa femme, de ses enfants, de ses compagnons d'infortune.

Jacques Bonhomme se souleva.

Quand on se souvient qu'à vingt ans de distance, il est difficile de savoir la vérité sur les luttes dans lesquelles sont engagées des haines sociales; quand on voit tout ce que la terreur et la mauvaise foi ont entassé d'odieuses inexactitudes au sujet des journées de juin 1848, on peut se rendre facilement compte de la valeur des exagérations dont sont empreints, dans les chroniques du temps, les récits de la Jacquerie.

Les historiens n'ont point assez d'anathèmes pour stigmatiser l'effrayante audace de ces hommes qui osèrent se venger de ceux qui les traitaient comme brutes et victimes.

On a entassé à plaisir les infamies, les ignominies, les monstruosités de toutes sortes comme ayant été l'œuvre des révoltés. Il n'est question que de viols, de meurtres d'enfants, de tortures affreuses infligées à des femmes ou à des vieillards, et il n'a fallu rien moins que la critique de cinq siècles pour rendre à ces épisodes, déjà si terribles par eux-mêmes, leur véritable caractère.

Le 21 mai 1358, les Jacques, sous la conduite de Guillaume Callet, que M. de Chateaubriand, non suspect de partialité, appelle un héros, se lancèrent armés de bâtons ferrés et de couteaux sur les châteaux de ceux qui depuis si longtemps étaient leurs bourreaux.

M. de Bonnemère, dans son excellente *Histoire des paysans* a fait bonne justice des prétendues *désordonnances* et *vilains faits* attribués aux Jacques.

Il était facile en effet, pour rendre les Jacques plus odieux, de calomnier que de discuter.

« Ils tuèrent un chevalier, dit Froissard, et le boutèrent
« en une broche, et le tournèrent au feu, et le rôtirent de-
« vant la dame et ses enfants. Après que dix ou douze
« eurent la dame efforcée et violée, ils les en voulurent
« faire manger par force, et puis les tuèrent et firent
« mourir de male mort. »

Ainsi les insurgés de juin ont scié en deux des gardes mobiles ou les ont châtrés.

La vérité est que les Jacques brûlèrent et pillèrent, massacrèrent ceux qui leur résistaient, et se vengèrent en quelques jours des tortures de plusieurs siècles.

On a voulu encore rattacher la Jacquerie aux tentatives ambitieuses d'Étienne Marcel. Encore une erreur. Étienne Marcel, représentant la bourgeoisie des communes, se souciait fort peu, lui aussi, des pauvres et des vilains ; mais il voulut profiter de cet élan qui jetait les Jacques sur la noblesse féodale et, loin de les soutenir, il se mit promptement d'accord avec Charles de Navarre. La révolte des Jacques, toute spontanée, explosion nécessaire et juste, né fut pas d'ailleurs de longue durée.

Nobles, bourgeois, étrangers, privilégiés de toutes sortes et de tout ordre, s'entendirent pour écraser ce ramas de vilains qui se permettaient de se redresser et de hurler de rage, qui croyaient que les tortures ne devaient pas être réservées à eux seuls, et qui, pour en être plus certains, en essayaient l'effet sur les nobles.

Guillaume Callet fut pris, couronné d'un trépied de fer fer rouge et pendu.

La société fut sauvée encore une fois, et la misère continua son œuvre.

VII

Si le tiers état, c'est-à-dire les communes, ont élevé la voix aux États, les prolétaires, les attachés de la glèbe, n'ont-ils jamais fait entendre leurs plaintes? Ne reste-t-il pas trace de leurs douleurs, n'ont-ils rien dit, rien chanté qui puisse être porté à leurs cahiers de doléances?...

Nous trouvons dans les Chroniques d'Enguerrand de Monstrel et une pièce extrêmement curieuse, dont les historiens modernes font à peine mention et qu'ils semblent même considérer comme étant sans importance.

Tel n'est point notre avis. Que cette pièce ait été composée en 1422, ainsi que le porte l'édition dite du Panthéon littéraire, soit, comme le suppose M. Douët d'Arcq, qu'elle doive être reportée au seizième siècle, elle n'en constitue pas moins un monument unique et utile à consulter.

Celui qui l'a écrite, prolétaire ou poëte, peut-être tous les deux à la fois, connaissait exactement la situation du peuple, du vrai peuple. Et mieux encore, il avait, d'un coup d'œil sûr, mesuré quelle distance séparait les aspirations du tiers état de celles du peuple.

C'est d'ailleurs ce qui ressortira de la lecture même de ce poëme bizarre et naïf.

S'ensuit la complainte du pauvre Commun et des pauvres Laboureurs de France :

> Hélas! hélas! hélas! hélas!
> Prélats, princes et bons seigneurs,
> Bourgeois, marchands et avocats,
> Gens de métiers grands et mineurs,
> Gens d'armes et les trois états,
> Qui vivez sur nous laboureurs,
> Confortez-nous d'aucun bon ayde:
> Vivre nous fault, c'est le remède.

Ainsi, dès la première strophe, nous constatons que les trois États oppriment le peuple : ils vivent aux dépens du laboureur.

> Vivre ne pouvons plus ensemble
> Longuement, si Dieu n'y pourvoie;

Mal fait que l'autruy tolt ou emble (1)
Par barat ou par faulse voye.
Perdu avons soulas (2) et joie,
L'on nous a presque mis à fin,
Car plus n'avons ni blé, ni vin.

Vin, ni froment, ni autre blé,
Pas seulement du pain d'avoine
N'avons notre saoul la moitié
Une seule fois par semaine.
Les jours nous passons à grand'peine
Et ne savons que devenir,
Chacun s'en veult de nous fuir.

Fuir de nous ne devez mie,
Pensez-y, nous vous en prions,
Et nous soutenez notre vie,
Car, pour certain, nous languissons.
Allangouris, nous nous mourons,
Et ne savons remède en nous;
Seigneurs, pour Dieu confortez-nous (3).

Confortez-nous, vous ferez bien,
Et certes vous ferez que sages (4),
Qui n'a charité, il n'a rien,
Pour Dieu, regardez nos visages,
Qui sont si piteux et si pâles;
Et nos membres rien devenir,
Ne nous pouvons plus soutenir.

---

(1) *Tolt*, enlève (*tollere*). — *Embler*, dérober; — *Barat*, vol, d'où baraterie.

(2) *Soulas*, consolation, joie (*solatium*).

(3) Comme il nous importe avant tout que cette pièce soit facilement comprise, et que nous estimons la question philologique comme étant en dehors du cadre de notre étude, nous avons conservé le moins d'archaïsmes qu'il nous a été possible, et avons modifié l'orthographe, toutes les fois que le sens aurait pu souffrir de la conservation de l'ancienne.

(4) Vous ne ferez qu'agir sagement.

Soutenir ne nous pouvons plus,
En nulle manière qui soit,
Car, quand nous allons d'huis en huis (1),
Chacun nous dit : Dieu vous pourvoie!
Pain, viande, ne de rien qui soit,
Ne nous tendez non plus qu'aux chiens.
Hélas! nous sommes chrétiens!

Chrétiens sommes-nous voirement,
Et en Dieu sommes-nous tous frères (2);
Si vous avez l'or et l'argent
Ne savez si durera guères;
Le temps vous aprestent les biens,
Et si mourrez certainement,
Et ne savez quand ne comment.

Comment dites-vous et pensez
Plusieurs choses que de nous dites,
Que ce nous vient par nos péchés (3),
Et vous en voulez clamer quittes.
Pour Dieu jà plus ne le dites,
Et autrement nous confortez
Pour ce en pitié nous regardez.

Regardez-nous, et si pensez
Que sans labour ne pouvez vivre,

(1) Cette mendicité a quelque chose de sinistre. Ces hommes pâles, *piteux*, allant de porte en porte et tendant la main, et que l'on renvoie en les invitant à se recommander à l'aide de Dieu, n'est-ce pas un tableau plein d'une navrante ironie?

(2) Prenez garde, les richesses troublent votre raison, mais êtes-vous sûrs que l'adversité ne viendra pas : en tout cas, après la mort, ne craignez-vous rien? Idée empruntée au christianisme élémentaire, tel que nous l'avons défini.

(3) Ainsi, quand les pauvres réclamaient quelque aumône, les seigneurs et les possesseurs, casuistes à bon escient, leur répondaient: C'est pour vos péchés que vous souffrez! Et quels péchés avaient donc commis les prolétaires dont la peine dût être aussi terrible? C'était d'ailleurs un excellent moyen de se *clamer* (déclarer) quitte.

Et que tous sur nous vous courez
(Longtemps est que chacun nous pille)
Ne nous laissez ni croix ni pille (1),
Ni rien vaillant que vous puissiez,
De quelque état que vous soyez (2).

Soyez, si vous plait, avisés,
Et que de ceci vous souvienne,
Que nous ne trouvons que gagner
Ni nul qui nous mette en besoigne (3).
Chacun de vous de nous s'éloigne,
Mais s'ainsi nous laissez aller,
Plus tard vous en repentirez.

Repentirez-vous, si acertes (4),
Que si ainsi nous en allons,
Vous tomberiez, jambes retraites,
Et au plus près de vos talons.
Sur vous tomberont les maisons,
Vos châteaux et vos tenemens,
Car nous sommes vos fondements (5).

Vos fondements sont enfondus,
N'y a plus rien qui les soutienne,

---

(1) Les monnaies portaient le plus souvent à l'effigie une croix d'un côté, et de l'autre des piliers; ces piliers se rapportaient au *marc*, en ce sens que la mesure désignée par ce mot s'employait sous la forme d'un poids de cuivre composé de plusieurs poids s'emboîtant les uns dans les autres et formant pile.

(2) De quelque état que vous soyez, c'est-à-dire que vous apparteniez à la noblesse, au clergé ou au tiers, vous nous exploitez tous.

(3) Cette revendication du droit au travail est curieuse à plus d'un titre.

(4) Mais soyez certains...

(5) « Je ne veux pas, a dit La Boëtie, que vous poussiez votre tyran ni le branliez, mais seulement ne le souteniez plus, et vous le verrez, comme un grand colosse à qui on a dérobé la base, de son poids même fendre en bas et se rompre. »

Les murs en sont tous pourfendus,
N'y a pilier qui les retienne;
Ni état qui en rien ne se faingne
De nous mener jusqu'au plus bas :
Pour ce nous faut crier : Hélas !

Hélas! prélats et gens d'Église,
Sur quoi notre foi est assise,
Chefs êtes de chrétienté,
Tous nous voyez, nus, sans chemise,
Et notre face si eslise (1)
Et tous languir de pauvreté.
Pour l'amour Dieu, en charité,
Aux riches gens ce remontrez
Et que vous les admonestez (2).
Qu'ils crient pitié d'entre nous autres,
Qui pour eux avons labouré
Tant que tout leur est demeuré (3) :
De nos pauvretés ils sont causes,
Comme leur dirons cy en bas :
Pour ce nous faut crier Hélas !

Hélas! très-puissant roi français,
Nous pensons si bien ravisais
Et tu fusses bien conseillé (4)
Qu'aucun pou nous épargnerais,
Tu es le roi de tous les rois

(1) Maigre, hâve.
(2) Naturellement les pauvres regardent les prélats comme leurs avocats naturels, et ils les adjurent d'exposer leurs doléances. Ils oublient, les misérables, que les anciens disciples de Jésus sont devenus puissants à leur tour, et que leur nom n'est pas charité mais oppression.
(3) Ainsi, par le travail des uns, a été créée la propriété... des autres : *Sic vos non vobis...*
(4) Ils cherchent, ces malheureux, à qui s'adresser. Le roi! personnalité supérieure... Évidemment il ne sait pas ce qu'ils souffrent, sans quoi il se ferait un devoir de les secourir. Louis XIV se chargera de la réponse.

Qui sont en la chrétienté,
Dieu t'a cette grand' dignité
Baillée, pour raison défendre
Et diligentement entendre
Aux complaintes qui vont vers toi :
Et par ce garder nous pourras (1)
De ainsi fort crier Hélas !

Hélas ! très-noble roi de France !
Le pays de votre obéissance,
Épargnez-le : pour Dieu merci (2),
Des laboureurs ayez souv'nance,
Tout avons pris en patience
Et le prenons jusqu'à ici :
Mais tenez-vous asseur (3) que si
Vous n'y mettez aucun remède
Que vous n'aurez château ni ville,
Que tous seront mis à exille,
Dont jà sommes plus de cent mille
Qui tous voulons tourner la bride,
Et vous laisserons tout égaré
Et pourrez choir en tel trépas
Qu'il vous faudra crier Hélas (4) !

Hélas ! ce serait grand'douleur
Et grand' pitié à regarder
Qu'un si très-excellent seigneur

(1) Tu pourras nous éviter.....
(2) Pitié au nom de Dieu !
(3) Soyez assuré que....
(4) Le sens de cette strophe et de la suivante nous paraît assez difficile à comprendre ; voici cependant l'interprétation qui nous paraît le plus rationnelle :

Si nous sommes encore pressurés comme par le passé, nous quitterons le pays, nous émigrerons en masse : et comme nous sommes avant tout vos défenseurs, vous ne pourrez plus garder sous votre domination ni château ni ville, et serez contraint vous-même d'aller en exil.

Que si vous voulez prévenir ce désastre, hâtez-vous, car déjà plus de cent mille d'entre nous sont disposés à s'enfuir.

Criât: Hélas! or, y pensez,
Pas ne serez le premier,
Qui, par défaut de raison faire,
D'être piteux et débonnaire (1),
Aurait été mis en exil.
Tenu êtes de bonne affaire;
Mais que n'ayez point de contraire,
Dieu vous garde de ce péril !
Et nous mettez si au délivre,
Qu'en paix puissions dessous vous vivre
Dès le plus haut jusques au bas
Tant que plus ne criions: Hélas!

Hélas! comment ces tailles grans
Qu'avez fait passa (2) quinze ans,
Par chacun an trois fois ou deux,
Et des monnaies les tombemens (3),
Et les griefs de vos sergents
Ont bien nos vaches et nos bœufs
Amoindris, et tous nos chevaux,
Tant qu'ils n'y trouvent plus que prendre;
Mais, par Jésus, le Roi des cieux,
Ne sait si vous en valez mieux (4).
Pour ce, vous prions à jointes mains
Que nous pardonnez nos complains,
Et qu'en haine ne prenez pas,
Si nous crions ainsi Hélas !

Hélas! pour Dieu, nos bons seigneurs(5,
Qui êtes les grands gouverneurs

(1) Voir comment les rois de France entendaient la bienfaisance.
(2) Il y a...
(3) Les altérations de monnaies qui diminuaient toujours la valeur, quand il s'agissait de faire payer Jacques Bonhomme.
(4) Les collecteurs nous écorchent et gardent la meilleure part pour eux, vous n'en recevez que piètre part.
(5) Il est évident que les pauvres s'adressent ici non aux seigneurs féodaux qui vivent dans leurs châteaux, mais à ceux qui en-

Et gouvernez tous notre roi,
Que nous veuillez donner secours :
Au roi présentez nos clamours,
Et nous joignez de bonne foi
A lui faire passer l'octroi
Que tout humblement requérons,
Et notre humble supplication.
Nos très-chers seigneurs, vous savez
Que la clef du royaume tenez
Et que trestout ne gist qu'en vous.
Et pour ce, vous plaise qu'ayez
Regard à nos grans pauvretés,
Et qu'ayez merci de nous.
Pour Dieu, seigneurs, avisez-vous,
Vous tous qui avez la puissance
De donner bonne conséquence
Aux lettres qu'envoyons au roi
Et aux États qui sont à soi,
Et aussi pourrez, en tel cas,
Nous garder de crier Hélas !

Hélas ! ducs et marquis et comtes,
Barons, chevaliers et vicomtes,
Et nobles qui châteaux avez,
Nos églantiers et vos ronces,
Vos officiers, avec leurs pompes (1),
Nous ont souvent fait espoucer (2),

tourent le roi et guerroient avec lui. Toujours la même illusion qui fait supposer au paysan que les puissants qu'il ne voit pas, tant éloignés ils sont de lui, sont meilleurs et plus humains que les autres. La souffrance est attirée vers l'inconnu, c'est-à-dire vers l'espérance. En réalité, rois et courtisans vivaient aux dépens de Jacques Bonhomme, et de ses complai*ts* on ne faisait que rire.

(1) Le mot *pompes*, dans Rabelais, signifie les genouillères d'un cheval. Est-ce une allusion à l'uniforme des officiers ou à des coups de fouet, de lanières ?

(2) Arracher; élaguer avec nos mains. La construction est : Vos officiers nous ont fait arracher vos églantiers et vos ronces.

A vos murs nous ont fait garder (1)
La nuit, à la pluie et au vent,
Trestout le corps de nous tremblant.
Puis nous mettaient vos gens asseur
Qu'avions dormi dessus les murs (2),
Et nos robes nous dépouillaient
Par violence rudement,
En nous mettant à grands rançons,
Frappans sur nous de gros bâtons,
Puis que leur disions tout bas :
Merci pour Dieu, hélas! hélas!

Hélas! hélas! encor' n'étiez
Vous pas contents, si plus n'aviez,
De nous, puis qu'étions battus,
Et que nous étions rançonnés (3),
A fin de venir aux écus
Que vous avez moult souvent eus,
Disant : « C'est notre droit demaine. »
Raison le voudrait à grand'peine;
Là, ne sont pas ces fondements
De vos terriens tenements,
Ils sont bien autrement fondés,
Si vous très-bien le saviez,
Vous en pourriez bien dire : Hélas!

Hélas! volontiers nous teussions
Ne plus parler, si nous peussions,
De vous ni de vos officiers (4) :
Mangé ils ont nos goretons,
Et nos brebis, et nos moutons,

(1) En cas de danger, les seigneurs avaient appelé à eux les vilains,
mais exceptionnellement. Bientôt cette corvée passa en usage régulier, et plus tard fut transformée en un impôt.

(2) Le vilain devait veiller sans cesse et ne pas s'endormir. Les
officiers l'accusaient d'avoir mal rempli sa tâche et le châtiaient.

(3) Ce n'était pas encore assez de nous battre, de nous voler, il
vous fallait encore de l'argent...

(4) Nous voudrions bien ne plus parler de vous ni de vos officiers,
mais le vol et la rapine ne s'arrètent point en si grand chemin.

Et de nos blés fait nos garniers (1),
Puis faut à leur sergent leur glène,
Au portier du blé pour sa peine,
Et puis faut pour chacun vaisseau
Qui est mis dedans le château,
Cinq sols pour votre capitaine,
Et un ou deux boisseaux d'avoyne
Dont il fait souvent grand amas (2) :
Ne lui chault, si crions : Hélas !

Hélas ! encore y a-t-il plus,
Qui moult souvent le cœur nous trouble,
Quand le roi met un aide sus (3),
Il convient que le coup nous double,
Vous nous en mettez en grand trouble;
Car il convient souventes fois
Que nous les payons par deux fois,

(1) Vidé nos greniers.

(2) Ainsi le seigneur prend sa part, puis à tous les degrés de l'échelle descendante de cette interminable hiérarchie, tous les serviteurs du château dévorent à belles dents le pauvre paysan. Après le maître, l'officier qui mange les porcs, les brebis et les moutons; le sergent qui prélève une dîme sur la récolte, le portier qui prélève une dîme sur ce que le misérable apporte au château, le capitaine cinq sous sur le produit de son industrie, et encore de l'avoine. Et, comme le dit Jacques, si nous crions, il se moque de nous, il nous ferme la porte, et tout est fini.

(3) Quand le roi réclamait une aide de ses seigneurs, ceux-ci allaient aussitôt au moyen le plus expéditif. Ils lançaient leurs hommes sur la campagne, et laboureurs et vilains de payer. Or, quand on prend, pourquoi s'arrêter? On exigeait non pas seulement la somme réclamée par le roi, mais encore une somme égale pour le seigneur. C'était une sorte de droit de perception. Les gens d'armes se mettent en peine de bien servir leur maître, si bien que celui qui apporte le prix de l'aide, plus un appoint considérable, est le mieux aimé du seigneur. Quant au paysan, s'il ne peut payer assez rapidement, on lui prend ses bestiaux, on les tue, à moins que Jacques Bonhomme ne veuille les garder; alors qu'il paie en argent, en avoines... Avions-nous tort de dire que dans ce poëme de la Misère, aucun trait ne manque au tableau?...

Quand gens d'armes au pays viennent,
Qui de bien vous servir se paient,
Pour ce que vous les soutenez,
Nos bœufs et nos vaches emmènent,
Et les tuent et les détiennent,
Et s'il est que les engardez
Il faut qu'ayez pour vos peines
Et de l'argent et des avoynes,
Et les mettent en un grand tas;
Nous pouvons bien crier Hélas!

Hélas! gens d'armes et de trai',
Vous avez le froment défait
Et mis en consommation,
Tourmentés nous avez de fait :
Se complaindre peu nous vaudrait
Si plus avant en disions.
Chacun sait bien si nous mentons;
Mais je crois, que veuillez ou non,
Qu'avant que soit longue saison
Passée, dire je vous os
Que vous nous verrez en repos (1).
A l'aide de vos destinées (2),
Et de neiges et de gelées,
Qui ont été en maints hivers,
Maints tomberont trestous ces vers
Trestous morts, la gueule bayée,
Avant que l'année soit passée;
Si Dieu n'y emploie sa grâce !

Ainsi lui plaise qu'il le fasse,
Comme il fit aux Égyptiens.
Jà (3), pieça en l'ancien temps,
Quand il les reput de manne
Qu'il leur fit du ciel descendre,

(1) Morts de faim et de misère.
(2) De votre oppression...
(3) Il y a longtemps.

De Pharaon les délivra (1),
Ainsi que de nous il fera,
S'il lui plaît, aux Pâques-Fleuries,
Si vous ne menez meilleure vie :
Et puis après ne dirons pas
Que nous fairez crier : Hélas !

Hélas ! avocats emparlés (2),
Maintes fois nous avez brouillés
Et maintenus en plaidoyers,
Dont bien garder vous nous pouviez
Si la volonté en eussiez,
Mais ce n'était que vos envies,
Tant qu'eussiez les bourses garnies,
De nous mettre à nul accord,
Ainçois que vos voies subtives,
Par vos arts et par vos pratiques,
Nous faisiez du droit le sort;
Bien êtes causes les plusieurs
De partie de nos douleurs,
De nos pertes et de nos gas (3),
Bien en pourriez crier : Hélas !

Hélas ! bourgeois, qui de nos rentes,
Dé nos labeurs et de nos plantes,
Avez vécu au temps passé (4),

(1) La menace continue, sourde et dissimulée : Dieu vous engloutira comme il a englouti Pharaon.

(2) Quand Jacques Bonhomme rencontre quelque difficulté, il s'adresse à l'avocat. Le clerc du moyen âge vaut déjà l'homme d'affaires du XIXᵉ siècle.

(3) Dégâts, ruines.

(4) Nous appelons l'attention du lecteur sur cette strophe. Nous l'avons affirmé, l'histoire à la main, le mouvement des communes fut uniquement l'accession d'une troisième noblesse au droit d'exploitation. A ce progrès tout politique et nullement social, puisqu'il procédait de l'inégalité des fortunes, Jacques Bonhomme ne pouvait ni ne devait avoir part. Le bourgeois par le commerce, ainsi que plus loin il sera expliqué, pressure à nouveau le paysan, se rendant complice des seigneurs et du clergé. Les trois états sont rivaux, mais s'entendent comme larrons pour dépouiller le misérable.

Vous voyez nos chières dolentes,
Et les poux qui nous chéent des tempes
De langueur et de paúvreté ;
Maints jours nous avez abusé
Et recueillis en votre hostel,
Quand vos rentes vous doublaient (1);
Mais quand vous nous voyez en dette,
Et que nous n'avons vin ni blé,
Plus ne faites compte de nous :
Pour ce souvent nous faites-vous
Braire et crier haut et bas:
Que ferons-nous, chétifs, hélas !

Hélas! marchans, vous nous avez
Par maintes fois revisités (2),
Et vos denrées survendues;
Mais quand de nous achetiez,
Vous le nous méprisiez ;
Foy était bien en vous perdue,
Vous avez loyauté déçue
Et vous avez commis usure,
Larrecins et parjurement,
Mais Celui qui rendra droiture
A toute humaine créature
Vous rendra votre paiement
Par son droicturier jugement ;
Et maudirez tous ces amas
Quand crier vous faudra. Hélas!

(1) Quand les bourgeois pouvaient utiliser les prolétaires pour les faire travailler, fort bien, ils les exploitaient; mais quand ceux-ci leur devenaient à charge, ils les renvoyaient.

(2) Puis les colporteurs venaient faire une tournée dans les campagnes; s'ils achetaient, c'était à vil prix; s'ils vendaient, c'était fort cher. Jacques Bonhomme appelle improbité ce que vous appelez du commerce. Dans son gros bon sens social, il comprend que notre loi de l'offre et de la demande n'est qu'un encouragement au vol et à l'usure. Il comprend la vente à prix de revient, il fait appel à la justice, qui pour lui a nom Dieu justicier.

Hélas! vous autres de métiers (1),
Maréchaux et cordonniers,
Et les tanneaux de peaux velues,
Vous nous avez été moult chiers;
Vos paroles nous ont déçus
Pis nous avez fait qu'usuriers,
Car pour néant, par chacun jour,
Vous avez eu notre labour :
Marchans, avant la cueillette,
Bien en pourrez avoir mal tour,
Si n'en faites aucun retour
Avant que jugement s'y mette,
Aux galères et aux froidures,
Notre pauvre vie querrant :
Car nous n'avons plus rien vaillant,
Comme aucuns veuillent langaigez (2),
Ils s'en sont très-mal informés,
Alors saison ne sera pas
Que vous faudra crier : Hélas!

Hélas! vous savez tous comment
Nous perdîmes notre froment,
Qu'entant nous semâmes ès terres
Pour la gelée dure et grand
Qui les met en confondement;
Et puis vous savez tous quels guerres,
Quels meschiefs et quelles rapines,
Nous firent toutes ces vermines,

(1) Les ouvriers de la ville s'en sont mêlés. Jacques Bonhomme
n'est-il pas l'exploité naturel, dont le pécule s'offre à toutes les con-
voitises? Prenez garde! vous tous qui le pressurez, prenez garde!
Jacques peut se lever, et vous crierez : Hélas! Il veut bien changer
ses produits contre les vôtres, mais il veut l'égal échange.

(2) Tout s'est réuni contre Jacques. Les animaux malfaisants ont
envahi ses champs et ont détruit ses récoltes. Verminiers du seigneur, verminiers de la nature se sont donné le mot. Puis l'épi-
zootie a tué son porc ou sa vache. Le laitage lui restait comme dernière ressource, et le laitage lui manque. Il se sent mourir de faim
et de besoin et il crie; Hélas!

Qui vinrent aux saisons nouvelles.
N'y demeura ni pois ni fèves,
Dont ne tâtassent des premiers
Rats et souris et verminiers,
Et les épis en emportaient
Des blés qui demeurés étaient,
Et par moult diverses manières,
Ils les mettaient en leurs tanières,
Et en firent de grands amas
Dont maints ont crié : Hélas !

Hélas ! avons crié assez
Pour Dieu que vous nous pardonnez,
Et que vous pensez en vous-mêmes
Si nous vous disons vérité :
Tout notre fait voir vous pouvez,
Ainsi que nous faisons nous-mêmes.
Courroux, mal talent et attaines
Nous regardent tous chacun heure,
Bœuf ni pourceau ne nous demeure,
Ni brebis ni nos pauvres vaches,
De quoi faisions nos laitages,
Qui notre vie soutenait
Et de la faim nous guérissait;
Mais la mort et le divers temps
Les a fait demourer ès champs,
Et morts les trouvons par les tels :
C'est ce que bien souventes fois,
Quand voyons advenir tel cas
Qui nous fait fort crier : Hélas (1) !

Hélas ! sans plus vous dire, hélas !
Comment peuvent penser créatures

(1) Ainsi certains prétendent que Jacques Bonhomme n'est pas
encore épuisé, et qu'en s'y prenant de la bonne façon, on trouvera
encore sur le misérable quelque chose à tondre; il criera, mais il
payera. On le voit mendiant, pieds nus, souffrant de la faim et du
froid; mais s'il fait ainsi, c'est par pure hypocrisie et pour dissi-
muler son bien-être.

Qui tous advisent nos figures,
Et ont sens et entendement
Et nous voient nus par les rues
Car s'ils pensaient bien en Todigues
Et Écossais leurs complices,
Et ès hivers qui sont passés,
Et autres voies fort obliques,
Dont tous états nous sont reliques,
Comme chacun nous a plumé.
Ils seraient bien hérétiques
S'ils pensaient bien en leurs vices
Qu'il nous fût rien demeuré (1) :
Tels langages ne sont que gas,
Si nous taisons de dire : Hélas !

O très-sainte mère l'Église,
Et vous très-noble roi de France,
Conseillers qui à votre guise
Mettez tout le pays en balance,
Avocats de belle loquence,
Bourgeois, marchands, gens de métiers,
Gens d'armes qui tout exilés,
Pour Dieu et pour sa douce Mère
A chacun de vous en droit soy,
Vous plaise penser aucun poy
En cette complainte amère.
Et si vous bien y advisez,
Nous cuidons vous apercevrez
Et que vous verrez par vos yeux
Le feu bien près de vos hosteux (2),
Qui les vous pourrait bien brûler,

---

(1) Non, Jacques n'a plus rien, il le dit, il le répète : il n'a plus que la vie, existence misérable vouée aux chances du hasard. Et il va le dire à la strophe suivante, ne se pourrait-il pas, puisqu'il n'est pas encore mort, qu'il se vengeât encore une fois, dût-il mourir ensuite?

(2) Prenez garde ! répète Jacques Bonhomme, souvenez-vous de 1358 : prenez garde que l'incendie ne réponde à vos prévarications, que la peine du talion ne vous soit appliquée.

Si garde de près n'y prenez.
Désormais si nous taillons,
Autres lettres vous enverrons
Closes (1). Dedans voir vous pourrez
Nos faits et nos conclusions
Et les fins à quoi nous tendons.
S'il vous plaît vous les ouvrirez,
Nos requêtes vous conclurez,
Et Dieu du tout ordonnera
A la fin quand il lui plaira.
Mais Dieu vous y doit si bien faire,
Qu'acquérir vous puissiez sa gloire,
Et qu'en ce ayez tels regards,
Que plus ne vous crions : Hélas !
        Amen par sa grâce!

A ce chant, empreint à la fois de tant de naïveté et d'énergie, nous n'ajouterons qu'un mot :

Que le lecteur le compare au *Chant du Pain* que nous donnons à la septième partie de notre travail.

(1) Les lettres closes devaient être scellées du sceau du roi. Elles renfermaient ordinairement, dit M. Chéruel, un mandement adressé à quelque officier royal.

CINQUIÈME PARTIE

LES ROIS DE FRANCE

SOMMAIRE.

Très-puissants rois de France! — Charles VI. — *L'Imitation de Jésus-Christ.* — Jeanne d'Arc. — Le triomphe de Charles VII. — Louis XI, le roi des bourgeois. — Les grands et les menus. — Velléités d'affection pour le peuple. — Louis XII. — Luther. — La révolte en Allemagne. — Programme. — Munzer l'anabaptiste. — François Ier. — États généraux de 1614. — Le bon roi Henri. — Richelieu et sa politique. — Le roi Soleil. — Famine de 1661. — La Bruyère et Madame de Sévigné. — Saint-Simon. — Le maréchal de Vauban. — Boisguilbert. — Louis XIV spécule sur les grains. — Il vole les pauvres. — Il vole le temps des travailleurs. — Bilan du règne. — Le convoi de Louis XIV. — Louis XV. — Ce que coûtent les maîtresses du roi. — Jean-Jacques Rousseau. — Le parlement. — Le peuple de France est taillable et corvéable à volonté. — Comment les rois comprirent l'extinction du paupérisme. — Fouet, carcan, galères, mort. — La bienfaisance. — Les hôpitaux. — Léproseries et maladreries. — Les voleurs des malades. — L'Hôtel-Dieu en 1786. — Que la charité de nos rois a réponse à tout.

CINQUIÈME PARTIE

LES ROIS DE FRANCE

I

> Hélas ! très-puissant roi Français,
> Nous pensons, si bien ravisais
> Et tu fusses bien conseillé,
> Qu'aucun pou nous épargnerais,

Chantaient les misérables du *pauvre commun.*

Examinons comment les très-puissants rois de France répondirent à cet appel, du quinzième siècle à la Révolution.

Sous Charles VI, misère horrible. Qu'y peut faire le roi Charles ? Armagnacs et Bourguignons se disputent la France. Les Anglais pillent et ravagent, Henri V saccage les villes, et pour affirmer son droit royal, il n'a pas de plus grande hâte que de rançonner ses nouveaux sujets, de mettre à mort qui se plaint, de doubler les impôts, de torturer les récalcitrants. La France était littéralement au pillage. Vainqueurs ou vaincus se faisaient un devoir de détruire les récoltes, les villages, partout où ils passaient.

Que pouvaient faire les prolétaires dans cette lutte acharnée des ambitions? Ils mouraient de faim, et, dit un historien, ils couraient les bois comme des bêtes fauves.

Charles VII monte sur le trône de France : prince épicurien, se souciant fort peu de la misère d'autrui, il appelle les étrangers à sa défense, et demande de l'argent à son peuple. Ses favoris pillent ce qui restait à piller, et pendant ce temps, le roi continue à tenir une cour de gais favoris, et à enrichir, autant qu'il le pouvait, quelques courtisans.

Il disait déjà le mot de Louis XV : Après moi, le déluge !

Que le peuple fût réduit à se cacher dans les cavernes pour échapper aux maraudeurs et aux assassins, que les prolétaires fussent trouvés épuisés de fatigue et de faim dans les fossés des routes, qu'importait au roi Charles VII? Quand il avait besoin d'argent, il réunissait tout ce que ses capitaines pouvaient encore mettre sur pied de soudards et de reîtres, et jetait cette meute affamée sur les campagnes. Chose curieuse ! on trouvait encore à voler. Et ce roi était satisfait. Du reste, il faut le dire : les États généraux refusaient de se réunir et de sanctionner ces extorsions.

Le peuple se faisait humble, petit, il ne résistait plus :

il n'avait plus de point d'appui. La parole des prêtres le rabaissait de plus en plus dans sa misère, l'*Imitation de Jésus-Christ* semblait apparaître tout exprès pour lui faire de sa misère une gloire et un devoir :

« Vous serez toujours misérables, où que vous soyez, et de quelque côté que vous vous tourniez, si vous ne vous tournez pas vers Dieu... C'est une véritable misère, de vivre sur la terre. Manger, boire, veiller, dormir, se reposer, travailler et se voir sujet aux autres nécessités de nature est certainement une grande misère et une affliction pour un homme pieux, qui voudrait bien ne dépendre en rien de la chair et être libre de la servitude du péché. »

Et à ces voix, qui prêchaient le renoncement, le peuple répondait par son silence et sa soumission : il mourait sans rien dire. Que pouvait-on lui demander de plus ?

Tout à coup, une illuminée se lève, Jeanne d'Arc ? Que représente-t-elle ? D'où vient-elle ? Quel est ce hasard étonnant ? Est-elle vraiment, comme l'ont chanté les poëtes de l'histoire, la figure naïve et splendide du peuple, venant au secours de son souverain ?

Pourquoi ce peuple aurait-il couru se ranger sous la bannière de Charles VII ? Quel bien en pouvait-il attendre ? Les Anglais étaient-ils donc plus terribles que les voleurs d'impôts, envoyés par le roi ?

La venue de Jeanne fut toute spontanée, elle ne procédait d'aucun sentiment général, c'était une sorte de fée sortant tout à coup de l'inconnu ; et c'est par le charme même qui s'attache à l'inconnu qu'elle acquit aussitôt son prestige.

Les grands s'étonnèrent ; mais comme ils se sentaient

faiblir, et qu'ils ne pouvaient attribuer leurs revers à leur propre inertie et à leurs désordres, ils furent bientôt disposés à accepter cette intervention comme divine. Certes, Dieu intervenait singulièrement, et sa prédilection pour la France se justifiait difficilement. Mais Charles VII et ses favoris n'eurent garde de discuter.

Le peuple leva curieusement la tête. Peut-être supposait-il que dès que la France serait délivrée des Anglais, son sort deviendrait moins misérable ? En tout cas, un changement quelconque dans sa situation était préférable au *statu quo*. Mourir ou être sauvé, telles étaient les deux alternatives que posait la venue de Jeanne, et le peuple se reprit à espérer

Quant au *très-puissant roi de France*, dès que Jeanne l'eut mené à Reims et qu'il eut été sacré, tandis que le peuple se prosternait sur le passage de la Pucelle, il se hâtait de l'abandonner, la laissait pendant six mois aux mains des Anglais, se vautrait dans des débauches que lui rendait plus agréables encore la puissance reconquise, se tournait quelquefois pour demander si *son peuple* se battait bien ou si Jeanne d'Arc vivait encore, discutait avec La Trémoille qui pillait le pays reconquis : le 30 mai 1431, Jeanne d'Arc était brûlée comme sorcière et relapse.

Le peuple se sentait perdu, et Charles VII se plaignait de n'avoir plus d'argent.

Quatre ans après, le traité d'Arras était signé.

Charles VII était reconnu roi de France par Philippe de Bourgogne.....

Grand soulagement pour le peuple en vérité ! Les Anglais se lancent de nouveau sur la France, brûlent les villages, exterminent la population. Charles VII rentre dans Paris. Le voici redevenu très-puissant roi de France. Va-t-il écouter les plaintes du *pauvre commun* ?

Certes, et voici comme :

Charles VII altère les monnaies, les La Hire, les Chabannes, les Xaintrailles se regardent comme les maîtres de cette France rendue à leur maître. Comme ce *bon roi* ne peut assez leur prodiguer de richesses (il faut bien faire quelques économies), ils pillent les paysans, en disant : Il faut bien que nous vivions !

Les paysans d'Alsace ne furent pas suffisamment endurants et eurent l'audace de tuer les pillards.

Quant au roi, « il ne tenait compte ni de la guerre, ni de son peuple, non plus que s'il fût prisonnier de Sarrasins ; il avait avec lui tant de larrons, que ces étrangers disaient qu'il était la source de tous les larrons de la chrétienté. »

En 1437, il entre *en triomphe* dans Paris. Mais il se hâte de partir, laissant derrière lui la famine ; cinquante mille personnes périrent de faim et de maladie ; Charles VII avait de bien autres soins en tête, le pape l'occupait fort, et de ses soins assidus sortit la Pragmatique Sanction de Bourges, qui dispose :

« Que les élections des prélats doivent être faites canoniquement, dans les églises cathédrales et collégiales, ainsi que dans les monastères ; que ceux auxquels appartient le droit d'élection se réuniront au jour fixé pour y procéder, et après avoir imploré le Saint-Esprit pour qu'il leur inspire un choix convenable, etc., etc. »

Toutes mesures, on peut s'en convaincre, qui touchaient directement au problème de la misère.

Cependant, le 2 novembre 1439, le roi daigna, sur les remontrances des États d'Orléans, rendre une ordonnance

interdisant aux hommes de guerre le pillage et les exactions, le rançonnement des paysans et la destruction des
récoltes. Mais par contre, le roi se réservait le droit de
lever les impôts sans le concours des États, et organisait
la *taille* sous laquelle devait plier et souffrir encore le
pauvre commun.

L'armée permanente fut organisée, ce qui d'ailleurs fut
d'abord un bien relatif; car routiers et reîtres dispa-
rurent.

Mais c'était trop de soins pour le bon roi de France, et
il continua de vivre *luxurieusement et charnellement
entre femmes mal renommées.*

II

Vint Louis XI, le roi des bourgeois.

Pour lui, le manant n'existait pas, et point ne s'en
préoccupa. Louis, avare et cauteleux, comprit quelle
puissance donnerait à la royauté une alliance sérieuse
avec la bourgeoisie. Il avait compris par le règne de son
prédécesseur tout ce que renfermaient de dangers les
luttes entre les seigneurs trop puissants.

Louis caressa les bourgeois et se fit inscrire dans leur
confrérie.

Tout le règne de Louis XI se renferma dans ces deux
faits : alliance avec le tiers état riche, lutte contre la féodalité. En résumé, victoire de la royauté, définitive le
jour où tomba Charles le Téméraire, et où le duc de Ne-
mours porta sa tête sur l'échafaud.

En fait d'administration, Louis XI, despote dans l'âme, rêva la centralisation ; du peuple pas un mot. Pour sa grande ambition, le roi, sans même sembler y prendre garde, *taillait* ces manants que l'on pendait haut et court au moindre signe du maître. Mais peu lui importait *de n'être pas aimé des grands personnages ni de beaucoup de menus,* il voulait être roi. Les historiens ne se sont-ils pas inclinés devant cette figure odieuse, antihumaine, symbole du despotisme et de l'hypocrisie, sous ce prétexte patriotique que Louis XI constitua la France. Combien d'hommes a coûtés ce règne? On ne compte plus.

Mais on n'a garde d'oublier qu'il donna un écu à une femme, pour prix d'une oie que son chien Muguet avait tuée, et à ce beau trait, on ajoute ce commentaire :

« Il eut toujours pour le peuple des velléités d'affection. »

Les arbres de Plessis-les-Tours pourraient de cette affection fournir bien d'autres preuves.

Suivez-vous bien, dans ces luttes, dans ces jeux d'ambition, dans ces hideux démêlés de politique, au milieu de ces broussailles ensanglantées dans lesquelles les grands et les rois taillent à coups d'épée ; suivez-vous bien cette longue figure, pâle, hâve, décharnée, frémissant au moindre bruit, s'arrêtant, tendant le cou, cherchant, l'œil inquiet, à travers les arbres, ayant peur de tout ce qui vient, de tout ce qui bruit, de tout ce qui résonne, se courbant, rampant, tombant parfois de lassitude, puis se raccrochant de ses ongles crispés et se remettant en marche?...

Cette grande figure, c'est celle du peuple, c'est celle du prolétariat.

III

Suivons-la encore :

Sous Louis XII, elle peut un instant se reposer : la France envahit l'Italie. C'est le peuple d'Italie qui souffre, car il faut que la misère perdue d'un côté se retrouve de l'autre.

Mais la France respire : elle paye, cela est vrai, mais du moins elle n'a plus les soldats au milieu de ses champs et à la porte de ses chaumières.

Le peuple travaille.

Fait splendide ! Quelle admirable force de résistance, et quel ressort de moralité dans ces misérables sans cesse écrasés, et qui, lorsque le pied qui pèse sur leur tête s'écarte un instant, se redressent, saisissent la bêche et le hoyau, s'attellent à la charrue, et, regardant derrière eux si l'oppresseur ne revient pas, se hâtent de pousser presque joyeusement le cri du travail.

Tout à coup, un grand cri retentit à l'est de la France : c'est la misère qui se lève en Allemagne.

Luther parle de Dieu, mais le peuple parle de l'homme et les pauvres se révoltent, portant comme étendard un morceau de pain et un fromage au bout d'une pique.

« Dieu condamne la révolte, dit Luther. Qu'est-ce que se révolter, sinon se venger soi-même ? Ceux qui ont bien compris ma doctrine ne se révoltent jamais ! »

Soit. Les pauvres ont compris seulement qu'ils avaient faim, et ils rédigent ce programme de leurs volontés :

I

En premier lieu, c'est notre humble demande et prière à nous tous que désormais nous ayons le pouvoir et le droit d'élire nous mêmes un pasteur, et de le déposer s'il se conduit comme il ne convient point.

II

Puisque la dîme légitime est consacrée par l'Ancien Testament, que le nouveau a confirmé en tout, nous voulons payer la dîme légitime du grain... Pour ce qui est de la petite dîme et de la dîme du sang (du bétail), nous ne l'acquitterons en aucune façon, car le seigneur a créé tous les animaux pour être librement à l'usage de l'homme.

III

Nous ne voulons plus être traités désormais comme la propriété du seigneur, car Jésus-Christ, par son sang précieux, nous a tous rachetés sans distinction, le pâtre aussi bien que l'empereur, le riche comme le pauvre.

IV

Il est contraire à la justice et à la charité que les pauvres gens n'aient aucun droit au gibier, aux oiseaux et aux poissons des eaux courantes ; de même, qu'ils soient obligés de souffrir sans rien dire l'énorme dommage que font à leurs champs les bêtes des forêts ; car lorsque Dieu créa l'homme, il lui donna pouvoir sur tous les animaux indistinctement.

VI

Nous demandons un allégement dans les services qui nous sont imposés, et qui deviennent de jour en jour plus accablants. Nous voulons servir, comme nos pères, selon la parole de Dieu.

IX

Que la justice se rende avec impartialité; que l'on ne favorise personne, et que l'on s'en tienne aux anciens règlements.

XI

Les droits de décès sont révoltants et ouvertement opposés à la volonté de Dieu, car c'est la spoliation des veuves et des orphelins. Qu'ils soient entièrement et à jamais abolis.

XII

S'il se trouvait quelqu'un ou plusieurs des articles précédents qui fussent en opposition avec la Sainte Écriture (ce que nous ne pensons pas), nous y renonçons d'avance. Que la paix de Jésus-Christ soit avec vous tous! Amen!

IV

Comme à l'époque de la Jacquerie, les historiens n'ont pas assez d'anathèmes contre les paysans révoltés, qui osaient déclarer que la propriété n'est qu'un *vol fait au pauvre*.

Quant à Luther, réformateur politique, n'ayant aucune

notion sociale, il se contente de réclamer l'indulgence pour ces gens *ivres et égarés*.

« Toutefois, s'ils veulent prendre l'épée, que Vos Al-
« tesses le leur défendent, et leur ordonnent de quitter le
« pays. »

Les Altesses n'eurent garde de rester sourdes à cet appel.

Mais alors Luther s'écrie :

« C'est vous, princes, qui êtes cause de la révolte ; ce sont vos déclamations contre l'Evangile, c'est votre op-
pression coupable des petits de l'Eglise, qui ont porté le peuple au désespoir. Ce ne sont pas des paysans, chers seigneurs, qui se soulèvent contre vous ; c'est Dieu lui-
même qui veut s'opposer à votre fureur.... Parmi leurs douze articles, il y en a qui sont justes et équitables. »

Mais ce que ni Luther ni les *chers seigneurs* ne com-
prenaient, le bonhomme Misère en avait conscience. Il sentait en lui la notion vague du socialisme, de la réforme matérielle, de la révolution du pain.

« Nous sommes tous frères, s'écrie l'anabaptiste Munzer ; d'où vient donc cette différence de rangs et de biens que la tyrannie a introduite entre nous et les grands du monde ? Pourquoi gémirions-nous dans la pauvreté, et serions-nous accablés de maux, tandis qu'ils nagent dans les délices ? N'avons nous pas droit à l'égalité des biens qui, de leur nature, sont faits pour être partagés sans distinction entre tous les hommes ? Rendez-nous, riches du siècle, avares, usurpateurs, rendez-nous les biens que vous retenez avec tant d'injustice ! Ce n'est pas seulement comme hommes que nous avons droit à une égale distribution des avantages de la fortune ; c'est aussi comme chrétiens ! Redemandons notre liberté les armes à la main, refusons les impôts qui nous accablent, et mettons tous les biens communs ! »

Certes, cette idée sociale du communisme était absolument fausse et subversive de toute saine justice. Mais n'était-elle pas l'expression la plus rationnelle, la plus instinctive, d'une réaction vivace contre l'oppression et l'accaparement ?

Après Munzer, Jean de Leyde : à toutes ces révoltes de la misère, les puissants n'eurent qu'une réponse : la mort.

Jean de Leyde, enfermé dans une cage de fer, fut tenaillé avec des pinces de fer rougi, et on lui ouvrit le ventre.

Telle fut la conclusion de ce drame que, selon Luther, Satan avait joué à Munster.

V

François Ier avait besoin d'argent : il vendit des charges de conseiller au parlement, et doubla le nombre des huissiers, procureurs et greffiers. Joyeuses fêtes et prodigalités sans nombre, rien ne fut épargné à la cour du roi-chevalier, non plus que les *auto-da-fé* de luthériens ; du reste, s'il brûlait les protestants, c'était uniquement, disait-il, comme brouillons politiques semblables aux anabaptistes.

Guerres continuelles, coûtant la vie, dit Montluc, à deux cent mille personnes et la ruine d'un million de familles.

Impôts et exactions:

Ainsi se résume au, point de vue social, le règne du Restaurateur des letttres.

Est-il besoin d'entrer dans plus de détails, et toute l'histoire de la misère ne tombe-t-elle pas dans de continuelles redites et quel que soit le nom du roi, le peuple est-il plus heureux?

Que le lecteur juge :

« Le peuple, écrit en 1605 le commentateur de la Cou-
« tume d'Anjou, le peuple est aujourd'hui si chargé et si
« opprimé qu'il est près de tomber sous le pesant fardeau
« qui l'accable : il n'y a plus moyen qu'il se puisse re-
« lever d'une si grande pauvreté où il se voit réduit. Le
« malheur procède de ce qu'il n'y a que les pauvres qui
« payent la taille, et les riches en sont affranchis : au
« lieu que le même peuple en devrait être déchargé. »
(Delommeau, III, 48.)

Aux États généraux de 1614, Miron, l'orateur du tiers état, prononce les paroles suivantes :

« Chose horrible et détestable, non-seulement à voir,
« mais à ouïr raconter. Il faut avoir un triple acier et un
« grand rempart de diamant autour du cœur pour en
« parler sans larmes et soupirs. Le pauvre peuple travaille
« incessamment, ne pardonnant ni à son corps, ni quasi
« à son âme, c'est-à-dire à sa vie, pour nourrir l'universel
« royaume; il laboure la terre, l'améliore, la dépouille, il
« met à profit ce qu'elle rapporte : il n'y a ni saison, ni
« mois, ni semaine, ni jour, ni heure qui ne requière un
« travail assidu! En un mot, il se rend ministre et quasi
« médiateur de la vie que Dieu nous donne, et qui ne
« peut être maintenue que par les biens de la terre. Et

« de son travail, il ne lui reste que la sueur et la misère ;
« ce qui lui demeure de plus présent s'emploie à l'acquit
« des tailles, de la gabelle, des aides et des autres sub-
« ventions. Et n'ayant plus rien, encore est-il forcé d'en
« trouver pour certaines personnes lesquelles déchirent
« votre peuple par commissions, recherches, et mauvaises
« intentions trop tolérées. C'est miracle qu'il puisse fournir
« à tant de demandes ; aussi va-t-il accablé.

« Ce pauvre peuple qui n'a pour tout partage que le
« labeur de la terre, le travail de ses bras et la sueur
« de son front, accablé de la taille, de l'impôt du sel,
« doublemen, retaillé par les recherches impitoyables et
« barbares de mille traitants, en suite de trois années sté-
« riles a été vu manger l'herbe au milieu des prés avec
« les brutes ; autres plus impatients, sont allés à milliers
« en pays étrangers, détestant leur terre natale, ingrate
« de leur avoir dénié la nourriture, fuyant leurs compa-
« triotes pour avoir impiteusement contribué à leur op-
« pression, et tant qu'ils n'ont pu subvenir à leurs mi-
« sères.

« Sire, ce ne sont point des insectes et des vermisseaux
« qui réclament votre justice et votre miséricorde ; c'est
« votre pauvre peuple, ce sont des créatures raisonnables
« ce sont des enfants desquels vous êtes le père, le tu-
« teur et le protecteur..... Que diriez vous, Sire, si vous
« aviez vu dans vos pays de Guyenne et d'Auvergne les
« hommes paître l'herbe à la manière des bêtes !... »

Il est vrai que le bon roi Henri IV, le bienfaiteur de la
poule au pot avait :

Augmenté les taxes sur les denrées ;

Fait banqueroute à la dette publique ;

Confisqué les biens des traitants ;

Créé et vendu des offices ;

Vendu la justice ;

Falsifié les monnaies.

Il est vrai que Sully avait deux millions de biens, deux cent mille livres de pension, que Henri dépensait douze cent mille écus par an pour ses maîtresses et son jeu, tout prêt d'ailleurs à châtier qui aurait bougé.

Il est vrai que la guerre avait décimé le peuple, ruiné les chaumières, dévasté les champs.

Il est vrai que Concini avait, pour lui et ses amis, vidé les caisses de l'État, et que le traité de Sainte-Menehould avait achevé la ruine du pays.

Il fallait bien demander de l'argent aux États, et Miron put parler, pourvu que le peuple payât, ce qu'il fit.

Puis Richelieu, encore un fort *politique* devant lequel s'inclinent tous nos historiens et qui, sans doute pour avancer le progrès du bien-être social, leva deux cent mille hommes, équipa cent vaisseaux et dépensa par an soixante-six millions pour la guerre. Les paysans, paraît-il, ne professaient pas une telle passion pour l'abaissement de la maison d'Autriche, le renversement de la noblesse et la destruction du protestantisme, qu'ils sentissent une satisfaction réelle à mourir de faim pour ces saintes causes. Certes, c'était bonne et excellente chose que de voir tomber ces tours, ces odieux châteaux, d'où le seigneur féodal avait fait sortir tant de douleurs et de misères pour en accabler le vilain. Mais le roi se substituait, avec son système centralisateur, à ces oppresseurs de clocher. Et au roi, il n'existait aucun moyen d'échapper. La Normandie et la Guyenne se soulèvent. C'est dans le sang.

que se noient ces revendications du droit à l'existence.

Et toujours grandit la misère.

Faut-il parler du *Roi soleil*, ce terrible et ridicule potentat qui a osé écrire dans son testament :

« Je suis lieutenant de Dieu.

« Lorsque je prends une résolution, Dieu m'envoie son
« esprit.

« Je possède la vie et la fortune de mon peuple en toute
« propriété.

« On vole ma gloire lorsqu'on peut en acquérir sans
« moi.

« J'enrichis mon royaume en dépensant beaucoup.

« La nation réside tout entière dans la personne du mo-
« narque. »

C'est perdre son temps et son encre que de déclamer contre ce fou, cet ivrogne d'orgueil et d'oppression.

Aussi ne voulant pas abuser de la patience du lecteur qui, à chaque ligne, nous arrêterait pour nous crier :

— Nous avons déjà pensé tout cela ! Nous avons lu tout cela !

Nous nous contenterons de réunir quelques témoignages non discutables. Il est bon de rappeler ce que le grand roi a fait de ce peuple qui lui appartenait, il est bon de rappeler à quel excès de souffrances peut être condamnée une race d'hommes, pour le bon plaisir d'un despote.

En 1643 (c'était à l'avénement du grand roi), on comptait à la fois vingt-trois mille prisonniers pour les tailles, dont cinq mille périrent de misère.

En 1660, déclaration royale qu'il est bon de méditer :

« Ayant considéré que pendant la guerre et particulièrement durant et depuis les derniers troubles excités dans

le royaume, il a été commis divers excès et violences par nos gens de guerre... savoir : dans les lieux où ils ont eu à passer et à séjourner, dans lesquels ils ont battu et excédé des habitants pour les obliger à donner de l'argent ou des vivres, *dont quelques-uns en sont décédés ;* pris et enlevé leurs bestiaux, emporté leurs meubles, abattu leurs maisons et commis plusieurs autres désordres, pour raison desquels nous avons appris qu'aucuns de ceux qui les ont soufferts poursuivent en justice les officiers de nos troupes.

« Comme nous savons que les désordres commis par nos dits gens de guerre n'ont procédé pour la plupart que du manquement de leur payement..., et qu'ainsi il n'a pas été au pouvoir des officiers qui les commandaient de les contenir entièrement dans la discipline et d'empêcher qu'ils ne commissent des désordres,

« Nous avons estimé qu'il ne serait pas juste que les dits officiers en fussent responsables... »

Le bon roi ne peut imputer à crime à ses officiers de piller et rançonner les misérables ; ne leur donne-t-il pas le premier l'exemple?

Et puis qu'est-ce que quelques vilains qui pleuraient tant et criaient? Quelques-uns sont morts sous les mauvais traitements. De par le roi, c'est un accident dont point n'est besoin de se tant préoccuper. Ce n'est que le commencement du règne, il faut que les misérables s'habituent à ces grandeurs royales.

Plus le peuple sera bas, plus le roi semblera grand.

Et c'est de Louis XIV qu'il faut dire :

Les misérables ne l'ont vu si grand, que parce qu'ils ont cru devoir rester à genoux devant lui !

En 1661, sous Colbert, famine épouvantable :

« Les pauvres hommes des champs semblent des carcasses déterrées; la pâture des loups est aujourd'hui la nourriture des chétiens, car quand ils trouvent des chevaux, des ânes et d'autres bêtes mortes et étouffées, ils se repaissent de cette chair corrompue, qui les fait plutôt se mourir que vivre.

« L'on a trouvé une femme morte de faim ayant son enfant à la mamelle, qui la tétait encore après sa mort, et qui mourut aussi trois heures après...

« Un misérable à qui trois de ses enfants demandaient du pain les larmes aux yeux, les tua tous trois, et ensuite se tua lui-même... Un autre, à qui sa femme avait pris un peu de pain qu'il se réservait, lui donna six coups de hache, la tua à ses pieds et s'enfuit... Enfin, la misère et la disette se rendent si universelles, qu'on assure que dans les lieux circonvoisins la moitié des paysans est réduite à paître l'herbe, et qu'il y a peu de chemins qui ne soient bordés de corps morts.

«... En soixante-trois familles de la paroisse de Chambon, on n'a pas trouvé un morceau de pain; il y avait seulement dans une, un peu de pâte de son que l'on mit cuire sous la cendre; et dans une autre, des morceaux de chair d'un cheval mort depuis trois semaine dont la senteur était épouvantable.

« Les pauvres sont sans lit, sans habits, sans linge, sans meubles, enfin dénués de tout; ils sont noirs comme des mores, la plupart défigurés comme des squelettes, et les enfants sont enflés... Plusieurs femmes et enfants ont été trouvés morts sur les chemins et dans les blés, la bouche pleine d'herbes. »

Le tableau est-il chargé ? Le philosophe va nous l'apprendre. Est-il rien de plus sinistre que ces lignes de Labruyère :

« On voit certains animaux farouches, des mâles et des femelles, répandus par la campagne, noirs, livides, et tout brûlés par le soleil, attachés à la terre, qu'ils fouillent avec une opiniâtreté invincible ; ils ont comme une voix articulée, et quand ils se lèvent sur leurs deux pieds, ils montrent une face humaine, et en effet ils sont des hommes ; ils se retirent la nuit dans des tanières, où ils vivent de pain noir, d'eau et de racines ; ils épargnent aux autres hommes la peine de semer, de labourer et de recueillir pour vivre, et méritent ainsi de ne pas manquer de ce pain qu'ils ont semé. »

En 1675, voici ce qu'écrit madame de Sévigné :

« Voulez-vous savoir des nouvelles de Rennes ? Il y a présentement cinq mille hommes : car il en est venu encore de Nantes. On a fait encore une taxe de cent mille écus sur le bourgeois ; et si l'on ne trouve pas cette somme dans les vingt-quatre heures, elle sera doublée et exigible par les soldats. On a chassé et banni toute une grande rue et défendu de les recueillir sous peine de la vie ; de sorte qu'on voyait tous ces misérables, femmes accouchées, vieillards, enfants, errer en pleurs au sortir de cette ville, sans avoir de nourriture, ni de quoi se coucher. Avant-hier, on a roué un violon qui avait commencé la danse et la pillerie du papier timbré ; il a été écartelé après sa mort, et ses quatre quartiers exposés aux quatre coins de la ville... On a pris soixante bourgeois ; on commence demain à pendre... »

Saint-Simon donne des détails non moins instructifs :

« La nécessité des affaires avait fait embrasser toutes sortes de moyens pour avoir de l'argent. Les traitants en profitèrent pour attenter à tout... On établit donc un impôt sur les baptêmes et sur les mariages, sans aucun respect pour la religion et les sacrements, et sans aucune considération pour ce qui est le plus indispensable et le plus fréquent dans la vie civile. Cet édit fut extrêmement onéreux et odieux. Les suites, promptes, produisirent une étrange confusion. Les pauvres et beaucoup d'autres petites gens baptisèrent eux-mêmes leurs enfants sans les mener à l'église, et se marièrent sous la cheminée par consentement réciproque et devant témoins... On redoubla alors de rigueurs et de recherches contre des abus si préjudiciables, c'est-à-dire qu'on redoubla d'inquisition et de dureté pour faire payer l'impôt. »

. Et ailleurs :

. « Par compte fait et arrêté entre eux, les gens d'affaires se trouvèrent en 1700 avoir gagné depuis 1689 quatre-vingt deux millions. On s'abstient de réflexions sur un si immense profit en moins de dix ans et sur la misère qu'il entraîne nécessairement, sur qui a tant gagné et tant perdu, sans parler d'une autre immensité, d'une autre sorte de gain et de perte, qui sont les frais non compris dans ces quatre-vingt deux millions... »

Dans le *projet de dixme royale* du maréchal de Vauban :

« Dans ces derniers temps (1708), le menu peuple est beaucoup diminué par la guerre, les maladies ou par la misère des chères années qui en ont fait mourir de faim un grand nombre et réduit beaucoup d'autres à la mendicité.

« Par toutes les recherches que j'ai pu faire depuis

plusieurs années que je m'y applique, j'ai fort bien remarqué que, dans ces derniers temps, près de la dixième
partie du peuple est réduite à la mendicité, et mendie
effectivement; que des neuf autres parties, il y en a cinq
qui ne sont pas en état de faire l'aumône à celle-là, parce
qu'eux-mêmes sont réduits, à très-peu de chose près,
à cette malheureuse condition; que des quatre autres
parties qui restent, les trois sont fort malaisées, et em-
barrassées de dettes et de procès; et que dans le dixième,
où je mets tous les gens d'épée, de robe, ecclésiastiques
ou laïques, toute la noblesse haute, la noblesse distinguée,
les gens en charge, militaire ou civile, les bons marchands,
les bourgeois les plus rentés et les mieux accommodés,
on ne peut compter plus de cent mille familles, et je croi-
rais ne pas mentir, quand je dirais qu'il n'y en a pas dix
mille, petites ou grandes, qu'on puisse dire être fort à
leur aise... »

Ailleurs, parlant du peuple des campagnes, Vauban
s'exprime ainsi :

« Les tailles sont exigées avec une extrême rigueur et
de si grands frais qu'ils vont au moins à un quart de la
taille. Il est même assez ordinaire de pousser les exécu-
tions jusqu'à dépendre les portes des maisons après avoir
vendu ce qui était dedans, et on en a vu démolir pour
enlever les poutres, les solives et les planches qui ont été
vendues cinq ou six fois moins qu'elles ne valaient, en
déduction de la taille.

« Hors le fer et le feu, qui, Dieu merci, n'ont pu encore être employés aux contraintes du peuple, il n'y a rien
qu'on ne mette en usage, et tous les pays qui composent
ce royaume sont universellement ruinés. »

Boisguilbert est-il plus consolant? Que le lecteur soit juge :

« On peut dire qu'il n'y a que le tiers de la France qui y contribue (à la taille), n'y ayant que les plus faibles et les plus misérables et ceux qui ont moins de fonds ; en sorte qu'étant trop forte à leur égard, elle les ruine absolument. Et après qu'ils sont devenus inutiles aux contributions publiques, elle en va ruiner d'autres à leur tour... Il n'y a d'autre ressource pour ces gens-là que de vendre leurs biens à vil prix, le plus souvent au seigneur de la paroisse, qui, les réunissant à ses autres biens du même lieu et les couvrant du commun manteau de sa protection, empêche que les fermiers payent plus de taille pour cette nouvelle augmentation qu'ils faisaient auparavant... Il est ordinaire de voir des paroisses où il y avait autrefois des 1000 ou 1200 bêtes à laine n'en avoir pas le quart présentement ; ce qui oblige d'abandonner une partie des terres... »

Nous ne voulons être en aucune façon taxé d'exagération, aussi prenons-nous à tâche, dans ce chapitre, avant de formuler toute opinion sur le siècle du grand roi d'accumuler les témoignages, même les plus désintéressés. Cependant, qu'il nous soit permis d'appeler toute l'attention des lecteurs sur l'extrait suivant des *Mémoires de Saint-Simon*. Ils y verront le grand roi, de droit divin, volant, pillant, exploitant son peuple bien-aimé, spéculant sur la faim, sur la misère, et ils se demanderont en relisant l'incroyable dithyrambe de Voltaire à quelle aberration d'esprit obéissait le philosophe de Ferney.

« L'hiver de 1709, dit Saint-Simon, avait été terrible et tel, que de mémoire d'homme, on ne se souvenait d'au-

cun qui en eût approché ; une seconde gelée perdit tout ;
tous les arbres fruitiers périrent ; il ne resta plus ni
noyers, ni oliviers, ni pommiers, ni vignes, à si peu près
que ce n'est pas la peine d'en parler ; les autres arbres
moururent en très-grand nombre ; les jardins périrent, et
tous les grains dans la terre. On ne peut comprendre la
désolation de cette ruine générale. Chacun resserra son
vieux grain. Le pain enchérit en proportion du désespoir de la récolte. Les plus avisés ressemèrent des orges,
dans les terres où il y avait eu du blé, et furent imités de
la plupart. Ils furent les plus heureux et ce fut le salut ;
mais la police s'avisa de le défendre, et s'en repentit trop
tard. Il se publia plusieurs édits sur les blés ; on fit des
recherches, des amas ; on envoya des commissaires par
les provinces trois mois après les avoir annoncés ; et toute
cette conduite acheva de porter au comble l'indigence et
la cherté, dans le temps qu'il était évident par les suppu-
tations, qu'il y avait pour deux années entières de blé en
France, indépendamment d'aucune moisson...

« Beaucoup de gens crurent donc que messieurs des
finances avaient saisi cette occasion de s'emparer des
blés par des émissaires répandus dans tous les marchés
du royaume, pour le vendre ensuite au prix qu'ils voudraient mettre, au profit du roi sans oublier le leur. Une
quantité fort considérable de bateaux qui se gâtèrent sur
la Loire, qu'on fut obligé de jeter à l'eau et que le roi
avait achetés, ne diminua pas cette opinion parce qu'on
ne put cacher l'accident. Il est certain que le prix du blé
était égal dans tous les marchés du royaume, qu'à Paris
des commissaires y mettaient le prix à main-forte, et obli-
geaient les vendeurs à le hausser malgré eux ; que sur les

cris du peuple combien cette cherté durerait, il échappa
à quelques-uns des commissaires et dans un marché, à
deux pas de chez moi, près Saint-Germain des Prés, cette
réponse assez claire : *Tant qu'il vous plaira !* comme faisant entendre, poussé d'indignation et de compassion tout
ensemble, tant que le peuple souffrirait qu'il n'entrât de
blé dans Paris que sur les billets d'Argenson, et il n'y en
entrait point autrement. D'Argenson que la régence a
vu tenir les sceaux, était alors lieutenant de police et
fut fait en même temps conseiller d'État sans quitter
la police. La rigueur de la contrainte fut poussée à
bout sur les boulangers ; et ce que je raconte fut uniforme
par toute la France. Les intendants faisaient dans leurs
généralités ce que d'Argenson faisait à Paris ; et par tous
les marchés, le blé qui ne se trouvait pas vendu au prix
fixé, à l'heure marquée pour finir le marché, se rempor-
tait forcément, et ceux à qui la pitié le faisait donner à
un moindre prix étaient punis avec cruauté.

« Maréchal, premier chirurgien du roi de qui j'ai parlé
plus d'une fois, eut le courage et la probité de dire tout
cela au roi, et d'y ajouter l'opinion sinistre qu'en conce-
vaient le public, les gens hors du commun et même les
meilleures têtes. Le roi parut touché, n'en sut pas mauvais gré à Maréchal ; mais il n'en fut pas autre chose.

« Il se fit en plusieurs endroits des amas prodigieux,
et avec le plus de secret qu'il fut possible. Rien n'était
plus sévèrement défendu par les édits aux particuliers et
les délations étaient également proscrites. Un pauvre
homme s'étant avisé d'en faire une, en fut rudement châ-
tié.

« Le parlement s'assembla par chambres sur les désordres, ensuite dans la grand'chambre, par députés des autres chambres. La résolution y fut prise d'envoyer offrir au roi que des conseillers allassent par l'étendue du ressort, et à leurs dépens, faire la visite des blés, y mettre la police, punir les contrevenants aux édits, et de joindre une liste de conseillers qui s'offrirent à ces tournées par départements séparés. Le roi, informé de la chose par le premier président, s'irrita d'une façon étrange, voulut envoyer une dure réprimande au parlement, et lui commanda de ne se mêler que de juger des procès...

« Le public n'en fut pas moins touché, et il n'y eut personne qui ne sentît que si les finances avaient été nettes de ces cruels manéges, la démarche du parlement ne pouvait qu'être agréable au roi et utile, en mettant cette compagnie entre lui et son peuple... »

« Sans porter de jugement plus précis, conclut Saint-Simon, sur qui l'inventa et en profita, il se peut dire qu'il n'y a guère de siècle qui ait produit un ouvrage plus obscur, plus hardi, mieux tissu, d'une oppression, plus constante, plus sûre, plus cruelle. Les sommes qu'il produisit sont innombrables, innombrable le peuple qui en mourut de faim réelle et à la lettre, et qu'il en punt après des maladies causées par l'extrémité de la misère, et innombrable la quantité de familles ruinées et les cascades de maux de toute espèce qui en dérivèrent. »

Louis XIV affame son peuple. Ce n'est pas tout : il vole les pauvres :

« Les taxes en faveur des pauvres, dit Saint-Simon, le roi se les est appropriées, en sorte que les gens de finance les touchent publiquement jusqu'à aujourd'hui, comme une branche des revenus des rois, et *même avec la franchise de ne lui avoir pas fait changer de nom.* »

Il vole le temps des travailleurs :

« La plupart des ponts (c'est toujours Saint-Simon qui parle) étaient rompus par tout ce royaume, et les chemins étaient devenus impraticables. Le commerce qui en souffre infiniment donna l'éveil. Lescalopier, intendant de Champagne, imagina de les faire accommoder par corvées, *sans même donner de pain*. On l'a imité partout, et il en a été fait conseiller d'État : le peuple en est mort de faim et de misère par bandes... »

VI

Dans un opuscule remarquable, *Décadence de la monarchie française*, M. Pelletan a résumé en une page saisissante le bilan de Louis XIV. Nous ne pourrions dire plus, et certes ne pourrions-nous dire aussi bien :

« Après soixante ans de règne, il laissait la France dans l'état que voici :

« La Picardie avait perdu le douzième, le Bourbonnais le cinquième, la Touraine le quart, la Saintonge le tiers de sa population.

« La ville de Lyon avait baissé de 89,000 à 69,000 âmes, la ville de Tours de 80,000 à 30,000, la ville de Troyes de 60,000 à 20,000 seulement.

« Dans la généralité d'Alençon, des paysans, réduits à la grâce de Dieu, laissaient pousser l'herbe dans leur champ et crouler le toit de leurs maisons.

« Dans la généralité de Rouen, six cent mille gueux

sur sept cent mille habitants vivaient à l'aventure de pain de fougère, et couchaient sur la paille ou à la belle étoile.

« Dans le Dauphiné, la plus grande partie de la province, au témoignage du duc de Lesdiguières, ne mangeait que du pain de gland et des racines.

« Dans la Bourgogne, un arrêt du roi, rendu en son conseil contre un fermier de la gabelle, constate qu'on ne connaissait dans la campagne autre nourriture que l'herbe ou l'avoine.

« Dans la généralité d'Issoudun, la population, déracinée du sol par la cruauté de la maltôte, avait rétrogradé de vingt siècles en arrière à l'état de barbarie.

« On trouve quelquefois, écrivait l'intendant, des trou-
« peaux de paysans assis en rond au milieu des landes ;
« sitôt qu'on veut en approcher, ils prennent la fuite
« dans les halliers. »

« La politique de Louis XIV transformait de plus en plus la France en jachères ; pour arrêter la propagande de la stérilité, un premier édit exempta de six années de tailles les soldats libérés qui remettraient en valeur les maisons abandonnées et les terres sans culture.

« Mais, malgré cette prime offerte aux soldats-laboureurs, la ronce allait envahir jusqu'au dernier sillon ; un second édit royal décréta l'expropriation universelle, pour cause de faim publique, et la communauté absolue, sinon du sol, du moins de l'usufruit :

« Tous les propriétaires de terres labourables seront
« tenus, dans la huitaine, de déclarer s'ils entendent faire
cultiver ou ensemencer leurs terres ; sous faute par eux
« de le faire, permettons à toutes sortes de personnes de

« faire donner les façons nécessaires auxdites terres, pour
« les ensemencer en blé et en recueillir les fruits, sans
« être tenus d'en remettre une part ou portion auxdits
« propriétaires ou fermiers. »

« L'argent était évanoui, le crédit éclipsé. Le négociant
le plus solvable trouvait à peine à emprunter au taux
de 20, 30, 40 et même 80 pour 100, à en croire le maréchal de Noailles.

« Le fisc, pompant sans cesse dans le vide, et, à défaut du numéraire tari, démolissait la maison du contri-
buable pour en vendre le fer et le bois à l'encan.

« L'administration, d'un autre côté, responsable du fisc,
obligée de verser au Trésor une recette absente, avait
recours à une politique de grand chemin.

« Les intendants, dit Fénelon, font presque autant de
« ravages que les maraudeurs, ils enlèvent jusqu'aux
« dépôts publics. On ne peut plus faire le service qu'en
« escroquant de tous côtés. »

« L'État avait cessé de payer le traitement de ses
agents, même dans la diplomatie; il étalait en quelque
sorte à l'étranger les haillons de sa misère.

« Il était dû seize cent mille livres aux ambassadeurs,
« dit Saint-Simon. La plupart n'avaient pas littéralement
« de quoi payer leurs ports de lettres, ce qui faisait un
« cruel discrédit par toute l'Europe.

« L'armée était traitée comme la diplomatie, et, faute
d'argent, condamnée au jeûne forcé.

« Le prêt manque souvent aux soldats, reprend Fé-
« nelon, le pain leur a manqué souvent aussi; il est
« presque fait d'avoine et plein d'ordures. »

« La livrée du roi ne touchait plus ses gages et les prenait, le pistolet au poing, sur la bourse des passants.

« Enfin madame de Maintenon mangeait du pain bis dans son intérieur pour donner l'exemple à la noblesse.

« Aussi lorsque, dans cet état chronique de détresse, la récolte venait à manquer, ce n'était pas une simple crise, c'était la mort qui passait sur la campagne. La nature exécutait à la lettre contre le pauvre la sentence de Malthus : « Tu es un convive de trop, va-t'en ! »

« Le blé ayant gelé en terre pendant l'hiver de 1709, un placard affiché à Paris par le comité de charité faisait l'appel suivant à la population :

« S'il ne vient plus de secours, il faut que le *tiers* de « ces peuples-là périsse, et il est impossible de les voir « sans pleurer de compassion. »

« Et pour ouvrir le cœur de la population à peu près aisée de Paris, le placard dresse, province par province, cette funèbre statistique de la mortalité :

« A Romorantin, la plupart sont comme désespérés ; il « y en a même qui se déchirent, qui se donnent des « coups de couteau et qui se tuent et dont on fait le « procès, de crainte des suites. »

« Voilà pour l'Orléanais. Voici pour le Blaisois :

« A Ozain, un respectable ecclésiastique prêche à « quatre ou cinq cents squelettes de gens qui, ne man-« geant plus que des chardons crus, des limaces, des « charognes et d'autres ordures, sont plus semblables à « des morts qu'à des vivants. »

« Au tour maintenant du pays Chartrain, c'est-à-dire du grenier d'abondance de Paris :

« On écrit de Montoire que huit hommes ont massacré « une femme pour avoir un pain qu'elle portait, et qu'un

« homme en a tué un autre qui venait de le lui prendre;
« et que, sur les grands chemins, il n'y a que des gens
« masqués qui volent. »

« Le placard passe du pays Chartrain dans le Vendô-
mois.

« En entrant à Vendôme, dit un prêtre, j'ai été assiégé
« par cinq ou six cents pauvres qui ont le visage creusé
« et livide ; les viandes horribles dont ils se nourrissent
« produisent sur leur figure un limon qui les défigure
« étrangement. »

« Faut-il poursuivre, cette sinistre tournée? Le pays du
Maine jette ce cri de lamentation :

« Plusieurs sont arrivés au Mans, dit un témoin, qui ne
« durent que du soir au lendemain et néanmoins, plus il
« en meurt, plus on en voit ; et bien qu'à voir ce prodi-
« gieux nombre, il semblerait que la campagne en devrait
« être déserte, cependant toutes les paroisses circon-
« voisines en sont pleines et de passants qui crient par
« les chemins: « Miséricorde ! mon Dieu ! miséricorde !
« faut-il que nous mourrions de faim! »

« Un dernier mot de la Touraine. Il est temps de clore
cet épouvantable charnier :

« Il y a des lieux où de quatre cents feux, il ne reste
« que trois personnes. Depuis peu, un enfant pressé de la
« faim, arracha et coupa avec ses dents un doigt à son
« frère, qu'il avala, n'ayant pu lui arracher une limace
« qu'il avait avalée. Il s'en trouva de si faibles que les
« chiens les ont en partie mangés. A Beaumont-la-Ronce,
« le mari et la femme étant couchés sur la paille et
« réduits à l'extrémité, la femme ne put empêcher les
« chiens de manger le visage de son mari. »

« Ainsi la France mourait périodiquement de faim, et c'était le régime politique de Louis XIV qui la con-damnait à ce long supplice. »

Après la lecture de ces pages, allez visiter Versailles, et vous y verrez passer l'ombre du grand roi, chargée des malédictions de tout un peuple.

Et cet homme, vaniteux jusque dans ses moindres actes, qui aimait à rabaisser l'humanité pour se rehausser lui-même, était-il seulement respecté, estimé de ceux qui l'entouraient?

Le peuple le haïssait et la cour le méprisait.

La crainte retenait les courtisans dans l'obéissance : la platitude étant l'essence de cette sorte d'hommes. Mais les valets eux-mêmes, les artisans du château riaient sous cape de ce monstrueux orgueil.

Un anonyme, dans un opuscule complétement inconnu, a écrit de main de maître une scène d'un haut intérêt phi-losophique, et pour compléter le dossier de Louis XIV, nous n'hésitons pas à la mettre sous les yeux du lecteur.

VII

LE CONVOI DE LOUIS XIV

SCÈNE HISTORIQUE INÉDITE.

Les ouvriers sont renfermés dans l'intérieur de l'immense corbillard. Le cercueil, au milieu d'eux.

MAITRE LANFRANC, machiniste décorateur des Menus-Plaisirs; son maître compagnon; MARIN, PARISIEN, FRANCOEUR, LA-HOUSSE, ouvriers; MIMI, apprenti.

PARISIEN.

Dieu me pardonne! je crois qu'au lieu d'avancer nous reculons. Voici plus de quatre heures que le convoi est en route, et nous n'avons pas quitté le pavé; si ça continue, les torches seront brûlées avant d'arriver à Saint-Denis.

LE MAITRE COMPAGNON.

Qu'est-ce à dire, Parisien? Il m'est avis, au contraire, que nous avons fait un bon bout de chemin, et que d'ici à deux heures le char sera sous le porche de la basilique.

FRANCOEUR.

Oh! oui, elle roule joliment la machine du père Lanfranc! Il n'y a pas de charretier embourbé qui fasse plus de mauvais sang que nous en a fait faire cette maudite cérémonie! Mais aussi, aller inaugurer un tabernacle de cette façon !

MARIN.

On dirait d'un vaisseau de 74 qui vient de mettre à la voile. Encore si l'on pouvait monter dans les huniers, ou grimper dans les cordages! mais tout le monde verra le cortége, excepté nous.

PARISIEN.

Ce n'est pas l'embarras, ça doit être un fameux coup d'œil ! et le dais, et les drapeaux, et les panaches! je parierais qu'on nous voit de plus de dix lieues à la ronde, ni plus ni moins que les cloches de Notre-Dame! nous aurons bien du bonheur si le jour finit sans encombre.

MARIN.

La première ornière qui se rencontrera sur notre passage...

LAHOUSSE.

Et houp! nous roulerons avec le corps dans la boue.

FRANCŒUR

Dans tous les cas ce n'est pas moi qui s'en ira le ramasser.

MARIN.

Ni moi.

PARISIEN.

Ni moi non plus, pourtant vous verrez qu'au moindre cahot nous ne l'échapperons pas.

LE MAITRE COMPAGNON.

Voilà comme vous êtes vous autres..... des oiseaux de mauvais augure.

PARISIEN.

Ça vous plait à dire, maître Pierre, c'est-y nous qui sommes cause que le couronnement du char a failli rester suspendu à la corde du dernier reverbère ?

FRANCŒUR.

Comme il faut peu de chose pour amuser les badauds ! et quand je dis badauds, j'entends ceux de Paris comme aussi ceux de Versailles. Ont-ils crié : « Il passera!..... il ne passera pas !..... et gare à la corde !... »

MARIN.

Ils auraient bien voulu la voir chavirer, comme ils s'en seraient donné à cœur joie, avec ça qu'ils étaient en train de rire!

LE MAITRE COMPAGNON.

Oui dà! l'édifice est plus solide qu'ils ne pensent. Que la charpente soit un peu hardie, je ne dis pas ; mais le cercueil de plomb fait le contrepoids ; et puis s'il doit y avoir des accidents, ne sommes-nous pas là pour les prévenir ?

PARISIEN.

Vous en parlez bien à votre aise, maître Pierre. A vous entendre ne croirait-on pas que l'on peut manœuvrer ici comme dans les coulisses de l'Opéra ! Encore si l'on avait la facilité de se retourner; et puis, tenez, il n'y a pas de bon sens de mettre ainsi les vivants avec les morts.

FRANCŒUR.

Non, on n'a jamais vu entasser comme ça des vivants sur un corbillard.

MARIN.

Comme des harengs dans une tonne; j'aimerais autant être à fond de cale.

PARISIEN.

La belle compagnie qu'un cadavre!

LE COMPAGNON.

Un cadavre! un cadavre! C'est la dépouille mortuaire de Sa Majesté. Comptez-vous pour rien l'honneur de l'avoir escortée à sa dernière demeure? J'espère bien, moi, m'en faire un titre de noblesse pour moi et mes descendants.

PARISIEN.

T'as qu'à te faire délivrer un certificat sur parchemin.

FRANCŒUR.

Et scellé avec le cachet de cire.

MARIN.

Et tu pourras te vanter d'avoir monté dans le carrosse du roi.

LE COMPAGNON.

Sans doute, c'est une gloire.

MARIN.

Et une belle gloire encore! Quand tu auras ribaudé ta

semaine à l'avance, tu n'auras qu'à porter cette gloire-là au Lombard, tu verras combien on te prêtera dessus.

LE COMPAGNON.

C'est égal, on parlera de nous dans l'histoire.·

PARISIEN.

En attendant, c'est bien ennuyeux d'être là à se croiser les bras auprès d'une bière qui ne vous dit rien. Si quelqu'un nous apercevait là-dedans, je vous demande un peu s'il ne croirait pas que c'est nous qu'on va enterrer.

FRANCŒUR.

Il ne nous manque plus que de chanter l'*Office des trépassés*. C'est dommage que je l'aie oublié.

PARISIEN.

C'est tout comme moi : je suis bon catholique, Dieu merci, puisque j'ai porté le mousquet dans les dragonnades; mais le diable viendrait m'emporter, que je ne pourrais retrouver quatre paroles du *Miserere* dans ma caboche.

MARIN.

Du plain-chant, ça n'est pas non plus mon affaire; j'aime mieux la complainte de Berg-op-Zoom ou la contredanse de la Rochelle; et si je ne craignais pas d'éveiller le père Lanfranc...

PARISIEN.

Dort-il de bon cœur !

LE COMPAGNON.

C'est qu'il a passé la nuit pour les préparatifs.

PARISIEN.

Ouf! quelle secousse !

LANFRANC, *se réveillant à demi.*

Qu'est-ce qu'il y a donc, mes enfants?

FRANCŒUR,

C'est que nous sommes encore arrêtés, père Lanfranc.

LANFRANC, *se frottant les yeux.*

Eh bien, tirez vite la seconde coulisse !... Faites monter
l'enfer et descendre le palais... Deux hommes à la
trappe...

PARISIEN, *riant.*

Ah! ah! il se croit à l'Opéra.

MARIN, *tirant Lanfranc.*

Nous sommes à l'enterrement du roi, père Lanfranc...
du roi... entendez-vous ?

LANFRANC, *se réveillant tout à fait.*

Ah! diable, je rêvais... Qu'est-ce qu'il y a? un accroc...
Mimi, allonge le cou entre les écussons, et dis-nous ce
que c'est.

MIMI, *regardant.*

Les gardes de la manche se sont arrêtés pour boire un

coup... C'est M. de Paris qui était descendu de voiture...
il remonte... on se remet en route.

PARISIEN.

Encore cinq ou six haltes comme cela, et nous arrive-
rons demain.

MARIN.

Si j'avais su que la traversée serait si longue, je ne me
serais pas embarqué sans biscuit.

LANFRANC.

J'y ai songé, mes enfants... J'ai là du petit vin d'Arbois
qui me vient du gobelet, et un pâté que m'ont passé les
gens de M. l'écuyer de cuisine... J'ai mis ça sous un coin
du poêle... Ah ! voilà.

TOUS.

Vive le père Lanfranc !

LANFRANC.

Chut ! mes enfants, pas de scandale. C'est assez que
messieurs du clergé...

FRANCŒUR.

C'est juste, faut du décorom... Une pompe funèbre, ça
n'est pas un ballet.

LANFRANC.

Et moi, comme votre chef, je dois donner l'exemple de
la décence. Mimi, donne les gobelets, ils sont sous le
drap noir... Non, pas par-là... du côté de la tête.

MIMI.

Où c'qu'il faut les poser, bourgeois?

LANFRANC.

Là, dessus la bière... Avance donc! Est-ce que tu as peur? Il ne te mordra pas... Ah ça, maintenant nous allons vider cette bouteille, mais sans bruit, entendez-vous?

PARISIEN.

Oui, sans bruit.

LANFRANC.

Mes enfants, prenez bien garde d'en répandre... On peut avoir soif, c'est permis, mais il faut respecter les morts.

MARIN.

Dites donc, bourgeois, on ne pourrait pas faire une petite partie de dés, rien que pour tuer le temps, voyez-vous?...

LANFRANC.

Mes enfants, dame! si vous jouez tranquillement, je ne vois pas qu'il y ait du mal... mais bien tranquillement, parce que, voyez-vous, il faut de la décence...

PARISIEN.

Oui, bien tranquillement; je commence... Deux, trois... A toi, Marin.

MARIN.

Six et quatre. Je ne serais jamais plus heureux sur les tables de Ramponneau.

LANFRANC, *prenant le cornet.*

Ce que c'est que de nous... Rafle de six.

LE MAITRE COMPAGNON.

A mon tour, c'est drôle, ça me fait effet, moi, de jeter les dés là-dessus, quand je pense à ce qu'il y a des-sous.

LANFRANC.

Qu'est-ce qui aurait dit ça... que le père Lanfranc fe-rait une partie de dés dessus celui-là? (*Il frappe sur le cercueil.*) Moi qui l'ai vu il y a plus de trente ans, quand il dansait dans l'opéra des *Quatre Éléments!...*

FRANCŒUR, *jouant.*

Vraiment, vous avez vu le roi danser sur le théâtre, père Lanfranc?... Treize!

LANFRANC.

Je m'en souviens comme d'aujourd'hui ; j'étais un jeune gars, et lui aussi... Je tirais les cordes alors, et c'est moi qui l'ai fait descendre des nuages... Il faisait Phébus.

MARIN, *jouant.*

Phébus! qu'est-ce c'est que çà? Dix-huit, à moi l'enjeu.

LANFRANC.

Phébus, c'est le Soleil... vous savez bien que sa devise, c'était le soleil avec du latin autour.

LAHOUSSE.

Oui, qui voulait dire : Le soleil luit pour tout le monde.

LANFRANC.

Imaginez-vous qu'il était tout habillé d'or et de pierreries, avec des rayons autour de la tête, longs comme mon bras. Jamais on n'avait dans de meilleure façon une chaconne... Oh! on vit tout de suite qu'il ferait un grand roi.

LE MAITRE COMPAGNON.

C'est qu'il l'a été aussi, et si aimable, si galant avec les dames!

MARIN, *enflant les joues.*

Les a-t-il aimées! les a-t-il aimées!

MIMI.

Bah! ce vieux roi qu'était si dévot!

FRANCŒUR.

Voyez donc ce mioche, ça l'étonne bien, il n'y avait pas de mal, ça faisait vivre Paris.

PARISIEN.

Et Versailles donc? C'est M. Bontems qui avait la clef de tout ça, et qui m'a fait entrer tout petit au château.

LANFRANC.

Combien n'a-t-il pas donné de fêtes, de loteries, de carrousels, de joutes, de feux d'artifice! et les spectacles et les distributions gratis!.. Qu'on était bien payé au château! Qu'on y roulait dans l'abondance! Quand le roi allait en chasse, une fois la curée faite, il donnait tout. Quel beau règne!

LAHOUSSE.

Oh! le bon roi, monsieur Lanfranc! Buvons un coup à sa santé.

MARIN.

C'est ça! Vive le roi!

FRANCŒUR.

Et qui donc, le roi? Il est mort.

LANFRANC.

Le roi est mort, mais quand il n'y en a plus, il y en a encore, voyez-vous! je connais ça, moi!...

PARISIEN.

A propos de ça, qui est-ce donc qui va régner? On dit que c'est le roi d'Espagne.

MARIN.

Ça t'inquiète, Parisien, sois tranquille, ça n's'ra pas toi.

LANFRANC.

Quant à moi, ça ne m'inquiète pas; celui qui régnera, faudra qu'il paye; voilà tout.

MARIN.

Le bourgeois a raison.

LANFRANC.

Pourvu que le peuple soit heureux, comme il l'était

de son temps... car c'est une grande perte, allez! Quel bon maître, je suis sûr qu'à Saint-Denis, ça ne va être qu'un concert de larmes...

PARISIEN.

Une vraie désolation... il y avait gras à la bouche; jusqu'à nous autres ouvriers, on était servi comme des seigneurs.

MARIN.

Oh! la douleur... Eh! mais on dirait une détonation.

LANFRANC.

Ah! mon Dieu, les chevaux se cabrent. Pan! v'là la bouteille cassée... Une pierre! est-ce qu'elle est tombée de la lune...? Mimi, va donc voir...

MARIN.

V'là la tenture qu'est crevée.

MIMI, *pleurant.*

Notre bourgeois, ils m'ont poché un œil.

LANFRANC.

Aie, aie, aie!.. gare, gare!.. les voilà qui ramassent de la crotte... miséricorde!

VOIX DU PEUPLE.

A bas les jésuites! A bas la Maintenon!

MARIN.

Sauve qui peut!

LANFRANC.

Filons ! filons !.... mais qu'est-ce qu'il leur faut donc?... un grand roi, qui avait une si belle cour ! Le peuple n'est jamais content (1).

(Ils se sauvent tous.)

VII

Louis XV, on le comprendra facilement, n'eut garde de s'arrêter sur la pente où son prédécesseur avait engagé la France.

Le pain valait dix sous la livre et le peuple murmurait :

— Tirez sur le peuple, s'il est à propos, répondait Louis XV.

« Voici, dit Soulavie, un état des sommes puisées dans le trésor particulier de Louis XV, à l'occasion de madame de Pompadour, pendant les deux dernières années de sa vie et l'année qui suivit sa mort :

A M. Lenormant, pour ses deux places de fermier
général et des postes........................... .....   675,000 l.
Pour madame de Pompadour, avril 1762   300,000
—   23 août 1762..........   170,000
—   —   100,000
—   24 avril 1763   132,000
—   16 octobre   199,000
—   12 décembre..........   250,000
                                                 ─────────
                        A reporter.......... 1,826,000 l.

(1) 1828. Bibliothèque nationale.

	Report......	1,826,000 l.
A M. de Marigny,	achat de l'hôtel d'Evreux.........	400,000
—	complément du prix d'achat......	150,000
—	pour rentes viagères, 7 mars 1768	400,000
—	pour rentes viagères, 11 juillet 1773	200,000
—	même jour, pour l'aider à payer les dettes de Mme de Pompadour	230,000
	Total.......	3,456,000 l.

Madame du Barry, de 1773 à 1774, toucha deux millions quatre cent mille livres.

« Si vous avez dans le cœur de la droiture, dit ailleurs
« le même auteur (*Décadence de la monarchie française*),
« lisez sans émotion, si c'est possible, le *bon* signé de
« Louis XV, quand le duc de Choiseul veut que le gé-
« néral Lally périsse en vertu d'un jugement du premier
« tribunal de la nation :

« Gratification à M. Pasquier, conseiller au parlement,
« pour l'année d'avance de sa pension... 6,000 l.

Signé : « L.

« Gratification à M. Pasquier, rappor-
« teur du procès de Lally............. 60,000 l.

Signé : « L. »

Cependant l'édit de 1749 avait créé l'impôt du vingtième : M. Machault eut l'intention de dégrever le pauvre
peuple en faisant peser l'impôt sur toutes les classes et
tous les genres de revenu :

Soulèvement général : les États bretons en assemblée
extraordinaire, déclarèrent unanimement que le vingtième
ne serait pas levé dans leur province. Les trois ordres

étaient d'accord. La noblesse voyait dans cet impôt la violation des priviléges féodaux, elle s'indignait de se voir rabaissée à la condition des roturiers; le clergé y voyait la violation de ses immunités religieuses, et l'anéantissement des dons gratuits : la bourgeoisie, la violation du contrat fédéraliste de Bretagne : le *haut tiers* s'apercevait surtout qu'il allait perdre, par le mode d'assiette du nouvel impôt, le moyen de faire peser sur le *peuple* la plus forte partie des contributions de la province.

Le mépris professé par le clergé pour le peuple serait à peine croyable si les documents n'abondaient :

« Le clergé, disaient les Remontrances du 24 août 1749, est exempt de toutes impositions, de quelque nature qu'elles soient. Peut-on voir les ministres de l'Église, pour la première fois AVILIS et RÉDUITS A LA CONDITION DE VOS AUTRES SUJETS, confondus avec les peuples qu'ils gouvernent..... »

Et cependant le peuple ne pouvait plus rien donner : « Les campagnes, dit un rapport de 1759, sont dans une situation qui interdit tout espoir de secours de leur part. »

Il est vrai que le roi Louis XV continuait à spéculer sur les grains.

Jean-Jacques écrivait en 1732 les lignes suivantes :

« Après plusieurs heures de courses inutiles, las et mourant de soif et de faim, j'entrai chez un paysan dont la maison n'avait pas belle apparence; mais c'était la seule que je visse aux environs. Je croyais que c'était comme à Genève, ou en Suisse, où tous les habitants à leur aise sont en état d'exercer l'hospitalité. Je priai celui-ci de me donner à dîner en payant. Il m'offrit du lait écrémé

et du gros pain d'orge, en me disant que c'était tout ce
qu'il avait. Je buvais ce lait avec délices, et je mangeais
ce pain, paille et tout; mais cela n'était pas fort restau-
rant pour un homme épuisé de fatigue. Tout de suite
après avoir dit qu'il voyait bien que j'étais un bon jeune
homme qui n'était pas là pour le vendre, il ouvrit une
petite trappe à côté de la cuisine, descendit et revint un
moment après avec un bon pain bis de pur froment, un
jambon très-appétissant, quoique entamé, et une bouteille
de vin dont l'aspect me rejouit le cœur plus que tout le
reste; on joignit à cela une omelette assez épaisse, et je
fis un dîner tel qu'autre qu'un piéton n'en connut jamais. Quand ce vint à payer, voilà son inquiétude et ses
craintes qui le reprennent; il ne voulait pas de mon argent, il le repoussait avec un trouble extraordinaire, et,
ce qu'il y avait de plus plaisant, était que je ne pouvais
imaginer de quoi il avait peur. Enfin il prononça en frémissant les mots de commis, de *rats de cave* : il me fit
entendre qu'il cachait son vin à cause des aides, qu'il
cachait son pain à cause de la taille, et qu'il serait un
homme perdu si l'on pouvait se douter qu'il ne mourût
pas de faim. Tout ce qu'il me dit à ce sujet, et dont je
n'avais pas la moindre idée, me fit une impression qui ne
s'effacera jamais. Ce fut là le germe de cette haine inex-
tinguible qui se développa depuis sous mon cœur contre
les vexations qu'éprouve le malheureux peuple et contre
ses oppresseurs. Cet homme, quoique aisé, n'osait pas
manger le pain qu'il avait gagné à la sueur de son front,
et ne pouvait éviter sa ruine qu'en montrant la même
misère qui régnait autour de lui. Je sortis de sa maison
aussi indigné qu'attendri, et déplorant le sort de ces belles

contrées, à qui la nature n'a prodigué ses dons que pour en faire la proie de barbares publicains. »

Mais pourquoi poursuivre cette navrante étude?

Louis XV, comme son aïeul, mais avec plus d'abandon, vola, pilla, tailla, exploita, tua au besoin.

Pourquoi s'étonner ?

Le parlement ne prononça-t-il pas hautement ces paroles en 1776, deux ans après la mort de *Louis le Bien-Aimé :*

« Le peuple de France est taillable et corvéable à volonté. C'est une partie de la Constitution que le roi est dans l'impuissance de changer. »

VIII

Ainsi fut la misère jusqu'à la Révolution française, atroce, persistante, poursuivant sans pitié ni merci ces travailleurs de la terre, leur arrachant par la force leur dernier morceau de pain, les réduisant à l'état de mendiants.....

Or, ces mendiants, chassés de leurs chaumières, perdant sous la persécution toute dignité, tout sentiment humain, il est curieux de savoir comment la police des rois les a traité .

Ces misérables, que la spoliation a réduits à un état dégradant, sont poursuivis, traqués, torturés, fouettés, marqués.....

Il n'y a pas place sous le soleil pour qui a faim.

Nous trouvons dans les *Etablissements* de saint Louis, au chapitre XXXIV :

« Se aucun est qui n'est rien et soit en la ville gaigner, et il hante tavernes, la justice le doit prendre et demander de quoi il vit, et se il entend qu'il mente et que il soit de mauvaise vie, il le doit jeter hors de la ville. »

Première faute : N'avoir rien, et être dans la ville.

Deuxième faute : Hanter les tavernes : mais comment l'homme qui n'a rien peut-il hanter les tavernes, sinon pour y demander un morceau de pain ?

Troisième faute : Mentir, — c'est-à-dire sans doute s'il affirme qu'il travaille, peut travailler, veut travailler.

Quatrième faute : Mauvaise vie, terme très-élastique, tout misérable étant nécessairement en dehors des règles régulières de la vie normale.

Punition : Renvoi dans les champs, c'est-à-dire vers ses pareils, les prolétaires. C'est un Jacques égaré. Qu'il retourne avec ses frères.

En novembre 1354, la répression prend un caractère plus accentué :

« Qu'aucunes personnes, hommes ou femmes, sains de leurs corps et membres, saichant, non saichant métiers, soyent ou demeurent oiseux en taverne ou autre part, qu'ils vident la ville de dans trois jours : se après lesdits, ils y sont trouvés oiseux ou mendiants, ils seront pris et mis en prison, et tenus au pain et à l'eau par l'espace de trois jours ; et quand ils auront été délivrés de ladite prison, si depuis ils seront trouvés oiseux ou ils n'ont bien de quoi ils pussent avoir convenablement leur vie, ils seront mis au pilory ; et la tierce fois, ils seront signés au front d'un fer chaud et bannis desdits lieux. »

Ici nous trouvons certains détails très-importants : — Qu'ils sachent ou ne sachent pas de métiers ; — pensait-on alors qu'un emprisonnement de trois jours leur ferait trouver du travail ?

Puis, qu'ils soient oisifs ou n'aient point de bien ou fortune personnelle, — ils ont mis au pilori, puis marqués. Ceci se passe de tout commentaire.

Louis XII, le Père du peuple, rend à Blois, en mars 1498, l'ordonnance suivante :

« 91. Quoique par les ordonnances de feu notre très-cher seigneur et cousin, que Dieu absolve, il eût été ordonné de faire et parfaire le procès des gens vagabonds que l'on trouverait délinquants, nonobstant oppositions ou appels quelconques, sinon en deux cas, à savoir, quand ils sont appelants de la question (torture), ou de la mort, ou autre peine corporelle; néanmoins, comme en notre royaume il y a grande multitude de vagabonds, et qu'on a trouvé par expérience, que, sous couleur desdits appels qu'ils interjettent, plusieurs larcins et autres maléfices se commettent, ordonnons que, quand tels, notoirement vagabonds, seront pris et appréhendés par nos baillis, sénéchaux et juges ressortissants, sans moyen en nosdits cours, ils pourront pareillement faire et parfaire les procès desdits vagabonds en leursdits siéges principaux.....

« 92. Si telles manières de gens vagabonds et autres qui auraient été fustigés ou essorillés, bannis et punis d'autres griéves peines corporelles, étaient de rechef appréhendés pour autres cas..... lesdits juges qui les auront appréhendés pourront faire et parfaire leurs procès.

« 94. Et afin que lesdits baillis, sénéchaux et juges
royaux puissent plus surement procéder à décerner et
bailler la question, torture, sentence de mort et autre
peine corporelle auxdits essorillés, bannis ou vagabonds
dont dessus est fait mention..... »

(*Suivent des dispositions relatives à la composition du
tribunal.*)

Il est inutile de rapprocher ces dispositions du tableau
authentique tracé au chapitre précédent de la misère des
campagnes. Quels étaient ces vagabonds ? Des pillés, volés,
ruinés, qui, à bout de forces, se décourageaient et, poussés par la misère, devenaient oisifs, au besoin voleurs.

« *Permissum est furari,* a dit une proposition condamnée par Innocent XI, *non solum* **in extrema necessitate,**
sed etiam in gravi. »

En 1526, un fonctionnaire spécial fut institué, dont la
mission consistait à livrer à la justice les vagabonds
oisifs, mal vivants, gens sans aveu, joueurs de cartes et
de dés.

Une ordonnance de 1535 dispose que les pauvres valides devront être contraints au travail, par punition corporelle et *autres voies dues et raisonnables,* et interdit aux
manants et habitants de la ville de Paris, de quelque état,
qualité ou condition qu'ils soient, de donner dorénavant
publiquement aux portes des églises, des maisons ou dans
les rues, aucune aumône aux mendiants valides.

Les *autres voies dues et raisonnables* sont expliquées
par une ordonnance de 1536 : punition par les verges.

Dès que François Ier eut institué la communauté des
pauvres, les aumônes diminuèrent des trois quarts ; les
mendiants affluèrent de nouveau, et force fut d'édicter de

nouvelles ordonnances afin d'inviter les manants et autres à la charité. Des quêtes à domicile eurent lieu deux fois par semaine : on organisa des processions de pauvres, allant deux par deux, portant le premier la croix sur les épaules, les autres disant les litanies et tous criant à Dieu miséricorde.

En 1547, Henri II punit les mendiants du fouet, de la prison, du bannissement ou des galères.

En 1558 (18 avril), nouvelle ordonnance. Ordre formel à tous vagabonds de vider la ville dans les vingt-quatre heures, sous peine de la hart.

Signalons encore les ordonnances de 1567, 1635 et 1700 qui complètent le chapitre des peines corporelles, fouet, marque, prison et galères.

Rien ne manque à ce martyrologe.

Et ne cessons pas de le répéter : Qui a fait de ces hommes des mendiants, sinon le roi de France avec ses impôts, le seigneur avec ses exactions, le premier ministre avec ses levées d'hommes et d'argent ?

On a tué, on a volé Jacques Bonhomme; et s'il tend la main, ne sachant plus que faire pour vivre, ou le tue encore ou on l'envoie aux galères.

Nous lisons dans de La Mare, *Traité de la police :*

« Les guerres civiles qui troublèrent la France sous le règne d'Henri III ayant beaucoup épuisé les provinces, la ville de Paris se trouva remplie de pauvres habitants de la campagne qui étaient venus s'y réfugier, et qui n'avaient point d'autres talents pour vivre que celui de la mendicité. Le nombre en fut si grand, qu'ils y causèrent enfin, par l'infection qu'ils y apportèrent, la plus violente contagion qui s'y fut sentie depuis plusieurs siècles. Le proj cureur général du roi fit sur cela des remontrances au parlement, et dit qu'il ne fallait point chercher d'autres causes de cette dangereuse maladie, que ce grand concours de mendiants qui étaient venus de la campagne, et qui l'avaient apportée à Paris. Cela donna lieu à deux arrêts pour y pourvoir, l'un du 29 août et l'autre du 24 octobre 1596. Ils portent, après avoir ouï les officiers du Châtelet :

« Une injonction très-expresse à tous vagabonds, gens « sans maîtres et sans aveu, et à tous pauvres valides qui « n'étaient pas de Paris, d'en sortir dans vingt-quatre « heures, et de se retirer chacun aux lieux de leur nais- « sance, à peine d'être PENDUS OU ÉTRANGLÉS sans forme « ni figure de procès.

« Il ordonne qu'afin qu'ils soient reconnus, ils seront rasés; que pour empêcher qu'ils n'y reviennent ou qu'il n'y en arrive d'autres, il sera commis, à chacune des portes de la ville, deux archers..... »

Un arrêt du parlement de Normandie du 16 novembre 1622, porte :

« Que les pauvres sortiront de la ville de Rouen dans vingt-quatre heures, à peine,

« Pour la première fois, d'être RASÉS;

« S'il y reviennent, d'être envoyés aux GALÈRES et les femmes punies corporellement. »

La déclaration du 12 mars 1719 inflige au vagabondage comme peine et par mesure de police la transportation aux colonies.

Mais le 15 juillet 1722, nouvelle modification. La transportation est commuée en galères pour les hommes, fouet et flétrissure pour les femmes.

En 1764, un léger mouvement d'humanité : comme entre ces vagabonds, il y avait beaucoup de vieillards, et de misérables que la faim avait réduits à n'être plus que des ombres humaines, les galères peuvent être pour ceux-là en particulier commuées en prison à temps.

Ainsi, nous pouvons sans exagération tracer le tableau suivant :

Traitement subi par le travailleur.	*Traitement subi par le vagabond.*
Tailles, aides, corvées, tortures, fouet, ruine, misère, d'où vagabondage forcé.	Fouet, potence, marque, prison, galères, pilori, bannissement, mort.

Ce qui nous donne l'alpha et l'oméga de la vie du prolétaire, telle que l'organisation sociale la réglait au moyen âge et avant la Révolution.

IX.

Notre travail ne serait point complet si nous ne donnions un rapide aperçu des efforts tentés pour soulager la misère.

Nous venons de montrer les rigueurs exercées contre les vagabonds et les mendiants, qui, nous le répétons, n'étaient que des exilés des champs. Le vagabondage, imputé à crime, était la résultante de l'état social, et, cercle vicieux, en renvoyant ces misérables des villes pour les rejeter dans les campagnes qu'ils avaient désertées, on ne parvenait qu'à éterniser leur misère. Il est vrai que la torture, la peine de mort, la transportation en détruisaient un certain nombre : mais pour dix pauvres tués ou exilés, les exactions et le vol organisé en faisaient naître mille.

Il est juste de dire que certaines mesures furent prises, notamment en ce qui concernait les malades, les viellards et les infirmes.

Mais ici encore une grave distinction doit être faite :

Un capitulaire de Charlemagne, portant la date de 809, porte que :

« Les comtes prendront soin de leurs pauvres. Chacun doit nourrir son pauvre : c'est une obligation attachée à la jouissance du bénéfice et du domaine. »

Il est évident que cette injonction était basée sur une considération identique à celles qui ont dicté notre loi-Grammont. Le serf était un bœuf, un cheval. On ne devait point le maltraiter, et le nourrir, quand il était dans le besoin, était en réalité mesure d'intérêt bien entendu.

Dès le principe, les possesseurs de bénéfice ou de domaine ne songèrent point à se préoccuper de leur bétail humain, sinon pour le pressurer et en tirer le plus grand profit possible.

Le clergé cependant se chargea spécialement du soin des pauvres, des veuves, des orphelins et des étrangers, en réservant bien entendu la plus grande portion de ses largesses pour les serfs qui résidaient sur les terres dépendantes de leurs monastères respectifs.

Mais en réalité les serfs, plongés dans la misère par les exactions, furent bientôt abandonnés de tous. Mieux, on les regardait non-seulement comme des bouches inutiles, mais encore comme des larrons qui, n'ayant plus rien à donner au seigneur, lui volaient partie de sa provende.

Si bien que l'assistance publique se restreignit purement et simplement à l'établissement d'hospices pour les malades. Lorsque le clergé eut des revenus fixes, un quart fut réservé aux pauvres, c'est-à-dire à la construction auprès des églises et des monastères, des *maisons de Dieu*, des *hôtels-Dieu*, des hôpitaux où l'on recevait les malades et les pèlerins.

Ainsi, sous Childebert, fut fondé l'hôpital de Lyon ; en l'an 800, l'Hôtel-Dieu de Paris.

Quand des donations étaient faites au clergé, le donataire stipulait généralement qu'une partie du revenu serait consacrée aux hôpitaux.

Après les croisades, et pour sauvegarder la santé publique menacée, le nombre des *léproseries* et des *maladreries* fut considérable.

En 1844, fut créé sous François Iᵉʳ le Bureau général des pauvres, chargé de lever annuellement sur les seigneurs, les ecclésiastiques, les communautés et les propriétaires, une taxe d'aumône pour l'entretien des établissements où étaient reçus les malades indigents.

Avec les malades, les infirmes et les enfants abandonnés eurent part à l'assistance publique.

L'hôpital des *Enfants-Bleus* ou du Saint-Esprit fut fondé en 1326, à Paris, auprès de l'Hôtel de Ville, et fut spécialement réservé aux enfants abandonnés. Deux siècles plus tard, l'hôpital des *Enfants-Rouges* ou *Enfants-Dieu* fut fondé par François Iᵉʳ : mais, distinction curieuse, les bâtards abandonnés durent être nourris par le doyen du chapitre de Notre-Dame de Paris.

De plus, les enfants élevés à l'hôpital devaient être perpétuellement vêtus d'étoffes rouges, afin que nul ne pût oublier qu'ils ne vivaient que par charité.

Une ordonnance, rendue à Moulins en 1561, est ainsi conçue :

« Les pauvres de chaque ville, bourg ou village, seront entretenus par ceux de la ville, bourg ou village dont ils sont natifs et habitants ; il leur est défendu de vaquer ni demander l'aumône ailleurs qu'aux lieux desquels ils sont. Et à ces fins, seront, les habitants, tenus à contribuer à la nourriture desdits pauvres selon leurs facultés, à la diligence des maires, échevins, consuls et marguilliers des paroisses. »

Cette mesure, ainsi que nous l'expliquerons en parlant de la taxe des pauvres, en Angleterre, implique encore un oubli complet des règles les plus élémentaires de la logique.

Plus un pays est pauvre, plus il y a d'indigents.

Moins le pays est apte à secourir les pauvres, plus la taxe augmente la misère du pays.

Quant aux hôpitaux, les abus qui se produisaient de tous côtés ne tardèrent pas à les envahir :

« Dans le relâchement de la discipline, dit Fleury (*Introduction au droit ecclésiastique*), la plupart des clercs qui avaient l'administration des hôpitaux l'avaient tournée en titre de bénéfice, dont il ne rendaient point de comptes. Ainsi, plusieurs appliquaient à leur profit plus les grandes parties du revenu, laissaient périr les bâtiments et dissiper les biens, en sorte que les intentions des fondateurs étaient frustrés. C'est pourquoi le concile de Vienne (1311) défendit, à la honte du clergé, de donner les hôpitaux en titre de bénéfice à des clercs séculiers, et ordonna que l'administration en fût donnée à des laïques, gens de bien, capables et solvables, qui prêteraient serment comme des tuteurs, feraient inventaire des biens et rendraient compte tous les ans devant les ordinaires. Ce décret a eu son exécution et a été confirmé par le Concile de Trente. »

Cette sécularisation des hôpitaux, dit M. Cheruel, appelée par les conciles, a été établie en France par les ordonnances des rois et spécialement de François Ier et de Henri II, qui ont décidé que les administrateurs des hôpitaux ne seraient ni ecclésiastiques, ni nobles, ni officiers, mais des marchands et autres simples bourgeois, c'est-à-dire de bons pères de famille, économes et instruits des affaires.

La nomination appartenait aux fondateurs qui étaient des villes, des seigneurs ou des particuliers. Si la fondation n'était point connue, on présumait que les hôpitaux étaient de fondation royale, et ils étaient placés sous la protection du grand aumônier de France qui en nommait les administrateurs. Ceux-ci restaient trois ans en charge et rendaient compte devant ceux qui les avaient nommés et en présence de l'évêque ou de son délégué, des délégués du roi et de la ville, suivant les usages de chaque localité.

Cependant, dans la plupart des hôpitaux, les administrateurs ne furent bientôt que des tuteurs honoraires et ne rendirent point de comptes. La gestion ne roula que sur les trésoriers, receveurs, économes, etc. Les rois de France rendirent plusieurs édits pour assurer la bonne administration des hôpitaux troublés par les désordres publics ou la négligence de ceux qui en étaient chargés.

L'*Instruction pour la police des pauvres de la ville et faubourgs de Paris*, postérieure à 1582, invite les notables et commissaires du conseil à visiter les pauvres, casser et mettre hors de l'aumône ceux qui sont guéris ou hors de leur temps, qui s'en peuvent passer, ou qui ne portent pas *leurs marques*, c'est-à-dire une croix de toile rouge et jaune qu'ils doivent porter sur l'épaule droite, afin d'être partout reconnus.

Cette Instruction règle en outre les conditions d'admission à l'aumône, prescrit une enquête *auprès de trois ou quatre voisins* sur la pauvreté du requérant, nombre et charge d'enfants, et s'il y a longtemps qu'ils sont demeurants à Paris : deux ou trois ans de séjour au moins sont exigés.

Quant aux pauvres incorrigibles qu'on ne peut *distraire ni garder*, quelque aumône qu'on leur distribue chaque semaine, les sergents de police les feront chasser, emprisonner, fouetter et châtier.

« Quant à tous les quaimans, cagnardiers et cagnardières, gens oisifs et vagabonds, tant de Paris qu'étrangers, valides, trouvés mendiant à Paris, on les contraint par prison et castigation secrète à travailler et gagner leur vie aux œuvres publiques et privées de ladite ville, ou sortir et vider ladite ville et faubourgs (1). »

En 1606, après l'anarchie des guerres de religion, Henri IV ordonna que le grand aumônier procéderait à la réforme des hôpitaux et surtout à la révision de la comptabilité, et que les sommes dont on pourrait bonifier serait appliquées à l'entretien des soldats estropiés.

(1) Félibien, *Histoire de la ville de Paris.*

et des pauvres gentilshommes. C'est l'origine des hôpitaux militaires. Pour l'exécution de cette ordonnance, Henri IV établit une *Chambre de charité chrétienne.*

Louis XIV, obéissant à la logique de son système, centralisa la direction des cinq hôpitaux de Paris : la Pitié, le Refuge, Scipion, Bicêtre et la Savonnière, en fondant l'*Hôpital général.* En 1662, cette organisation fut étendue à toute la France, et en 1698, la gestion des hôpitaux fut réorganisée et attribuée à des administrateurs laïques.

Un arrêt du conseil d'État de 1693 porte que le roi ayant eu intention de soulager les pauvres de sa bonne ville et faubourgs de Paris, ordonne une distribution de cent mille livres de pain par jour, à raison de deux sols la livre, prix inférieur au prix normal. Peu de temps après, cette distribution fut transformée en don d'argent, à raison de cent vingt mille livres par mois, par avance et de semaine en semaine.

Sous Louis XVI, il existait en France :

2,185 hôpitaux recevant 105,000 malades ou infirmes ;

33 dépôts de mendicité renfermant une population de 6,650 personnes de tout âge et de tout sexe, soumises à un travail qui rapportait annuellement 13 livres par personne.

En 1787, Paris avait 48 hôpitaux, dont 22 pour les malades, 6 où les valides et les malades étaient mêlés, 20 pour les pauvres valides.

Le nombre des pauvres valides était de 14,105. En y ajoutant 15,000 enfants trouvés, on voit que 35,321 individus recevaient dans les hôpitaux les secours de la ville. La population était alors, suivant Tenon, de

600,000 habitants. On avait donc la proportion de 1 sur 18 1/2 recourant aux hôpitaux.

Et quels hôpitaux !

En 1786, voici ce que nous lisons dans un Rapport des commissaires de l'Académie des sciences, sur l'Hôtel-Dieu :

« Ils ont vu les morts mêlés avec les vivants ; des salles où l'air croupit, faute de pouvoir se renouveler. Les commissaires ont vu les convalescents mêlés, dans les mêmes salles, avec les malades, les mourants et les morts ; la salle des fous, contiguë à celle des malheureux qui ont subi les plus cruelles opérations et qui ne peuvent espérer de repos dans le voisinage de ces insensés, dont les cris frénétiques se font entendre jour et nuit... ; des linges qui, retirés à un malade, sont passés à un autre ; un malade, arrivant, placé souvent dans le lit et dans les draps d'un galeux qui vient de mourir. La gale est presque générale, elle est perpétuelle à l'Hôtel-Dieu. La salle des opérations, où l'on trépane, où l'on taille, où l'on ampute les membres, contient également et ceux que l'on opère et ceux qui doivent être opérés ou qui le sont déjà. On y voit les instruments du supplice, on y entend les cris du supplicié. Celui qui doit l'être le lendemain a devant lui le tableau de ses souffrances futures... Légitimes ou de mauvaises mœurs, saines et malades, les femmes enceintes sont toutes ensemble. Trois ou quatre en cet état couchent ensemble dans le même lit, exposées à l'insomnie, à la contagion de voisines malades, et en danger de blesser leurs enfants. La plupart périssent ou sortent languissantes... »

Le lecteur connaît maintenant ce qu'étaient ces rois auxquels s'adressait le *pauvre commun* de France :

Hélas ! très-puissant roi Français,
Nous pensons si bien ravisais,
Et tu fusses bien conseillé
Qu'aucun pou nous espargnerais !

De quoi se plaindre ?
La charité de nos rois n'a-t-elle pas réponse à tout ?

SIXIÈME PARTIE

DEUX RÉVOLUTIONS

SOMMAIRE.

La mesure est-elle comble? — La naïveté de Camille Desmoulins, — le Pacte de famine, — Mirabeau. — La Bastille, *instrumentum regni*. — Famine, banqueroute — Nuit du 4 août. — La révolte des femmes. — La misère est une femelle! — Du pain ! — Le boulanger, la boulangère et le petit mitron. — La misère en 1790. — Rapport de M. Larochefoucault-Liancourt. — Que la pauvreté est inhérente à toute grande société. — Le passe-port des pauvres. — Rapport de Barrère. — Circulaire de Roland. — Pétitions. — Le maximum. — Les accapareurs. — Lutte entre l'autorité et la spéculation. — Marat. — Que les violences de la Révolution ne sont pas imputables aux pauvres. — La question sociale est posée. — Napoléon. — Louis XVIII. — Charles X. — Louis-Philippe. — Le 24 février. — Du patriarche au capitaliste — Du faible au travailleur. — Grotius, Hobbes et Pascal. — Les saint-simoniens. — Chateaubriand. — La bancocratie. — Le communisme. — Robert Owen et Cabet. — Quelle était la mission de la révolution de 1848. — Comment elle a été remplie.

SIXIÈME PARTIE

DEUX RÉVOLUTIONS

I

La mesure est-elle comble enfin? Le peuple a-t-il assez faim? L'heure va-t-elle sonner?

L'hiver de 1788 avait été particulièrement rigoureux. Le 17 juillet 1788 une grêle effrayante avait dévasté les environs. La question du pain se dressait menaçante.

Or, comment depuis longues années déjà répondait le gouvernement à ces incessantes complaintes de la misère?

En concédant en 1729 à une compagnie, sous les auspices de M. Ovry, ministre des finances, le droit de spéculer sur les grains;

En concédant, dix ans plus tard, sous le ministère de M. de Machault, le même privilége aux sieurs Bouffé et

Dufourni, spéculation qui, entravée par la guerre de Sept ans, reprit bientôt tout son développement;

Enfin, le 12 juillet 1767, en autorisant, par l'entremise de M. de Laverdy, contrôleur général des finances, les sieurs Malisset, Chaumont Rousseau, Perruchot à former une nouvelle compagnie sur le modèle des précédentes, dans le but d'acheter, emmagasiner, exporter, réimporter avec primes, revendre au plus haut prix possible le blé, première des denrées alimentaires.

Peut-on discuter la complicité de la royauté dans ces actes infâmes, lorsqu'il est prouvé que le contrat fut rédigé par un premier commis des finances et que M. de Sartines, lieutenant de police, dirigeait cette exploitation dans l'Ile de France et à Paris?

L'imagination recule devant ces monstruosités.

Et Camille Desmoulins avait-il tort quand il s'écriait :

« C'est parler avec trop d'indifférence et de sang-froid du plus vil et du plus odieux de tous les crimes de lèse-nation, et nous serions coupables nous-même de garder plus longtemps des ménagements pusillanimes. Y a-t-il un attentat contre l'humanité plus monstrueux et plus horrible? Quoi! en vain le ciel aura versé ses bénédictions sur nos fertiles contrées! quoi! lorsqu'une seule récolte suffit à nourrir la France pendant trois ans, en vain l'abondance de six moissons consécutives aura écarté la faim de la chaumière du pauvre! il y aura des hommes qui se feront un trafic d'imiter la colère céleste. Nous retrouverons au milieu de nous, dans un de nos semblables, une famine et un fléau vivants! pour avoir de l'or, des hommes ont infecté d'un mélange homicide la denrée nourricière de leurs frères! Ils ont dit : « Peu m'importent les souffrances, la douleur et le gémissement du pauvre, pourvu que j'aie de l'or ! Que m'importe que les hôpitaux se remplissent de scorbutiques, pourvu que j'aie de l'or ! Que m'importe qu'au milieu de ses enfants une mère se désespère de ne pouvoir leur donner du pain, pourvu que, moi, j'aie de l'or ! » Égoïstes exécrables ! Et pourquoi cet or ? C'est pour couvrir de mets délicats votre table et celle du vice et de la débauche que cent mille familles ont manqué de pain. Il fallait donner des illuminations, des fêtes splendides, il vous fallait habiter des spectacles et nourrir tous les jours vos oreilles de sons délicieux. Voilà pourquoi les hôpitaux retentissent des gémissements de ceux que vous avez empoisonnés! insensibles à l'indignation publique, insensibles à l'horreur qu'inspire votre nom, vous avez été payer des prostituées et vous avez tout oublié sur leur sein. Comment le remords, comment le cri de tout un peuple ne vous a-t-il poursuivis ! »

Des remords ! il faut en vérité que Camille Desmoulins ait l'âme naïve ! Des remords à ces hommes qui acceptaient toutes les combinaisons qui, en augmentant la misère du pauvre, augmentaient leurs bénéfices ; à ces hommes qui, entendant la voix honnête de Leprévot de Beaumont stigmatiser leur infâme industrie, le faisaient pourrir vingt-deux années sur la paille des bastilles ; qui osaient inscrire sur l'Almanach royal de 1774 le nom d'un sieur Miravault, avec le titre de *trésorier des grains pour le compte du roi;* qui obtenaient de Louis XVI le renvoi de Turgot trop clairvoyant ; qui, sous ce roi si débonnaire et si injustement mis à mort, obtenaient en 1779 le renouvellement de leur traité; qui avaient pour chefs et associés les de Sartines, les Lenoir, les Bertier, les Foulon !

Le caissier Pinet, successeur de Miravault, avait, avant nos spéculateurs modernes, inventé l'association des petits capitaux : il empruntait de tous côtés à gros intérêts pour faire face aux dépenses de cette honorable industrie, et l'argent des moins aisés servait à leur exploitation et à leur ruine sans qu'ils s'en doutassent.

Pinet fut assassiné. C'était justice.

A tort ou à raison, le peuple vit un sauveur dans Necker...

Les représentants de la nation s'étaient réunis. L'Assemblée était constituée, et déjà en face de la résistance qui se préparait, le baron de Breteuil parlait de *brûler Paris*, le maréchal de Broglie écrivait : « Une salve de coups de canon et une décharge de coups de fusil auront bientôt dispersé ces argumentateurs... »

Le bon roi groupait autour de lui les nobles, les officiers, les régiments.

Mirabeau demanda compte à la cour de son attitude :

« De quel œil ce peuple, assailli de tant de calamités, verra-t-il cette foule de soldats actifs venir lui disputer les restes de sa subsistance? Le contraste de l'abondance des uns (le pain, aux yeux de celui qui a faim, est l'abondance), le contraste de l'abondance des uns et de l'indigence des autres, de la sécurité du soldat, à qui la manne tombe sans qu'il ait jamais besoin de penser au lendemain, et des angoisses du peuple qui n'obtient rien qu'au prix de travaux pénibles et de sueurs douloureuses; ce contraste est fait pour porter le désespoir dans les cœurs. Comment le peuple ne s'agiterait-il pas, lorsqu'il voit les instruments de la violence dirigés, non-seulement contre lui, mais contre une Assemblée qui est le seul espoir qui lui reste et qui doit être libre pour s'occuper avec liberté de toutes les causes de ses gémissements?... »

Réponse du roi : Renvoi de Necker, de Necker qui, ainsi que l'explique Michelet, représentait pour le peuple *le ministre des subsistances*, et que remplace, avec ses complices, Foulon, celui qui avait proféré ces paroles odieuses : « Si j'étais ministre, je ferais manger du foin aux Français ! » un des adjudicataires du Pacte de famine.

C'était trop. Il ne fallait donner aucun espoir au peuple si l'on ne voulait pas qu'il s'accrochât à cette suprême chance de salut ! Puis tout à coup, il se sentait retomber. Où cela ? Dans les ténèbres de la faim, de la misère. Il sentait que de tous côtés les mains s'avançaient vers lui pour le torturer, le pressurer, lui prendre sa vie, son sang. Le peuple eut peur. D'où son énergie.

La Bastille se dressait, instrument de despotisme (*instrumentum regni*). Sur ses murailles noirâtres étaient tracée en lignes ineffaçables l'histoire du long martyrologe des courageux et des hardis. Aujourd'hui la Bastille, c'est la citadelle de la Famine, c'est le spectre de la Misère qui se lève aux yeux du peuple :

Camille Desmoulins n'a qu'un geste à faire, qu'un mot à dire :

— « M. Necker est renvoyé : ce renvoi est le signal d'une Saint-Barthélemy de patriotes ! »

Et on le croit. On se souvient que le gouvernement n'a pas eu honte de tirer profit de la misère, de l'exténuation des populations. Tout est possible. Pour en finir avec ces masses qui les gênent, les grands vont ordonner un massacre général.

Famine, banqueroute, ces deux mots circulent, le peuple ne comprend que le premier, la bourgeoisie s'attache au second. Et cependant le roi avait donné sa parole d'honnête homme !

Le droit de résistance à l'oppression est proclamé.

Le peuple se lève, la Bastille est prise !

Quel pas de géant ! Et combien les Louis XIV, Louis XV et Louis XVI ont dû entasser sur le misérable peuple de douleurs et de tortures sans nombre pour que ces hommes qui, dans leur haine des seigneurs féodaux, tournaient sans cesse leurs regards vers le roi, leur *sire*, leur protecteur, pour que ces hommes attaquent violemment et détruisent le symbole même de la royauté !

Point capital ! Les Jacques s'attaquaient aux châteaux de leurs ennemis, ils savaient les y rencontrer, les dénicher dans ces aires d'aigle, ils se promettaient la lutte corps à corps, ils voulaient du sang pour prix du sang, ils s'attaquaient à des hommes. Ici, c'est plus grave, c'est au symbole de la royauté que l'on s'attaque, et non à l'homme même. La journée du 14 juillet a un caractère moral qui ne doit échapper à personne. La misère ne cherche pas à piller, elle veut détruire le germe même de ses souffrances, elle renverse le type du despotisme : elle est intelligente, elle n'obéit plus seulement à son instinct.

Le lendemain, 15 juillet, Mirabeau, qui comprend ce soulèvement de la faim, s'adresse à la députation qui se rend chez le roi :

« Dites-lui que ce Henri qu'il voulait prendre pour modèle faisait passer des vivres dans Paris assiégé et rebelle, et que ses conseillers félons font rebrousser les farines que le commerce apporte dans Paris fidèle et affamé. »

A qui douterait que l'explosion de 1789 fut due avant tout à la misère des peuples, nous rappellerions le meurtre de Foulon et de Berthier, associés du Pacte de famine.

Nous rappellerions que, le 17 juillet, Thomassin, soupçonné d'accaparement, est entraîné de Saint-Germain à Poissy et que le peuple affollé le veut mettre à mort.....

De tous côtés, les paysans se lèvent.

L'Assemblée comprend que le moment est venu de répondre à ces manifestations par des actes, et non plus par des paroles.

La nuit du 4 août consomme la Révolution.

Le régime féodal est détruit, les priviléges personnels ou réels en matière de subsides sont abolis, tous les citoyens sont déclarés admissibles à tous les emplois, la dîme est abolie, la justice sera gratuite, le droit exclusif de chasse est supprimé, supprimées encore les justices seigneuriales, la vénalité des offices, abolis les priviléges de tout ordre et de toute nature....

Révolution politique qui déblaye le terrain.....

Mais la révolution sociale?

La disette augmente, et partant la misère ; les municipalités achètent des blés qu'elles revendent à perte : les campagnes affamées voient passer des convois escortés par la garde nationale.

Le peuple a faim, il va avoir, comme dit Marat, un second accès de révolution.

Marat proclame le droit à la subsistance.

On apprend tout à coup que la cour a donné un banquet, qu'on y a bu à pleines coupes....

Le peuple, dans sa logique, voyant ses subsistances diminuer, affirme qu'on veut affamer Paris.

Et l'émeute de la faim se lève encore une fois. Elle se symbolise, sinistre, dans la figure de cette femme qui saisit un tambour et parcourt les rues en criant :

— Du pain ! du pain !

La révolte des femmes est caractéristique, la misère est une femelle !

Elles arrivent à l'Assemblée : Maillard, l'un des vainqueurs de la Bastille, fait en quelques mots le plaidoyer de la misère ; la troupe insurgée marche jusqu'au palais.

Au peuple, il faut du pain.

Et le 6 octobre, il ramène à Paris le roi, la reine, le dauphin qui sont pour lui *le boulanger, la boulangère et le petit mitron.*

Six mois se passent, disette persistante.

Le boulanger François est assassiné : terrible avertissement donné à l'Assemblée, qui répond à cet avis suprême en décrétant la loi martiale.

Les représentants de la nation ne veulent point comprendre qu'après la nuit du 4 août la révolution politique est faite, qu'elle suivra son cours naturel, et qu'il faut maintenant, et toutes affaires cessantes, s'occuper de la révolution sociale, de la question du pain.

Quand on leur parle de misère, ils répondent en offrant en vente quatre cents millions de biens ecclésiastiques. Il faut que les municipalités achètent, des spéculateurs s'en mêlent, on revendra plus tard au peuple qui payera encore les intermédiaires.

Et pendant que le peuple assassine le boulanger François, triste victime de la logique des pauvres, l'Assemblée
s'occupe encore d'abolir les titres, les armes, les armoi-
ries de la féodalité.

Enfin le problème se pose si impératif, que l'Assemblée
s'émeut. Formulons en chiffres le bilan de la misère :

1790.
Population des départements, Paris et la Corse exceptés :
26,288,887.

Rapport du nombre de feux à celui des individus :
5,453,873, c'est-à-dire du quart au cinquième.

Individus ne payant pas de taxe ou moins de trois journées de travail :
2,739,384, plus du dixième.

Pauvres ou individus qui ont besoin d'assistance :
3,207,073, plus du neuvième.

Dont enfants des pauvres, au-dessous de 14 ans :
1,886,935.

Infirmes ou vieillards :
804,775.

Pauvres valides :
515,363.

Malades :
42,519.

Or, dans cette statistique, empruntée à des documents
officiels, manquent des éléments de nombre tels que, par
exemple, le chiffre des individus ne payant pas plus
d'une ou de deux journées de travail, qui peut être
élevé à dix ou onze millions d'individus : quinze ou seize
millions ne payent que trois journées de travail. Il reste

donc à peine quatre millions d'individus actifs, et jouissant d'une sorte de bien-être.

Ajoutons à cela cent mille pauvres à Paris, et nous nous rendrons un compte exact de l'importance de la tâche réservée à la Révolution.

Par malheur, nous devrons constater combien elle resta en dessous de son mandat.

II

Mais laissons parler l'histoire.

Un comité pour l'extinction de la mendicité fut organisé: Rapporteur, M. de La Rochefoucault-Liancourt :

« L'Assemblée nationale voulant fonder sur les bases de la liberté, de l'égalité et de la justice, une Constitution sage, qui permette aux générations présentes et futures la vraie grandeur, la véritable prospérité nationale, celle qui naît du bonheur de chaque individu, a dû ne négliger aucun de ses devoirs.

« Pénétrée de cette éternelle vérité, que le soin de veiller à la subsistance du pauvre n'est pas, pour la Constitution d'un empire, un devoir moins sacré que celui de veiller à la conservation de la propriété du riche, elle a voulu que les droits de cette classe nombreuse dont les besoins sont plus grands que les ressources, fussent particulièrement mis sous la protection nationale....

« Dans cette grande intention, elle a nommé un comité qui, sous le nom de *Comité pour l'extinction de la men-*

dicité, doit lui présenter des vues dignes de servir les sentiments de cette justice généreuse qu'elle a manifestée. »

L'esprit révolutionnaire est, quant à sa portée sociale, tout entier résumé en ces quelques lignes. Nous ne nous arrêterons pas à ce qui se trouve d'illogique dans ces phrases accolées : *Veiller à la subsistance du pauvre, veiller à la conservation de la propriété du riche.* — Il est évident que tant que le pauvre existe en tant que pauvre, sa subsistance ne peut être trouvée qu'aux dépens de la propriété du riche, que cette atteinte à la propriété se déguise sous le nom d'impôt, taxe des pauvres, etc.

Le rapport constate que quatre ou cinq millions d'hommes sont voués à la misère, et attribue cet état à la disproportion qui existe entre le nombre de la population et le développement du travail ; notamment à la situation de l'agriculture : malgré l'augmentation sensible des défrichements, elle se trouve dans un tel état d'infériorité, relativement à ce qu'elle pourrait être et à ce qu'elle est chez nos voisins, que la totalité de ses produits, comparés avec ceux de l'agriculture anglaise ne sont que dans la proportion de 3 à 8.

Cette conséquence est donc immédiatement tirée, que la diminution de la pauvreté viendra en premier lieu d'un système de lois qui encouragera l'agriculture :

« L'inégalité des impôts supprimée, les exceptions, les priviléges, les impositions arbitraires détruits, les moyens de considération et d'activité cessant d'être concentrés dans les villes, chacun sera appelé à l'habitation de la campagne. Les finances *qu'aucun désordre ne pourra plus atteindre,* ne présentant plus à l'avidité des spéculateurs un placement spécieusement avantageux des fonds, ils dirigeront sur les terres avec plus de sûreté, d'honneur et de profit, l'emploi des capitaux. L'argent ramené à un plus grand intérêt donnera les moyens de faire des avances à l'agriculture, de prêter sur les terres pour les améliorations, les défrichements; et jamais d'aucun prêt ne pourra résulter autant d'avantages. »

Donc, en offrant les terres à la spéculation, il y a lieu d'espérer voir diminuer le nombre des pauvres, s'augmenter les richesses, se développer les libertés, disparaître les vices.

Fait curieux, à peine le rapport a-t-il découvert cette panacée, que, se mettant lui-même en face de ses propres idées, il recule, et quand, à la page 10, il vient d'énumérer complaisamment les jouissances, dignes de l'âge d'or, auxquelles il convie la société, voici ce que nous lisons à la page 11 :

« La pauvreté sera diminuée, non détruite. La pauvreté est une maladie *inhérente à toute grande société* ; une bonne constitution, une administration sage peuvent diminuer son intensité, mais RIEN malheureusement ne peut la détruire radicalement ; tant de causes concourent irrésistiblement à l'entretenir ! Car, sans parler des calamités qui, rendant des villes, des villages, des cantons, des provinces entières la proie de quelque dévastation passagère, portent l'indigence dans tous les lieux qu'elles attaquent...... »

L'Assemblée nationale n'a pas la gloire d'avoir deviné le mécanisme de l'assurance mutuelle.

« La privation de propriété pour une grande classe d'hommes, sera toujours, dans quelque constitution que ce soit, un principe *nécessaire* et *permanent* de pauvreté. »

Qu'y a-t-il à faire, à dire, sinon à jeter la plume, à
se déclarer vaincu, découragé ? Quoi ! les révolutionnaires
de 90, nos pères, nos maîtres, acceptent sans discussion,
la fatalité, le droit divin de la misère. Ils constatent son
principe, ils ne le discutent pas. Ils prononcent le mot
propriété, sans tenter de se rendre compte de sa signification réelle. Dans cette phrase, « La privation de propriété
sera toujours le principe permanent de la pauvreté, » ils
ne sentent pas qu'ils portent contre cette propriété la
plus terrible des accusations. Car, remarquons-le, ce n'est
pas de vol qu'ils accusent la propriété, c'est de meurtre.
La propriété, génitrice de misère, est mère de la mort.
Ceci est évident, d'une vérité implacable. Ils ne le comprennent point, ils ne constatent même point que le nœud
du problème est prouvé, à plus forte raison ne tentent-ils
ni de le délier ni de le trancher.

Ils ont la prescience des contradictions économiques,
mais ils ne s'y arrêtent point :

« La plus grande activité même de l'industrie, moyen
certain de la prospérité d'un empire, contribue elle-même
à perpétuer ce fléau. En livrant plus de bras au travail,
elle use les forces d'un plus grand nombre d'hommes et
fournit ainsi à la classe des pauvres. Des corps soumis
aux fatigues habituelles sans une nourriture suffisante
deviennent bientôt infirmes..... »

Du préambule, plein de mansuétude, d'un saint enthousiasme poétique, le rapport en revient bien vite aux erre-
ments de la répression. Le pauvre était victime tout à
l'heure, actuellement il est un condamné de la nature ;
quelques lignes encore et le voilà coupable :

« Voilà les causes *malheureusement nécessaires* d'une

pauvreté toujours existante. Elles appellent avec toute la force du droit les secours de la société, mais elles servent bien aussi de prétexte à la paresse qui cherche à les usurper. L'effet des lois sages doit être de distinguer par le traitement le vrai du faux, en secourant la *pauvreté honnête et malheureuse* (Vous êtes trop bons !) et réprimant le vice qui.... vient enlever la substance du véritable pauvre et grossir la classe des vagabonds......»

MM. les procureurs impériaux trouveront dans le *Plan de travail* de 1790, les éléments les plus complets de réquisitoires contre le vagabondage et la mendicité.

En même temps, on chasse de Paris les pauvres étrangers à sa ville, sous ce prétexte (qui servira plus tard en juin 1848), que les gens sans travail et auxquels on ne peut en fournir sont à la disposition de quiconque veut porter le trouble dans la patrie.

Les pauvres doivent réclamer un passe-port et reçoivent trois sous par lieue pour retourner dans leur municipalité. Chaque département recevra, *quand il sera formé,* trente mille livres pour être employées en travaux utiles.

N'oublions pas que ce comité est institué pour l'extinction de la mendicité.

Voici d'ailleurs un de ses principes :

« L'homme secouru par la nation et qui est à sa charge doit cependant se trouver dans une condition moins bonne que s'il n'avait pas besoin de secours, et qu'il pût exister par ses propres ressources (1). »

Notamment pour les enfants abandonnés : *sans quoi, si ces enfants étaient trop heureux, les abandons aug-*

---

(1) 1er rapport. Procès-verbaux de l'Assemblée nationale, t. XXII.

menteraient ; si les vieillards et les infirmes étaient trop bien traités, ce serait favoriser l'imprévoyance et la débauche.

Tout ceci est textuel.

A vrai dire, et pour être impartial, nous devons mentionner que M. de La Rochefoucault-Liancourt, rapporteur, propose d'appeler le fonds destiné au soulagement des pauvres *fonds de secours,* pour que la nation, qui reconnaît le droit du pauvre, n'emploie plus celui de *charité* ou d'*aumône.* Sérieux progrès, n'est-il pas vrai ?

Le projet de décret annexé au troisième rapport porte : « L'Assemblée nationale décrète qu'elle met au rang des devoirs les plus sacrés de la nation l'assistance des pauvres dans tous les âges et dans toutes les circonstances de la vie; et qu'il y sera pourvu, ainsi qu'aux dépenses pour l'extinction de la mendicité, sur les revenus publics, dans l'étendue qui sera jugée nécessaire. »

Examinons maintenant de quelle façon le comité discute la question du *droit au travail :*

« On a reconnu, dit-il, que le travail était la seule assistance qu'un gouvernement sage pouvait et devait donner à un homme en état de travailler. Le pauvre valide n'est autre que l'ouvrier sans propriété et sans travail. »

Ceci est net et clair. Poursuivons :

« Mais, se demande le comité, doit-on procurer du travail à ceux-là qui individuellement en manquent, ou par une législation prévoyante, etc., se borner à encourager et à multiplier les moyens de travail ? »

Il faudrait, pour l'édification du lecteur, reproduire intégralement le raisonnement qui répond à cette question. C'est le superlatif de la nullité :

Mais le gouvernement ne peut pas connaître avec précision ceux qui ne peuvent pas trouver de travail.

Mais il faudrait qu'il eût toujours des travaux utiles à sa disposition.

Mais comment sera-t-il certain que l'ouvrier qui réclame du travail n'en évite pas un autre parce qu'il le considère comme trop pénible?

Mais le propriétaire, le manufacturier se verraient en danger de manquer de bras.....

Alors que veut dire votre préambule : La seule assistance que puisse donner un gouvernement au travailleur pauvre et valide, c'est du travail? Et ce travail, il ne peut le donner.

Quel est ce galimatias? Et faut-il que l'ignorance humaine ait ainsi commis à toute époque des bévues dont encore aujourd'hui nous portons la peine?

Revenons à votre raisonnement. C'est, dites-vous, par une influence générale que le gouvernement doit agir; dans les moyens de travail qu'il doit créer, son intervention doit être indirecte.

Soit, mais qu'appelez-vous son intervention?

Modification de l'impôt, encouragements à l'industrie et au commerce, liberté du débit, alliances internationales, traités de commerce.

En un mot, le meilleur moyen de soulager la misère est de subventionner le capital.

Point n'était besoin de montrer tant d'émotion et de verser autant de larmes sur le sort des misérables, qui se soucient fort peu de l'impôt, puisque vous les en déchargerez; de l'industrie, du commerce, réservés au capital;

du débit, puisqu'ils n'ont pas de marchandises ; des alliances internationales et des traités de commerce.

« D'ailleurs, conclut le rapport, ces grandes vues d'économie politique ne doivent pas être plus profondément traitées par votre comité de mendicité. »

Ce dernier aveu d'impuissance est précieux à enregistrer.

III

Avant de rappeler quelles furent les mesures prises par la Convention, donnons encore deux pièces curieuses :

« La mendicité, dit Barrère dans son rapport du 22 floréal, est incompatible avec les gouvernements populaires. Ce mot honteux de *mendiant* ne fut jamais écrit dans le Dictionnaire du républicain ; et le tableau de la mendicité n'a été jusqu'à présent sur la terre que l'histoire de la conspiration des propriétaires contre les non-propriétaires. Laissons à l'insolent despotisme la fastueuse construction des hôpitaux pour engloutir les malheureux qu'il a faits et pour soutenir momentanément des esclaves qu'il n'a pu dévorer. Cette horrible générosité du despote aide encore à tromper les peuples et à les tenir sous le joug. Que les orgueilleuses monarchies fassent de loin en loin quelques règlements sur la mendicité, plutôt pour la punir que pour la soulager, plutôt pour en perpétuer la dépendance que pour en faire disparaître les dangers, cela convient au gouvernement d'un seul... Mais dans une république, rien de ce qui regarde l'humanité ne peut lui être étranger. Tout ce qui peut établir la dépendance de l'homme envers l'homme y doit être proscrit. Le travail doit être honoré, l'enfance accueillie, élevée, la vieillesse respectée et nourrie, l'infirmité soulagée et guérie... Ce n'est pas assez pour le peuple de repousser les hordes étrangères, de rappeler le règne de la justice et de la vertu, il faut encore faire disparaître du sol de la République la servilité des premiers besoins, l'esclavage de la misère et cette trop honteuse inégalité parmi les hommes, qui fait que l'un a toute l'intempérance de la fortune, et l'autre toutes les angoisses du besoin... Le despotisme avait l'ostentation et le luxe du riche qui fait l'aumône. La République doit avoir l'abondance et l'obscurité de la nature qui répand chaque jour ses bienfaits. Le monarque trompait la misère en lui donnant des administrateurs et des palais. La Convention doit faire disparaître l'indigence en distribuant des secours dans les domiciles peu fortunés... C'est à la Convention à réparer les injustices des lois monarchiques, à faire disparaître la grande inégalité des fortunes, à effacer le nom de pauvres des annales de la République, à bannir la mendicité par la bienfaisance, et à rappeler tous les citoyens aux droits de l'humanité et aux droits du travail. »

Barrère fut un honnête homme ; mais toutes ces divagations ne sont-elles pas, au point de vue social, des phrases et rien que des phrases ?

Le peuple avait toujours faim : il devinait que les accapareurs continuaient leur infâme agiotage.

Roland n'hésite pas à le dénoncer dans sa circulaire du 1er septembre 1792 :

« La France est de tous les pays le plus fertile en blés ;

elle a toujours été regardée comme le grenier de l'Europe; et au milieu de l'abondance véritable de ses productions, elle se trouve depuis quelque temps tourmentée des inquiétudes imaginaires d'une disette factice.

« La cupidité, secondée par la malveillance, n'a, depuis la Révolution, usé de la liberté que pour l'assassiner. A l'ombre de ce prétexte inviolable, les plus grands excès ont été commis. L'avarice a porté sa main sacrilége presque sur les subsistances; l'existence du pauvre n'a pas été respectée. Le malheureux se voit disputer par le riche la nourriture payée de ses mains; il vit sous l'oppression de l'avidité dévorante, et bientôt son travail ne suffit plus à lui procurer une cendre détrempée de larmes.

« La voix du peuple qui a faim est la voix de Dieu. Le cri du besoin devient une sainte insurrection contre le riche oppresseur... »

La voix du peuple, qui n'est pas obligé d'avoir des notions sociales, et qui d'ailleurs n'était pas guidé dans la voie rationnelle par ses représentants, réclame une mesure dont son instinct lui fait supposer l'efficacité. Habitué à subir la violence depuis tant de siècles, il croit à la force.

Il réclame l'établissement d'une taxe, du maximum.

IV

Brest, Lyon, Douai se soulèvent.

Le 3 mars 1792, les émeutiers veulent forcer Simonneau, maire d'Étampes, d'établir une taxe sur le prix du blé. Le magistrat résiste. On le tue.

Les électeurs du département de Seine-et-Oise adressent à la Convention une pétition par laquelle ils réclament le maximum ; bientôt à ces sollicitations se joignent celles des électeurs d'Indre-et-Loire.

Le 12 février 1793, c'est Paris lui-même qui parle : une pétition est apportée à la barre au nom des quarante-huit sections ; les délégués croient que des accapareurs les font mourir de faim ; donc ils réclament la *peine de mort* contre tout marchand qui vendra un sac de blé de 250 livres au-dessus du prix de 25 francs.

La Convention résiste ; Vergniaud l'avait dit cependant : — « Le pain est cher, dit-on, la cause en est au Temple ; eh bien, un jour on dira de même : Le pain est cher, la cause en est dans la Convention nationale. »

Le peuple avait-il tort ? Non certes ; on faisait une révolution, il en voulait sa part, et sa part la plus indispensable : il exigeait ce qui, osons le dire, était plus important pour lui que la liberté, il exigeait du pain.

Nouvelles pétitions : récriminations contre les accapareurs et les munitionnaires...

La Convention s'effraye. En effet, quelles mesures peut-elle opposer à celles qu'on lui impose ? En quoi réside son esprit social ? Quelles réformes a-t-elle tentées ? Quels principes a-t-elle édictés ? Non, la question sociale est pour elle lettre close. Puis, soyons juste, le 8 février 1792, la guerre avait été déclarée à l'unanimité. L'Europe entière se soulevai ontre la Révolution. C'est la guerre des opinions armées, disait Pitt.

La Prusse, l'Autriche, la Sardaigne, l'Espagne, le Portugal, Naples, le pape, les princes de Bade, de Hesse, de Bavière, la Hollande, l'Italie, tout se dressait contre la Révolution....

Il fallait de l'argent, il fallait des hommes.

Trois cent mille soldats sont appelés : ouvriers, manœuvres, pauvres de Paris, tous accourent se grouper autour de la patrie, dont le nom signifie Révolution.

Dumouriez trahissait, les Girondins luttaient, et Danton leur répondait ces paroles, qui pouvaient s'adresser aussi au peuple, importun et criant misère :

« Vous qui me fatiguez, au lieu de vous occuper du salut de la patrie, je vous répudie comme des traîtres. Vos discussions sont misérables ; je ne connais que l'ennemi : battons l'ennemi ! »

Et la Convention, et Paris, et la France avaient la fièvre. Qui donc alors eût pu parler de science sociale ?

Encore, la Vendée se soulevait et Custines était battu et rejeté sur Strasbourg.

Le vendredi 3 mai, la Convention établit le *maximum* : la question politique étouffait la question sociale.

« ART. 25 *du décret*. Pour parvenir à fixer le *maxi-*
« *mum* du prix des grains dans chaque département, les
« directoires de district sont tenus d'adresser à celui de
« leur département le tableau des mercuriales des mar-
« chés de leur arrondissement depuis le 1er janvier der-
« nier jusqu'au 1er mai, présent mois.

« Le prix moyen résultant de ces tableaux auquel cha-
« que espèce de grains aura été vendue entre les deux
« époques ci-dessus déterminées sera le *maximum* au-
« dessus duquel le prix des grains ne pourra s'élever.

« ART. 26. Le *maximum* ainsi fixé décroîtra dans les

« proportions suivantes : au 1er juin, il sera réduit d'un
« dixième ; plus, d'un vingtième sur le prix restant, au
« 1er juillet ; d'un trentième, au 1er août, et enfin d'un
« quarantième au 1er septembre.

« ART. 27. Tout citoyen qui sera convaincu d'avoir
« vendu ou *acheté* des grains ou farines au delà du prix
« du *maximum* fixé, sera puni par la confiscation desdits
« grains et farines, s'il en est encore en sa possession,
« et par une amende qui ne pourra être moindre de
« 300 livres, ni excéder 1,000 livres, solidairement entre
« le vendeur et l'acheteur. »

Les accapareurs spéculèrent encore. Le 28 juillet, nouveau décret.

« ART. 1er. L'accaparement est un crime capital.

« ART. 2. Sont déclarés coupables d'accaparement ceux
« qui dérobent à la circulation des marchandises ou den-
« rées de première nécessité qu'ils achètent ou tiennent
« renfermées dans un lieu quelconque sans les mettre en
« vente journellement et publiquement.

« ART. 3. Sont également déclarés accapareurs ceux
« qui font périr ou laissent périr volontairement des den-
« rées ou marchandises de première nécessité. »

Misère persistante. Les spéculateurs imaginent de
transporter les blés d'un département dans un autre, afin
de bénéficier de la différence existant entre les moyennes.

Nouveau décret. Établissement d'un *maximum* identique (14 livres pour un quintal de blé, 20 livres pour un
quintal de farine) sur toute l'étendue de la République.

La spéculation continue la lutte et se porte sur tous
les autres objets de consommation. Le 27 et le 29 septembre, ces objets sont tarifés.

En somme, substitution complète, absolue, de l'initiative de l'État à l'initiative individuelle : misère continuelle.

La loi du *maximum* est rapportée le 2 nivôse 1795, et la misère ne diminue pas.

V

Parce que pas une mesure véritablement sociale n'avait été prise, parce que l'autorité est impuissante là où le crédit et l'égal échange sont tout-puissants, parce que, en dépit de ces palliatifs déraisonnables, la guerre pesait sur la nation, l'agiotage l'épuisait, l'accaparement continuait.

Avant tout, il faut la probité sociale. Ce n'est point par la violence que s'impose la probité. C'est en organisant la société de telle sorte que probité et intérêt soient deux termes corrélatifs.

« Ce qu'il y a d'étonnant dans cette révolution, disait Saint-Just, c'est qu'on a fait une république avec des vices. »

« La révolution de 1789, écrit P.-J. Proudhon (1), avait à la fois à détruire et à fonder. Elle avait à abolir l'ancien régime, mais en produisant une organisation nouvelle, dont le plan et le caractère devaient être en tout l'opposé de l'ordre antérieur d'après la règle révolution-

(1) *Idée générale de la Révolution au XIXe siècle.*

naire. *Toute négation dans la société implique une affir-mation subséquente et contradictoire.*

« De ces deux choses, la Révolution n'accomplit à grande peine que la première ; l'autre a été complète-ment oubliée. De là, cette espèce d'impossibilité de vivre, qui travaille la société française depuis soixante ans.

« Ainsi le régime féodal ayant été aboli dans la nuit du 4 août, le principe de la liberté et de l'égalité civile proclamé, la conséquence était qu'à l'avenir la société devait s'organiser non plus pour la politique et la guerre, mais pour le travail. Qu'était-ce en effet que l'organisa-tion féodale ? Une organisation toute militaire. Qu'est-ce que le travail ? La négation du combat. Abolir la féodalité, c'était se condamner à une paix perpétuelle, non-seule-ment au dehors, mais au dedans. Par ce seul acte, toute la vieille politique d'État à État, tous les systèmes d'équi-libre européen étaient abrogés : la même égalité, la même indépendance que la Révolution promettait de faire régner entre les citoyens, devait exister de nation à na-tion, de province à province, de cité à cité.

« Ce qu'il s'agissait donc d'organiser après le 4 août n'était pas le gouvernement, puisqu'en faisant du gouver-nement on ne faisait autre chose que rétablir les anciens cadres : c'était l'économie des nations et la balance des intérêts. Puisque, d'après la loi nouvelle, la naissance ne comptait plus dans la condition du citoyen, que le tra-vail seul était tout, que la propriété elle-même en rele-vait... il était évident que le problème de la Révolution consistait, après avoir aboli en France et en Europe le ré-gime féodal ou militaire, à constituer partout à sa place le régime égalitaire ou industriel... »

Rien de plus exactement vrai que cette page de Proudhon. Mais là où la théorie trace si droite et si inflexible la route qui devait être suivie, la pratique des circonstances intervient pour expliquer comment, sans être coupable, notre grande Révolution a failli à sa tâche.

Certes, supposons un instant que la contre-révolution eût posé bas les armes, que, prise tout à coup d'un saint enthousiasme pour la justice, la société se fût décidée à abdiquer ses petitesses et ses routines. Alors l'organisation économique pouvait être tentée. Mais la résistance paralysa, étouffa même au principe tout effort dirigé dans cette voie. La paix politique eût permis la réalisation de la paix sociale. Au contraire, la guerre fut la conséquence immédiate, véritable de cet immense bouleversement ; et, dans l'ivresse de la lutte, les hommes de la Révolution ne comprirent que la dictature, ou comme il a été dit depuis, la révolution par en haut.

Le peuple attendait ; mais quand il vit Girondins et Jacobins, Thermidoriens et Directeurs se disputer la direction sociale, quand il comprit que, dans ce conflit des ambitions, lui seul était oublié, quand, réveillé de sa léthargie séculaire par la Déclaration des droits et la notion de l'égalité, il se vit jeter des secours par charité, il voulut, lui aussi, faire montre de sa force.

Maximum, réquisitions, cours forcé, tout cela fut par lui dicté, accepté, acclamé ; son unique raisonnement était celui-ci :

— Puisque la force n'a jusqu'ici servi qu'à nous faire du mal, pourquoi ne servirait-elle pas à nous faire du bien ?

Spoliation des riches, jeu de bascule, rien de plus.

Et en résumé, révolution identique à celle de Jésus.

De plus, ce n'était pas sans de secrètes appréhensions que les gouvernants du Comité de salut public et de la Convention contemplaient le lion déchaîné, le peuple. Comme plus tard en 1848, le peuple fit peur, les pauvres semblèrent masse si compacte, houle si puissante, vague si forte, marée si menaçante que l'autoritarisme parut plus que jamais indispensable.

D'où la suppression des castes et en même temps la formation des classes.

Ceux qui se connaissaient entre eux, débris de l'ancien régime, révolutionnaires actifs, quoique luttant entre eux, se sentaient constituer la classe supérieure.

Au-dessous, la classe inférieure, inconnue, que l'on admettait à l'égalité civile, mais en se réservant de la surveiller.

Le prototype de la classe des pauvres, c'est Marat, et loin de nous la pensée de lui en faire un crime :

Marat, seul peut-être d'entre tous les révolutionnaires, représentait la protestation incessante, vivante, infatiguée des gouvernés contre les gouvernants.

— Puisque vous prétendez nous gouverner, disait Marat (nous résumons l'idée mère de ses violentes attaques), soyez purs, soyez honnêtes, soyez logiques.

Et Marat dénonçait, dénonçait sans cesse, ne laissant aucune vanité se reposer dans sa quiétude satisfaite, aucune ambition s'enivrer de son propre succès.

On a taxé Marat de folie : c'est une accusation absolument injuste : seul il était raisonnable. Comment, messieurs de la Révolution, il vous plaisait de faire de la révolution affaire de gouvernement, vous édictiez vous-mêmes la guerre sociale, et vous vous étonnez que le peuple, masse immense, veuille faire peser dans la balance la vigueur de son poing nu?

Coupable ou excusable, la révolution de 89 ne fit sciemment rien pour la réforme économique ; mais serait-il vrai de dire que ses résultats n'aient point été immenses à ce point de vue ?

VI

Les violences de la Terreur ne sont pas imputables au peuple, aux pauvres, mais uniquement au sentiment de l'autorité.

Au peuple peuvent incomber les massacres de la Jacquerie, le meurtre de Launay, à la Bastille, les tueries de septembre. Les pauvres, la masse, se lèvent à certain moment, en bloc, en foule, et, se ruant en avant, balayent tout ce qui leur fait obstacle, tout ce qui sert d'appât à leurs colères : mais jamais les masses n'élèveront la mort à la hauteur d'un moyen de gouvernement. L'autorité seule a de ces lugubres fantaisies.

Et, fait curieux, au plus fort de la Terreur, vit-on se renouveler les scènes de septembre? Non, les pauvres regardaient curieusement ces têtes qui tombaient, et trouvaient légitimes ces châtiments terribles dont l'autorité, le gouvernement prenaient la sinistre initiative. Mais le peuple ne se faisait point bourreau.

Seulement, il se sentait de plus en plus l'égal de ces hommes qui tombaient sous le couteau et que depuis si longtemps il croyait d'une essence supérieure à la sienne. Quelquefois, comme en septembre, il se hasarda à les toucher lui-même, comme pour s'assurer que c'était bien eux et qu'il était possible au peuple de les tuer. Puis, il laissa faire l'autorité.

D'ailleurs, avec quelle indifférence le peuple vit passer Thermidor et Brumaire, c'est ce que l'historien ne saurait s'abstenir de constater.

On lui avait parlé de ses droits, de son essence similaire, de l'inanité des priviléges, on avait abattu devant lui la féodalité. C'était chose faite, conviction acquise, question résolue et qu'il ne lui paraissait plus utile de poser.

Alors il se souvint seulement qu'il avait faim : il s'aperçut que, le privilége de naissance étant détruit, il avait l'égalité politique. Mais dès qu'il se remit au travail, il vit se dresser en face de lui une puissance dont il n'avait pas eu conscience jusque-là, puissance dont la force lui était cachée par la masse des injustices féodales. Cette puissance, c'était le capital. Les murs du château avaient été renversés, mais à travers la brèche, scintillait le trésor, l'argent, le capital avec lequel il allait se trouver face à face.

Le travail réhabilité était en présence du capital.

De cette nouvelle situation, il eût été urgent de régler immédiatement les rapports. Mais la Révolution s'occupait de tant d'autres soins que le travailleur lui-même laissa de côté cette question brûlante.

La raison n'était pas encore écoutée, à peine même sa voix se faisait-elle vaguement entendre. Mais les conseils de l'imagination prévalaient contre elle, et le peuple courut avec enthousiasme sur les pas du Napoléon qui parlait de nationalité, de guerre, de victoires.

Ne l'oublions pas cependant, la question était posée.

Entre ces deux faits qui formaient, l'un le point culminant, l'autre le point inférieur de l'organisation sociale, richesse et oisiveté en haut, travail et misère en bas, la Révolution avait nivelé le terrain. Ces deux forces se regardaient, avaient conscience l'une de l'autre; et l'on pouvait dès lors pressentir que, la question politique écartée, la question sociale reprendrait toute son importance.

Napoléon vint, qui déshonora la guerre de conquêtes et porta le dernier coup à l'autoritarisme belliqueux.

Il était bon que le peuple eût cet enseignement.

Il constata que, quels que fussent les succès d'une armée, quelques sacrifices que se voulût imposer un peuple, quelques satisfactions d'orgueil qu'il pût obtenir, au bout de toutes ces victoires, au bout de cette voie triomphale, se trouvaient la ruine et la misère.

Et la conquête fut jugée.

Louis XVIII et Charles X vinrent et donnèrent au peuple une nouvelle expérience.

Après la conquête, Dieu, principe de gouvernement, fut également mis sur la sellette sociale.

Et une révolution chassa ce symbole.

Le temps des illusions n'était pas fini. On crut au constitutionnalisme, qui n'était en somme que le gouvernement du capital.

Là fut le meilleur temps de l'éducation sociale, car les deux forces dont nous avons signalé l'avénement, se rapprochaient de plus en plus.

Napoléon avait mis entre elles des drapeaux et des lauriers :

Drapeaux et lauriers avaient été balayés.

La légitimité avait jeté Dieu entre les deux lutteurs :
Dieu avait été écarté.

L'orléanisme tenta d'écarter le conflit par une misérable fiction :

La fiction alla rejoindre Dieu et la force.

Et le 24 février 1848, l'arène étant libre, les deux athlètes se mesurèrent du regard, le travail se tint debout, les yeux dans les yeux de son adversaire, le capital.

VII

N'est-ce point un pas immense, et en réalité depuis le 14 juillet 1789, la société n'a-t-elle pas marché bien vite ?

Ainsi, depuis les origines de l'histoire :
Le patriarche est devenu conquérant,
Le conquérant est devenu patricien,
Le patricien est devenu maître,
Le maître est devenu seigneur,
Le seigneur est devenu roi,
Le roi est devenu autorité,
L'autorité est devenue capital.
D'autre part :
Le faible est devenu vaincu,
Le vaincu est devenu plébéien,
Le plébéien est devenu esclave,

L'esclave est devenu serf,

Le serf est devenu sujet,

Le sujet est devenu prolétariat,

Le prolétariat est devenu travail.

Et l'histoire nous donne encore une remarquable idée de la moralité des deux séries :

Le capital s'appelle encore aujourd'hui exploitation, privilége, monopole ;

Le travail, rêve association, mutuellisme.

Le capital dans ses rapports avec le travail, daigne laisser tomber les mots de bienfaisance et de charité, c'est-à-dire domination.

Le travail, dans ses rapports avec le capital, revendique la sincérité des rapports, c'est-à-dire l'égalité.

Qui des deux parle selon la justice ?

La misère qui, sous l'ancien régime, n'existait qu'à l'état d'éternelle revendication, de force passive, devient, au dix-neuvième siècle, force active.

Tandis que le capital s'efforce de retenir le *statu quo* par lequel il vit, domine et exploite, le travail, équivalent de misère, marche en avant et entraîne le capital après lui.

Il ne se contentera plus des plaintes stériles, formulées dans tous les temps, par Grotius, qui disait en 1625 :

« La communauté de la terre subsisterait, si les vices n'avaient rompu le lien d'amitié fraternelle. »

Par Hobbes, qui disait en 1631 :

« Qui a assigné des rangs et des propriétés à chaque particulier ? Pourquoi les uns dans l'opulence, les autres dans la misère ? Pourquoi des maîtres, des valets, des esclaves ?

« Par la méchanceté des hommes. »

Par Locke :

« Celui qui possède au delà de ses besoins passe les bornes de la raison et de la justice primitive et *enlève ce qui appartient aux autres*. Toute superfluité est une *usurpation*, et la vue de l'indigent devrait éveiller le *remords* dans l'âme du riche. Hommes pervers, qui nagez dans l'opulence et les voluptés, tremblez qu'un jour l'infortuné qui manque du nécessaire n'apprenne à connaître vraiment les droits de l'homme. La *fraude*, la mauvaise foi, l'avarice ont produit cette inégalité dans les fortunes qui fait le malheur de l'espèce humaine, en amoncelant, d'un côté, tous les vices avec les richesses, et de l'autre, tous les maux avec la misère. »

Par Puffendorf :

« L'inégalité actuelle des fortunes est une injustice dont la source est dans l'insolence des riches et la lâcheté des pauvres. »

Par Pascal :

« Ce chien est *à moi*, » disaient ces pauvres enfants ; « c'est là *ma* place au soleil » : voilà le commencement et l'image de l'*usurpation* de toute la terre. »

Le travail va reprendre une à une les affirmations déjà enviées. Il se souviendra des paroles de Rousseau :

« Les hommes sont égaux en droits ; la nature a rendu tous les biens communs... Chacun a pu s'emparer du terrain libre qui lui était nécessaire et qu'il voulait cultiver lui-même. Toute autre occupation est une usurpation...

« Avant que ces mots affreux de *tien* et de *mien* fussent inventés, avant qu'il y eût de cette espèce d'hommes

cruels et brutaux qu'on appelle maîtres, et cette autre
espèce d'hommes fripons, menteurs, qu'on nomme esclaves ; avant qu'il y eût des hommes assez abominables
pour avoir du superflu, pendant que d'autres hommes
meurent de faim ; avant qu'une dépendance mutuelle les
eût tous forcés à devenir fourbes, lâches et traîtres... je
voudrais bien que l'on m'expliquât en quoi pouvaient
consister leurs vices, leurs crimes...

« Le premier qui, ayant enclos un terrain, s'est avisé
de dire *ceci est à moi*, et trouva des gens assez simples
pour le croire, fut le vrai fondateur de la société civile.
Que de guerres, de crimes, de meurtres, que de misères
et d'horreurs n'eût pas épargnés au genre humain celui
qui, arrachant les pieux et comblant le fossé, eût crié à
ses semblables : Gardez-vous d'écouter cet imposteur,
vous êtes perdus si vous oubliez que les fruits sont à tous
et que la terre n'est à personne. »

De cette phrase de Condorcet :

« La nature ne permet à l'homme de s'approprier que
ce qui lui est nécessaire sans être nécessaire à un autre :
mais pourtant les lois, faites au gré du plus fort, ont consacré
le despotisme des riches sur les pauvres ; partout elles ont
créé l'inégalité des fortunes, qui plonge une petite partie des
citoyens dans la corruption et condamne le reste à l'avilis-
sement et à la misère. »

Il se souviendra que Gracchus Babeuf est mort pour
lui, après avoir écrit :

« La nature a donné à chaque homme un droit égal à
la jouissance de tous les biens. Le but de la société est
de défendre cette égalité, souvent attaquée par le fort et
le méchant dans l'état de nature, et d'augmenter, par le

concours de tous, les jouissances communes. La nature a imposé à chacun l'obligation de travailler. Nul n'a pu sans crime se soustraire au travail. Les travaux et les jouissances doivent être communs. Il y a oppression quand l'un s'épuise par le travail et manque de tout, tandis que l'autre nage dans l'abondance sans rien faire. Nul n'a pu sans crime s'approprier exclusivement les biens de la terre ou de l'industrie. Dans une véritable société, il ne doit y avoir ni riches ni pauvres. Les riches qui ne veulent pas renoncer au superflu en faveur des indigents sont les ennemis du peuple... Disparaissez, révoltantes distinctions de riches et de pauvres, de grands et de petits, de maîtres et de valets, de gouvernants et de gouvernés. »

Comment le peuple avait-il laissé passer sans protestation la charrette qui menait Babeuf à l'échafaud ? Hélas ! pauvre peuple, tu ne t'occupas même pas de ce martyr. Les autoritaires de la Convention t'avaient déshabitué de toute initiative.

Tu as laissé faire, et cet homme est mort, qui, dans son erreur sublime, croyait travailler pour toi.

Robespierre n'avait-il pas dit, lui aussi :

« Quel est le premier objet de la société, c'est de maintenir les droits imprescriptibles de l'homme. Quel est le premier de ces droits ? celui d'exister. La première loi sociale est donc celle qui garantit à tous les membres de la société les moyens d'exister; toutes les autres sont subordonnées à celle-là. La propriété n'a été instituée ou garantie que pour la cimenter. Il n'y a que l'excédant de ce qui est nécessaire à la vie commune qui soit une propriété individuelle et qui soit abandonné à l'industrie des commerçants. Toute spéculation que je fais aux dépens de la vie de mon semblable n'est point un trafic, c'est un brigandage et un fratricide. »

Dès 1825, au moment où les saints-simoniens inscrivent en tête de leurs publications :

« Toutes les institutions sociales doivent avoir pour but l'amélioration du sort moral, intellectuel et physique de la classe la plus nombreuse et la plus pauvre. »

La question sociale est définitivement posée, l'œuvre particulière du dix-neuvième siècle est délimitée ; il s'agit non plus de bienfaisance, non plus de soulagement. Il faut abolir la misère, c'est là l'*alpha* et l'*omega* de l'organisation sociale.

« Le fait relatif à la société française, écrivait Chateaubriand en 1831, est l'invasion prochaine et rapide de la propriété. On s'aperçoit aujourd'hui que la hiérarchie des rangs était la bannière qui défendait la hiérarchie des fortunes. La légitimité abattue, l'aristocratie des rangs détruite par nous, l'aristocratie de la propriété devient le point de mire, comme sous un feu de bataillon, la première ligne tombée, la seconde offre la poitrine. Il y a dans la propriété, tous les degrés qu'on remarquait dans l'aristocratie. La grande propriété, la moyenne propriété, la petite propriété, lesquelles représentent la haute noblesse et les dates avec la cape et l'épée. Au train dont nous allons, les fermiers demanderont bientôt au possesseur pourquoi ils labourent les friches, tandis que lui se promène les bras croisés... »

Et en ces lignes, Chateaubriand est prophète, parce qu'il voit la pente déclive sur laquelle glisse la société. Des hauteurs de la contemplation et du sentimentalisme, elle descend lentement, mais par son poids seul, vers la

raison plane et immobile. De la lutte elle marche au repos, de l'exploitation qui est la guerre, à l'association qui
est la paix.

Chateaubriand a peur, car il ne sait où s'arrêtera la
société dans sa revendication de justice : il l'avoue, il
aime les conflits, l'émulation, les passions, et, dit-il,
« Quand tout cela se sera éteint dans la douce médiocrité
du foyer domestique, la société jouira d'une félicité in-
comparable. Mais, Dieu merci, je me serai sauvé parmi les
morts des mauvais jours. »

O poëte !

En dépit de ces regrets, la société marche encore. Elle
ne veut plus osciller entre les exploiteurs et les revendi-
cateurs. Elle veut se tenir ferme sur ses assises. L'étude
de la question sociale ne sera plus abandonnée.

On sent les tâtonnements, les hésitations, bien des
erreurs surgissent, mais la misère est là qui crie à la
science : Marche ! marche !

En première ligne, l'utopie saint-simonienne :

« Là ce ne sont plus des propriétaires, des capitalistes
isolés, étrangers par leurs habitudes aux travaux industriels, qui règlent le choix des entreprises et la destinée
des travailleurs. Une *institution sociale* est investie de
ces fonctions si mal remplies aujourd'hui, elle est déposi-
taire de tous les instruments de la production; elle préside à toute l'exploitation matérielle; par là elle se trouve
placée au point de vue d'ensemble, qui permet d'aperce-
voir toutes les parties de l'atelier industriel; par ses
ramifications elle est en contact avec toutes les locali-
tés, avec tous les genres d'industrie, avec tous les travailleurs; elle peut donc se rendre compte des besoins

généraux et des besoins individuels, porter les bras et les
instruments là où leur nécessité se fait sentir ; en un
mot, diriger la production, la mettre en harmonie avec
la consommation, et confier les instruments de travail aux
industriels les plus dignes ; car elle s'efforce sans cesse
de reconnaître leurs capacités, et elle est dans la meilleure position pour les développer. »

Et quand nous disons *utopie*, il est bien entendu que
nous n'appliquons ce terme à la théorie saint-simonienne
qu'en raison de son inefficacité absolue, au point de vue
du soulagement, et surtout de l'extinction du paupérisme.

Si nous n'étions pas fondé à avoir quelque confiance
dans la bonne foi de cette école, nous dirions qu'il était
impossible de mieux faire servir à la cause de l'exploitation capitaliste de prétendues aspirations vers la solution
du problème de la misère.

Mais il était dans la logique des choses, alors que le
capital se substituait dans la hiérarchie sociale à la domination des castes, que l'on eût d'abord la pensée de faire
servir ce capital à l'émancipation du prolétariat : et rien
n'était plus pratique que l'idée saint-simonienne, se résu-
mant en somme dans l'organisation de la *ploutocratie*.

Que signifiait cette centralisation des forces du travail,
sous une direction unique ? Rien n'étant plus difficile que
d'exposer, sans travestissement, même involontaire, la
pensée d'autrui, et alors surtout qu'il s'agit de systèmes,
que l'addition ou l'omission d'un simple détail peuvent
défigurer, nous extrairons textuellement de la doctrine de
Saint-Simon les formules de Saint-Simon ; répétant encore
une fois que si nous attachons une importance aussi grande

à des théories condamnées, c'est qu'elle indiquent, même dans leurs erreurs, l'immense travail qui s'est opéré depuis cinquante ans sur les questions sociales. Et il nous a paru même que, chez Proudhon, l'ardeur du polémiste l'empêchait trop souvent de rendre justice à l'esprit de ces efforts, si mal dirigés qu'ils fussent.

« Nous avons en vue, disent les saint-simoniens, une « industrie que l'on peut considérer comme nouvelle, « attendu le caractère particulier et le développement « considérable qu'elle a pris dans ces derniers temps, « l'industrie des *banquiers*. La création de cette industrie « est évidemment un premier pas vers l'ordre, et, en « effet, quel rôle jouent aujourd'hui les banquiers? Ils « servent d'intermédiaires entre les *travailleurs* qui ont « besoin *d'instrument de travail*, et les *possesseurs* de « ces instruments qui ne savent pas ou ne veulent pas les « employer; ils remplissent en partie la fonction de *dis-* « *tributeur*, si mal exercée par les capitalistes et les pro- « priétaires..... Les banquiers par leurs habitudes et leurs « relations sont beaucoup plus en état d'apprécier et les « besoins de l'industrie et la capacité des industriels que « ne peuvent faire des particuliers oisifs et isolés..... »

Ainsi, les saint-simoniens qui prétendent venir en aide au travail ne font en réalité qu'éterniser le règne du capital : ils fondent la bancocratie. Et afin que le travailleur ne puisse échapper à ce nouveau despotisme, ils demandent la centralisation des banques en une banque *unitaire* et *directrice*. En principe, leur société se compose d'oisifs capitalistes qui ne se préoccupent même plus de faire valoir eux-mêmes leurs capitaux et de travailleurs qui se trouvent complétement à la merci du capital.

L'argent est le dieu des saint-simoniens et ces prophètes ont leur *credo* :

L'argent est éternel, car éternellement il prélèvera sa
dîme sur le travail.

Il est infiniment intelligent, car à lui seul appartient de
marquer à chacun la place qu'il lui importe le plus d'occuper, et pour lui-même et pour les autres.

Il est infiniment juste, car « si le crédit est refusé à
une branche d'industrie, c'est que, dans l'intérêt de tous,
les capitaux ont été jugés susceptibles d'un meilleur emploi. Si un homme n'obtient pas les instruments de travail qu'il demande, c'est que des chefs *compétents* l'ont
reconnu plus habile à remplir une autre fonction. »

Il est infiniment puissant, car lui seul règle la hiérarchie, le pouvoir, la direction, l'état d'inférieur ou de supérieur.

Il est infiniment bon, car ses représentants, maîtres de
la société industrielle, maîtres du travail, maîtres de la
vie, sont ceux *qui aiment le plus* la destinée sociale.

Que produisit, que pouvait d'ailleurs produire la théorie
saint-simonienne ?

IX

La bancocratie s'étendit comme un polype immense
sur le pays; par ses milles suçoirs, elle résorba tout ce
qui existait en fait de capital petit ou grand, mais elle
reversa sur le travail cette masse de capitaux dont elle
préleva pour elle la plus grosse part à titre de traite-

ments, de pots-de-vin, de primes ; un groupe d'individus,
qui aimaient sans doute plus que les autres la destinée sociale, s'engraissèrent à tel point qu'on les vit prêts à crever de pléthore. Du reste les bancocrates étaient presque
tous saint-simoniens et récoltaient eux-mêmes la moisson de l'idée dont ils avaient jeté la semence.

Les misérables et les prolétaires étaient certes bien ou-
bliés dans cette *machinery* capitaliste : mais, comme la
logique ne perd jamais ses droits, le développement
énorme donné à l'industrie changea la face du pays, et la
question sociale fit encore un pas en avant.

Le prolétaire était devenu salarié : et c'est du salariat
organisé que nous le verrons s'élever tout à l'heure à
l'idée d'association ; le salarié songera naturellement à
devenir associé, actionnaire, par son travail comme d'autres le sont par leur capital.

De plus, la bancocratie porta, en dépit d'elle-même,
un coup terrible à la thésaurisation. La circulation s'établit rapidement, n'ayant encore qu'un mouvement mal
équilibré, circulation qui faisait refluer la masse des richesses des extrémités au centre.

Le saint-simonisme, par son vice originel même, ren-
dit donc un grand service : il fit comprendre l'impuissance
du capital, livré à ses propres forces, quant à la solution
du problème de la misère.

Encore un mot : le saint-simonisme était l'application
du système centralisateur à l'industrie.

De l'idée du crédit capitaliste et exploiteur la réaction
fera jaillir le crédit mutuel ; de la circulation mal réglée,
la circulation normale ; de la toute-puissance du capital,
l'inanité de la force capitaliste.

Nous ne nous arrêterons pas longtemps à la question du communisme qui devait nécessairement en un temps de rénovation sociale être de nouveau formulée avec une nouvelle force.

En 1823, Robert Owen avait fondé la colonie de New-Harmony.

« Je déclare au monde entier, s'écriait-il, que l'homme jusqu'à ce jour, sur tous les points du globe habitable, a été l'esclave d'une trinité, la plus monstrueuse combinaison que l'on pût imaginer pour frapper notre race entière de maux intellectuels et de maux physiques. Je veux parler de la propriété privée, des systèmes religieux, absurdes et irrationels, enfin du mariage fondé sur la propriété privée et combiné avec l'un de ces absurdes systèmes religieux..... Formidable trinité, composée d'ignorance, de superstition et d'hypocrisie, c'est le véritable et unique Satan. »

Mais ces tentatives communistes échouèrent absolument.

Cabet reprit ces théories en France et, faisant bon marché de la liberté de l'individu, prêcha la communauté dans sa forme la plus élémentaire.

« La communauté, dit-il, n'a pas les inconvénients de la propriété : car elle fait disparaître l'intérêt particulier pour le confondre dans l'intérêt public; l'égoïsme, pour lui substituer la fraternité; l'avarice, pour la remplacer par la générosité; l'isolement, l'individualisme et le morcellement pour faire place à l'association ou au socialisme, au dévouement et à l'unité..... Sans doute la communauté impose nécessairement des gênes et des entraves; car sa principale mission est de produire la richesse et le bonheur; et pour qu'elle puisse éviter les doubles emplois· et les pertes, économiser et décupler la production agricole et industrielle, *il faut de toute nécessité que la société concentre. dispose et dirige tout ;* IL FAUT QU'ELLE SOUMETTE TOUTES LES VOLONTÉS ET TOUTES LES ACTIONS A SA RÈGLE, A SON ORDRE ET A SA DISCIPLINE. »

Ainsi, le problème de la misère paraît si difficile à résoudre, il semble que l'état de paupérisme soit tellement inhérent à la nature humaine que, pour obtenir un progrès sérieux, les communistes supposent que l'humanité doit sacrifier absolument cette conquête encore si récente, la liberté, l'initiative personnelle et la dignité. M. Louis Blanc publie son livre remarquable : *De l'organisation du travail.* Pour lui, comme pour les communistes, il faut encore que la société prenne l'initiative des réformes, il faut qu'elle règle, il faut qu'elle décrète le bien-être.

« Le gouvernement, dit-il, serait considéré comme le régulateur suprême de la production, et investi, pour accomplir sa tâche, d'une grande force...... Le gouvernement lèverait un emprunt dont le produit serait affecté à la création d'*ateliers sociaux* dans les branches les plus importantes de l'industrie nationale..... Seraient appelés à travailler dans les ateliers sociaux, tous les ouvriers qui offriraient des garanties de moralité..... Les salaires seraient égaux..... La hiérarchie sortirait du principe électif..... Les ateliers de la même industrie seraient solidaires les uns des autres. »

Vouloir l'organisation du travail par l'État, c'était encore éterniser le règne du despotisme. Quelle était de plus la règle du crédit laissée au bon plaisir de l'État ? Allons plus loin qu'est-ce que l'État ? Qu'est-ce que cet être impersonnel auquel toute science est infuse, tout droit est accordé, toute puissance est dévolue ?

X

Quoi qu'il en soit, c'est au moment où toutes ces questions étaient à l'étude qu'éclata la révolution de février 1848.

Nous n'avons pas à refaire la triste histoire de ces quelques mois pendant lesquels la question sociale fut complétement négligée au profit de la question politique.

Chose étrange ! la question politique était définitivement résolue et il semblait qu'aucune discussion n'eût plus de raison d'être. Le dernier pas venait d'être franchi, le suffrage universel proclamé. Prolétaires et bourgeois étaient, par l'abolition du cens, égaux en droits, la forme du gouvernement ressortait elle-même de la situation. La République, c'est-à-dire l'absence de tout despotisme gouvernemental, était proclamée de par la force même des choses. Dans un pays où l'égalité politique existait définitivement il ne pouvait plus être question ni de despotisme, car le despotisme a besoin de s'appuyer sur la hiérarchie des castes, ni de constitutionalisme, car un gouvernement constitutionnel a besoin de s'appuyer sur la hiérarchie propriétaire et censitaire. La république était l'état normal d'une société dans laquelle le peuple ne voulait plus de gouvernants, mais des mandataires et des commis.

Que restait-il à faire ? Effacer définitivement les dernières distinctions qui pouvaient exister encore entre les citoyens, distinctions dont les deux termes extrêmes étaient d'un côté la misère travailleuse ou apte à travailler, de l'autre côté l'oisiveté rentière, propriétaire et capitaliste.

A la chute de Louis-Philippe, le capital avait perdu tous droits politiques; il se trouvait donc définitivement en face du travail, son égal.

Une tâche splendide était réservée aux hommes de Février : il fallait opérer la conciliation du travail et du capital, il fallait en un mot saisir corps à corps le problème social et, sans se laisser détourner par les terreurs ou les ambitions, poser immédiatement la question en invitant les citoyens eux-mêmes à la résoudre.

« Le 24 février, dit P.-J. Proudhon, avait eu lieu la déchéance du capital; le 25, fut inauguré le gouvernement du travail. Le décret du gouvernement provisoire qui garantit le droit au travail fut l'acte de naissance de la révolution de Février. Dieu ! fallait-il six mille ans d'arguments révolutionnaires pour nous amener à cette conclusion ? »

Dans cette dernière ligne se résume la justification de notre long travail.

« Non-seulement la succession du gouvernement des travailleurs à celui des capitalistes était logique, elle était juste. Le capital qui s'était posé comme principe et fin des institutions sociales, n'avait pu se soutenir; on avait acquis la preuve que, loin d'être principe, il est *produit*, et que la propriété, pas plus que le droit divin ou le sabre, n'est la force motrice et plastique de la société. Après avoir tout corrompu, la théorie capitaliste avait fait péricliter le capital même. »

Or, le pouvoir s'étant détruit de lui-même, le capital ayant été contraint d'abdiquer, que restait-il à faire ? Nous ne pouvons mieux répondre que ne l'a fait le grand logicien dont les études nous fourniront la conclusion de ce volume :

« Il fallait arracher les ongles et les dents au pouvoir, transporter la force publique du gouvernement aux citoyens, non-seulement afin que le gouvernement ne pût rien entreprendre contre la liberté, mais encore afin d'arracher aux utopies gouvernementales leur dernière espérance..... »

Et surtout, afin que le peuple perdît cette confiance dans le gouvernement qui constitue sa dernière illusion. La misère eut en février un mot sublime, mais fou :

— Nous avons trois mois de misère au service de la République ! s'écrièrent les prolétaires.

Cœurs nobles et consciences naïves ! Quoi ! vous pensiez donc qu'un gouvernement, quel qu'il fût, qu'il se nommât république ou de tout autre nom, pouvait résoudre le fatal problème, vous croyiez donc que c'était d'en haut que devait venir l'initiative, la réforme, la révolution ?

Erreur ! Trois fois erreur !

Le gouvernement provisoire devait dire aux prolétaires :

— Nous acceptons la mission désintéressée d'être vos mandataires, vos commis. Faites et ordonnez : en attendant et pour que nul obstacle ne vous arrête, nous proclamons la république, nous vous invitons à nommer vos délégués, puis, faisant le chemin net d'obstacles, nous abolissons toutes les lois restrictives et oppressives

de la liberté. Nous sommes là pour détruire, c'est à vous
d'édifier.

« Il fallait, continue Proudhon, abroger les lois oppressives de la liberté individuelle, faire cesser le scandale des arrestations arbitraires, fixer les limites de la
prévention... désarmer le pouvoir, licencier la moitié de
l'armée, abolir la conscription, organiser une landsturm,
éloigner les troupes de la capitale, déclarer que le pouvoir exécutif ne pouvait, en aucun cas et sous aucun
prétexte, dissoudre et désarmer la garde nationale.....
assurer la liberté de réunion, en abrogeant la loi de 1790
et toutes celles qui pouvaient prêter à l'équivoque, puis
organiser les clubs autour des représentants du peuple
et les faire entrer dans la vie parlementaire....... »

Il fallait, en un mot, ouvrir au peuple et à deux battants
les portes de la vie politique, et non les lui entre-bâiller
chichement.

Alors la question sociale se posait définitivement, à la
face de tous. Les travailleurs se réunissaient, discutaient
leurs intérêts, prenaient des déterminations; les associations se formaient, l'idée de l'égal échange ressortait de
la situation même; la société comprenait qu'il n'est pas
de son intérêt de tenter follement de bénéficier sur
elle-même, ce qui est un non-sens économique, la vente
au prix de revient entre producteurs et consommateurs
s'établissait normalement et forcément, le travail prenait
sa place définitive au soleil, le capital capitulait, la société
était sauvée; car c'était la misère elle-même qui traçait
son programme de résurrection..... le droit au crédit.

De tout cela, que fit la révolution de 1848?

Elle proclama le droit au travail.

Pour nous, nous avouons n'avoir jamais compris cette formule. Que signifie-t-elle?

Qu'à certains moments des prolétaires, disposés à travailler, vont offrant leurs bras et que ces bras sont refusés? Que le chômage est un état régulier, normal, et qu'il faut parer à ce danger sans cesse renaissant?

Ces situations, si elles existent, sont accidentelles, et nous ne raisonnons pas sur des accidents, contre lesquels devra toujours nous prémunir la prime d'assurance.

Le droit au travail est le droit au produit du travail. C'est ainsi qu'il faut le comprendre, sinon le formuler. Le droit au travail, pour mieux s'exprimer encore et ne laisser subsister aucun doute dans l'esprit du lecteur, c'est le droit au crédit.

Ce qu'il fallait organiser, ce n'était donc pas le travail, effort tout individuel, et par conséquent *inorganisable* comme l'unité, mais le crédit, effort mutuel, et par conséquent organisable comme tout nombre composé d'unités.

Crédit au capital, disait le gouvernement de Juillet.

Crédit au travail, devait proclamer le gouvernement de Février.

Et du coup, tout homme valide, sachant se servir de ses deux bras, justifiant de sa moralité, trouvait outils et matière de travail.

Seconde face du droit au travail.

Droit à la juste rémunération du travail, c'est-à-dire à un rapport comprenant et la somme nécessaire à la vie matérielle et la portion excédante destinée à permettre le repos de sept jours l'un, et la prime d'assurance contre les risques de chômage, de maladie, contre la vieillesse et ces infirmités...

Les gouvernants eurent peur du peuple, eurent peur de la question sociale, eurent peur de la République, eurent peur du gouvernement.

Eh! qui leur demandait de gouverner? Au contraire, pas de gouvernement, pas de direction autoritaire, pas de dictature, telle était l'essence de la révolution de Février.

Des comptables et des teneurs de livres, voilà les hommes dont nous avions besoin...

Les révolutionnaires de Février fondèrent les ateliers nationaux, puis les fermèrent, voulurent déporter les prolétaires en masse.

Et le fusil de juin couronna l'œuvre.

On sait ce qui advint depuis et comment le livre de la misère, loin d'être fermé, s'est augmenté de nouvelles pages, marquées du timbre autoritaire et gouvernemental.

Mais deux révolutions ne passent pas sans laisser derrière elle de vastes alluvions. C'est sur elles que se bâtiront les conclusions de l'histoire de la misère.

SEPTIÈME PARTIE

CONCLUSIONS

SOMMAIRE.

L'histoire de la Misère, c'est l'histoire du monde. — Civilisation égale misère. — Les droits violés. — La propriété et la famille. — Les Pères de l'Église. — L'héritier du ciel déshérité de la terre — Sentiment, capital, travail. — La mort de Louis XVI. — Discussions. — Misère des villes et des campagnes. — L'usure. — Arguments d'un bourgeois. — Le budget de l'ignorance et de la misère. — Le budget de la bienfaisance. — Il coûte plus de donner que de percevoir. — Proportion dans laquelle la misère augmente. — Un franc cinquante et un centimes par an. — Trois centimes par jour. — Louis Blanc. — Le Chant du Pain. — La taxe des pauvres. — Statistique. — L'Irlande. — L'émigration. — Résultats obtenus. — M. Jules Simon. — Le prolétaire désarmera, mais que les .... propriétaires commencent. — Justice. — Crédit au travail. — La vente au prix de revient. — La liberté. — Mercuriales et statistique. — La question des loyers. — Projet de décret. — La banque du crédit au travail. — Que la misère disparaîtra.

SEPTIEME PARTIE

CONCLUSIONS

I

Nous sommes arrivé au bout de l'aride tâche que nous nous étions imposée.

Certes, nous avons dû passer rapidement sur nombre d'épisodes émouvants, nous avons dû laisser dans l'ombre bien des détails. Un volume pour écrire l'histoire de la Misère, mais c'est à peine le dixième de ce qui serait nécessaire.

L'histoire de la misère, c'est l'histoire du monde : il faudrait, interrogeant la carte universelle à chaque âge, à chaque période, dérire chez tous les peuples, dans toutes les régions, les accidents sociaux, les particularités vitales.

Mais la misère a ceci de caractéristique, que, partout et sous quelque latitude qu'on l'étudie, elle est toujours identique à elle-même.

Il n'existe pas deux manières différentes d'avoir faim; les larmes sont partout amères, les souffrances sont partout cruelles. Partout et de la même façon l'homme se courbe, gémit...

Autant de physionomies diverses que d'hommes vivants; cela est vrai, mais par contre, tous les cadavres se ressemblent.

Si nous nous sommes attaché à l'étude de la misère chez les peuples les plus civilisés, chez ceux qui ont les premiers connu l'organisation sociale, chez ceux qui ont vu se développer le plus rapidement dans leur sein les progrès matériels et la croissance morale, c'est que, chez ceux-là, la misère revêt tout d'un coup son caractère complet, total, absolu. Là, tous les traits sont rassemblés sur un même visage, là le misérable est dans sa perfection, la souffrance est parvenue à son point définitif de développement.

Point n'est besoin de savoir ce que sont les misérables des autres contrées; nous donnons le type dont les autres se rapprochent plus ou moins.

Ce qui nous conduit à cette conclusion, c'est que, jusqu'à l'époque actuelle, la misère a crû en raison directe de l'accroissement de la civilisation.

C'est ainsi encore que, de notre temps, par une anomalie monstrueuse, les villes manufacturières, c'est-à-dire les cités dans lesquelles l'homme dépense la plus grande somme d'énergie et de courage, sont plus que toutes autres dévorées par la lèpre de la misère.

D'où cette question :

Qu'est-ce donc que cette civilisation dont le seul résultat est d'enfanter la misère? Qu'est-ce que ce progrès qui dégrade, cette marche sociale en raison de laquelle tout recule?

Et enfin :

A quel vice primordial, essentiel et continu, faut-il attribuer cette anomalie monstrueuse qui se formule en une équation :

Civilisation *égale* misère.

Nous avons inscrit en tête de ce volume quelques lignes qui contiennent la réponse à cette question :

« L'hypocrisie de nos philanthropes, a dit Proudhon, s'est évertuée à chercher les causes du paupérisme et du crime. Ils ne les ont pas trouvées. C'est tout simple. Ces causes se réduisent à une seule : le droit économique partout violé. »

Certes, ce droit a été violé, mais il a été surtout méconnu, ou, pour mieux dire, inconnu. Et aujourd'hui encore, à l'aurore de la grande rénovation sociale qui se prépare, et qui sortira des entrailles mêmes de la situation, comme Minerve sortit tout armée du cerveau de Jupiter, les principes économiques sont encore, pour les dix-neuf vingtièmes des travailleurs, des penseurs, et même, disons-le, des philosophes (si tant qu'il existe des philosophes), non-seulement à l'état de problèmes incompris, mais encore à l'état d'épouvantails.

Nommer l'économie sociale, c'est nommer une sorte de mythe monstrueux, dont l'existence réelle n'est pas bien prouvée, qui tient à la fois du fantôme et du démon, quelque chose d'innomé et d'innomable, un rêve, une folie, un non-sens.

Et cependant, la science sociale est toute de réalité, comme les sciences physiques, naturelles ou mathématiques.

Ses principes sont des axiomes, ses tendances des corollaires.

Afin de nous faire comprendre du lecteur, reprenons, s'il lui convient, la question *ab ovo*.

Le premier acte social que nous avons constaté est, on s'en souvient, celui-ci :

Accaparement par le patriarche d'un capital terre-bétail :

D'où le servage ;

D'où la guerre ;

D'où l'esclavage.

La guerre est devenue conquête. La conquête a produit l'asservissement des races autochtones, l'oisiveté des possédants, l'affranchissement restreint des travailleurs de la terre, affranchissement tout politique, combattu bientôt par un nouvel asservissement social, au moyen de l'usure, et, au besoin, de la violence.

Si bien que, dès l'origine de la société, grâce à ce premier sentiment que nous avons nommé *crainte de manquer*, ou prévoyance irraisonnée, à cet autre sentiment de paresse qui pousse l'homme à jouir sans travailler, lequel engendre le besoin de faire travailler autrui, nous avons vu se produire rupture d'équilibre entre les membres de l'humanité, dont les uns sont devenus les riches et les oppresseurs, les autres les pauvres et les opprimés.

Ces sentiments et ces besoins constatés, des oppresseurs ont appelé la *politique* à leur aide, et par ses combinaisons habiles, basées sur leur intérêt propre, qu'ils ont décoré du beau nom d'ordre social, ont enchaîné les travailleurs dans leur position d'infériorité dûment constatée et enregistrée. Les lois n'ayant alors d'autre objectif que la conservation d'un ordre économique, abusif et injuste.

Il était parfaitement naturel que des hommes, parfaitement ignorants, ne connaissant d'autre argument que la force, érigeassent la force en droit, et fissent de ce droit la base de leur économie sociale. De plus, attribuant à une intervention supérieure, divine, leurs triomphes et leurs conquêtes, ils regardaient comme inférieurs à eux, ceux dont les *dieux avaient été vaincus*. Et la théocratie, donnant à ce sentiment sa forme politique, venait ajouter sa force oppressive à celle qui pesait sur les déshérités.

Donc, et c'est à ce point que nous voulions arriver, les formes politiques, loin d'avoir produit la forme économique des premières sociétés, n'en ont au contraire été que la sanction.

Il semble passé en axiome que la famille, c'est-à-dire l'autorité du père sur les enfants, renferme le principe de toute politique. Erreur à notre avis, par cette raison que la famille est forme naturelle, humaine, inhérente à l'essence même de l'être, tandis que les formes politiques sont, au contraire, toutes, fictives, toutes de circonstance.

Et de ceci la preuve est simple :

Les formes politiques passent, la famille reste.

Que les premières formes politiques aient été calquées sur l'organisation de la famille, rien de plus réel, et surtout de plus simple à comprendre : mais ne faisons plus à la famille cette injure de croire que dans le père le tyran était en germe, que dans le père préexistait l'oppresseur.

Le père, au contraire, est l'expression, le symbole de la justice commutative entre les enfants : tandis que les formes politiques n'ont été et ne sont encore que le symbole du privilége et de la hiérarchisation.

Revenons à la question sociale :

Dès le principe, nous trouvons que par ignorance des vrais principes économiques, qui impliquent échange de produits, travail équivalent, absence de hiérarchie et, par contre, absence de gouvernementalisme, qui impliquent fédération des divers groupes de travailleurs et consommateurs par l'idée d'égal échange et de non-exploitation des uns par les autres, s'est établie l'oppression, la subalternisation, d'un côté richesse et puissance, de l'autre misère et annihilation.

Une première secousse vient ébranler le monde économique. C'est Jésus qui est le messie de cette bonne nouvelle.

Mais que fait-il? Vient-il dire au riche : Associez-vous avec le pauvre ; le pauvre veut et peut travailler. Que ce pouvoir et cette volonté lui donnent crédit. L'accaparement est chose non-seulement injuste, mais illogique. Je suis le Dieu-Justice, et j'ai dans la main une balance... Non pas ! Ce que Jésus a dans les mains, c'est le fouet avec lequel il chasse les marchands du temple ; ce qu'il apporte, c'est la croix sur laquelle il meurt.

Jésus veut la réhabilitation du pauvre.

Tu ne possèdes rien, lui dit-il, donc tu es grand. C'est en raison même de ta misère que tu obtiendras le royaume des cieux. La souffrance est divine. Je ne prétends pas régénérer le monde social, soit par la nouvelle répartition des biens, comme la réclamait Gracchus, soit par la réclamation du droit au travail, soit en prêchant l'association. Non, en vérité je vous le dis, la richesse est chose mauvaise en soi. Le travail ne vaut pas la contemplation. Les pauvres d'esprit, les faibles, les déshérités, sont les enfants de Dieu, parce qu'ils sont pauvres d'esprit, faibles ou déshérités.

Divinisation de la misère.

On a parlé de fraternité : il est important de ne pas s'abuser. Jésus a prêché la fraternité entre les pauvres, mais en réalité il a toujours désigné le riche comme étant l'ennemi. Seulement, disait-il au pauvre, ne résiste pas, ne t'insurge pas, courbe-toi, bien bas, bien bas, et plus bas tu sera courbé, plus facilement tu passeras sous la porte divine.

Allons plus loin : Jésus prêche la hiérarchie, seulement il change le sens de l'échelle. Ce sont les pauvres qui sont au sommet. Il leur donne le royaume du ciel, laissant aux autres le royaume de la terre. Jésus, le pauvre, est roi, mais son royaume n'est pas de ce monde. Il est dans les régions divines, auprès de celui devant qui les rois et les grands de la terre ne sont rien.

Pauvres et riches forment deux castes à part. De la forme politique, Jésus n'entend rien changer : Rendez à César ce qui est à César. De l'économie sociale, Jésus ne prétend rien modifier : Restez à votre place, ô pauvres.

Car votre place vaut mieux que le trône le plus brillant.

En résumé, consolation, sentimentalisme, conservation, rien de plus, rien de moins.

Qui donc a prétendu que Jésus fut un révolutionnaire?

Remarquez ici que nous ne prétendons attribuer à Jésus que les doctrines de l'Évangile. Et pour ne pas tomber dans les redites, nous renvoyons le lecteur à la troisième partie de cette étude.

Mais il convient d'étudier ici ce que devint la doctrine du Christ, lorsqu'elle passa par la bouche de ses apôtres.

« Que tout le monde soit soumis aux puissances supé-
« rieures. Car il n'y a point de puissance qui ne vienne
« de Dieu, et c'est lui qui a établi toutes celles qui sont.

« Celui donc qui s'oppose aux puissances résiste à
« l'ordre de Dieu, et ceux qui y résistent attirent la con-
« damnation sur eux-mêmes.

« Car les princes ne sont point à craindre, lorsqu'on
« ne fait que de bonnes actions, mais lorsqu'on en fait de
« mauvaises. Voulez-vous ne point craindre les puis-
« sances? faites bien, et elles vous en loueront.

« Le prince est le ministre de Dieu pour vous retenir
« dans le bien. Que si vous faites mal, vous avez raison
« de craindre, parce que ce n'est pas en vain qu'il porte
« l'épée. Il est le ministre de Dieu, et le venge en punis-
« sant les méchants.

« C'est pour cette même raison que vous leur payez
« tribut, ils sont les ministres de Dieu...

« Rendez donc à chacun ce qui leur est dû, tribut,
« crainte ou respect... »

Ainsi parle saint Paul dans son épître aux Romains.

Il a pris à lettre la parole du maître; il ne peut être question de rénovation sociale.

Le chrétien est un être éminemment soumis, qui ne résiste même pas aux oppresseurs, qui chante dans les tortures, qui adore la souffrance, la meilleure et la plus sûre clef du paradis.

Seulement, il y a progrès au point de vue de l'autorité et de l'éternisation de la misère :

Ne vous préoccupez pas des grands, disait Jésus, ils ont assez à faire pour leur salut. Car il serait plus facile de voir un chameau passer par le chas d'une aiguille qu'un riche entrer dans le royaume des cieux. Les riches et les grands sont donc, en quelque sorte, désignés d'avance à la vindicte divine. Dieu aime les pauvres, Dieu n'aime pas les riches.

Dans saint Paul, au contraire, voici que les grands et les riches sont devenus les élus de Dieu. Il n'y a pas de puissance qui ne vienne de Dieu.

Les princes sont éminemment justes, mieux encore, ils portent l'épée de Dieu.

Quel pas immense! Et ne comprend-on pas d'ores et déjà que la tirade de saint Paul était en germe dans les paroles du Christ.

Puisque le pauvre est l'élu du Seigneur, puisque ce serait folie de sa part que de répudier sa misère et son humilité qui le désignent à la faveur du Tout-Puissant, il ne doit par conséquent pas tenter de résister au courant qui l'entraîne. Qu'il se fasse humble, qu'il se fasse petit, là est son lot, là est son avenir....

D'où saint Paul tire cette conclusion :

Afin que le pauvre n'ait point l'idée de se rebeller contre le puissant, afin qu'il ne perde pas, par une victoire qui lui serait préjudiciable, le Ciel, son héritage, montrons-lui ces grands si terribles et si puissants qu'il n'ait même point la velléité de mesurer ses forces avec les leurs....

De cette pensée à l'exaltation des grands, à la divinisation du privilége, la pente est facile, et saint Paul n'eut garde de rester en arrière.

Vos maîtres ne sont-ils pas vos bienfaiteurs, puisque en vous faisant misérables, ils aplanissent pour vous la route du ciel? *Il vous retiennent dans le bien,* soyez donc leurs très-humbles esclaves.

Saint Paul est l'apôtre de l'épée, l'autoritaire par excellence.

Mais après lui viennent d'autres Pères. Ceux-là sentent déjà leur puissance. A prêcher les pauvres, ils ont conquis une autorité réelle.

« Que les pauvres restent humbles et petits, soit. Mais nous, les évêques, nous sommes grands, nous sommes nous aussi les élus de Dieu, et le jour viendra où nous serons plus que les pairs, nous serons les supérieurs des potentats de ce monde. Nous représentons les petits, auxquels Dieu a promis le royaume de Dieu, c'est-à-dire l'infinie puissance. Nous usons de cette puissance... »

Et les Pères changeant de tactique, répudient l'humilité du Christ, mettent des conditions à leur soumission; avant d'aspirer à la puissance politique, ils rappellent la question sociale.

« Qu'est-ce qui est à toi? De qui l'as tu reçu? N'es-tu
« pas comme celui qui, au théâtre, réclamerait pour lui seul
« les places préparées pour l'usage commun ? Ainsi

« les riches, ayant occupé les premiers ce qui appar-
« tient à tous, se l'approprient comme étant à eux seuls.
« On appelle LARRON celui qui ôte à un autre son habit :
« n'apellera-t-on pas de même celui qui, pouvant cou-
« vrir la nudité d'autrui, néglige de le faire ; le pain que
« tu gardes est à celui qui a faim ; le manteau que tu
« conserves est à celui qui est nu ; à l'indigent l'argent
« que tu enfouis ! » (Saint Basile.)

« Ne pas donner aux autres, c'est se rendre coupable
« de RAPINE contre eux et leur ôter la vie.... Ne soyons
« pas plus farouches que les animaux ; ils ont tout en
« commun, et vous, vous recélez souvent la subsistance
« de plusieurs milliers de personnes. N'est-il pas hon-
« teux, tandis que tout est commun entre nous, biens de
« la nature et de la grâce, de ne pas conserver pour l'ar-
« gent la même communauté ? N'appelez pas plus heureux
« le riche que le BRIGAND qui recèle dans son antre les
« trésors qu'il a ravis. » (Saint Jean Chrysostome.)

« C'est de l'iniquité que proviennent toutes les riches-
« ses ; l'un ne peut gagner que l'autre ne perde ; de là le
« proverbe : Tout riche est injuste ou héritier d'un in-
« juste. » (Saint Jérôme.)

« Voyez les oiseaux de l'air, et vous comprendrez que
« la pauvreté provient de l'avarice : les oiseaux ont abon-
« damment de quoi vivre, quoiqu'ils ne labourent ni ne
« sèment, pour qu'aucun deux ne s'approprie pour son
« usage particulier les fruits qui sont à tous..... La terre
« a été donnée en patrimoine à tous les hommes ; personne
« ne peut se dire propriétaire de ce qui a été DÉTOURNÉ

« PAR VIOLENCE de ce fonds commun au delà de ce qui lui
« était nécessaire pour vivre.... C'est l'USURPATION qui a
« fait la propriété. » (Saint Ambroise.)

« En donnant aux indigents, nous ne faisons que leur
« rendre ce qui est à eux.... *nous payons une dette.* »
(Saint Grégoire.)

II

Mais comment, encore une fois, se pose la question
sociale ?

Que prêchent les Pères, sinon la guerre.

Si, en même temps qu'ils parlaient ainsi, ils n'eussent
continué à faire peser sur les fidèles le joug devenant de
plus en plus lourd de la subalternisation, voyons quel résultat ils auraient obtenu.

On a beaucoup reproché à P.-J. Proudhon d'avoir inscrit en tête de son ouvrage capital ces mots, dont le re-
tentissement fut si violent : La propriété, c'est le vol.

Saint Basile dit : Le riche est un *larron.*
Saint Jean Chrysostôme dit : Le riche est un *brigand.*
Saint Jérôme dit : Le riche est *injuste.*
Saint Ambroise dit : Tu as détourné par *violence.*
Saint Grégoire dit : Le riche est notre *débiteur.*

Que si les chrétiens, les pauvres, obéissant à ces appels
répétés, se fussent jetés sur les riches, les eussent massa-
crés comme firent les Jacques, se fussent violemment
emparés de leurs richesses, n'eussent-ils point été dans le

vrai, au point de vue de ces prédications que les modernes qualifieraient sans hésitation de *démagogiques* ?

« Contre le voleur, il y a droit de revendication, » eussent crié les chrétiens; et qui aurait pu les retenir ?

Mais en même temps que les Pères levaient une main menaçante vers les puissants, de l'autre ils montraient à la masse des pauvres la croix sur laquelle mourait un Dieu. Ils avaient pris leur mandat, et ils ne permettaient plus aux chrétiens de s'immiscer dans ces discussions entre deux ordres de puissances.

Eux se révoltaient. Aux pauvres, ils prêchaient la soumission et l'abnégation.

Tant et si bien que les humbles, en entendant si bien prêcher leur cause, disaient :

Ils savent mieux que nous ce qui est à faire. Notre rôle est de nous taire et de nous courber....

Les riches laissaient tomber quelques aumônes, et les pauvres remerciaient, et jetaient vers leurs évêques un regard de reconnaissance.

Ne comprenant pas que ces évêques devenus papes, devenus maîtres, devenus rois, allaient être, eux aussi, des oppresseurs, mais hypocrites, et prêchant en faveur de celui qu'ils tiendraient sous leurs pieds.

Si bien encore que le sentiment de l'infériorité, de l'humilité, de la subalternisation sociale, s'imposait de plus en plus aux pauvres et aux opprimés, et que le chrétien, qui avait droit au royaume du ciel, devint Jacques Bonhomme, pillé par le roi, pillé par le comte, pillé par l'évêque.

L'héritier du ciel continua d'être le déshérité de la terre.

Vint le mouvement des communes dont nous avons esquissé le véritable caractère : mouvement tout égoïste et laissant le pauvre en dehors de son action.

Examinons rapidement, en tout ceci, la marche de la révolution sociale.

Au moyen âge, la situation était facile à comprendre : les privilégiés de la naissance, les propriétaires de fiefs, n'entendaient en aucune façon partager leur prépondérance avec qui que ce fût.

La masse des prolétaires leur paraissait trop éloignée d'eux pour qu'ils eussent à s'en préoccuper outre mesure. Mais les besoins d'argent qu'ils éprouvèrent les forcèrent de compter avec les bourgeois : ces derniers revendiquèrent énergiquement les droits du numéraire, avec lesquels il se sentaient à portée de faire capituler leurs dominateurs.

Le mouvement des communes n'est donc autre que la première revendication des droits de la richesse. les seigneurs résistèrent longtemps. Ils voulaient conserver un droit absolu d'exploitation sur tout ce qui n'appartenait pas à leur caste, et était, en conséquence, d'essence inférieure à la leur.

Mais les seigneurs étant eux-mêmes subordonnés aux rois, ce fut vers ceux-ci que se tournèrent les bourgeois.

En réalité, quel était le droit des bourgeois? S'ils s'étaient appuyés sur le droit du travail, il est évident que la logique voulait qu'ils appelassent les véritables travailleurs, les prolétaires, à jouir des priviléges dont ils revendiquaient la possession pour eux-mêmes.

L'idée bourgeoise était très-loin de s'élever à cette hauteur. Pour eux, ce qui constituait un droit, ce n'était pas l'effort du travail, mais bien le résultat de ce travail.

Le travail était, dans leur conscience, un moyen d'acquérir la richesse, et la richesse seule faisait le droit.

Ceci est indiqué par les articles empruntés par nous à
quelques-unes des chartes, et par lesquels les travailleurs
sont autorisés à entrer dans la commune, c'est-à-dire
dans la réalité de la vie sociale, dès qu'ils ont réuni un
pécule suffisant.

Les rois, de leur côté, voulant substituer leur autorité
centralisative aux dominations étrangères des seigneurs,
s'appuyèrent sur la bourgeoisie, qui, la première, avait su
entamer ces formidables priviléges.

L'alliance des bourgeois et des rois avait donc un but
uniquement politique; et si dans ce mouvement nous décou-
vrons quelques signes d'amélioration sociale, de progrès,
en un mot, comprenons bien que ces améliorations étaient
inconscientes, ce progrès presque involontaire. Les bourgeois et les rois n'avaient nullement la volonté de faire
marcher en avant la société. Ils travaillaient uniquement
pour leur compte particulier, les uns, voulant conserver
des richesses acquises, les autres, les rois, voulant tout
rapporter à leur unique personnalité.

III

Cependant, si profond que fût l'abîme qui séparait alors
l'idée-capital de l'idée-travail, un jour devait nécessairement venir où cet abîme se comblerait, où l'on compren-
drait que, le capital n'étant après tout que le produit du

travail, si le premier revendiquait des droits, ces droits appartenaient aussi plus essentiellement au second.

La royauté profita de l'erreur de la bourgeoisie. La centralisation des forces capitalistes disparut dans la centralisation du pouvoir royal; et le premier possesseur, le premier propriétaire, le premier riche, dut être le roi, maître absolu, comme le pensait Louis XIV, de la vie et de la fortune de son peuple.

Donc, nous nous trouvons jusqu'ici en présence de trois antagonistes :

Le sentiment, orgueil, vanité, droit divin, toutes expressions identiques, en raison desquelles la prépondérance est attribuée à des entités fantaisistes qui n'existent que dans l'imagination des masses.

Le capital, produit des efforts individuels ou de l'exploitation d'autrui : expression matérielle des aspirations de la société vers le bien-être, négation du sentiment, en ce que l'argent n'est point chose de fantaisie, mais matière réelle, tangible.

Le travail, toujours sacrifié, toujours oublié, qui ne lutte parfois qu'en appelant à son secours toutes les forces de la rage et du désespoir, écrasé sous la double pression du *sentiment* et du *capital*, le travail qui seul représente la misère.

Le grand roi Louis XIV, et son successeur Louis XV, par l'exagération même de leur insanité centralisatrice et gouvernementale, hâtaient la déchéance du sentiment. A force de regarder en face ces privilégiés de la naissance, qui se barbouillaient le visage de sang ou de paillettes d'or pour n'être point reconnus, on s'aperçut que ce n'était après tout que des hommes. 1789 les toucha du doigt, et l'on vit qu'ils pouvaient être ébranlés. 1793 les toucha de la hache, et l'on vit qu'ils pouvaient être tués.

La dignité humaine fit un pas immense, pendant que Louis XVI marchait du Temple à l'échafaud.

Quand cette tête tomba, tout un peuple se releva, en criant :

— Et nous aussi nous sommes des hommes !

Et toujours sublime, le peuple oublia qu'il avait faim, qu'il souffrait, pour aspirer à pleins poumons et de sa poitrine creuse l'air de liberté qui lui arrivait de toutes parts.

La question sociale ! il en était parbleu ! bien question !

Quand un homme sent sur sa tête le pied d'un maître, il ne songe qu'à se relever ; et s'il comprend qu'il le peut faire, il se redressera, il frappera, il luttera, fût-ce pendant un jour et une nuit, fût-ce pendant deux jours et deux nuits, et c'est après avoir vaincu seulement que, tombant sur la terre, il demandera à manger.

Ainsi, arriva-t-il pendant notre grande Révolution.

Louis XVI mort, le peuple fut tout entier à l'ivresse de la liberté : il se sentait vivre. Il s'étonnait de pouvoir prendre sa part du gouvernement, et acclamant ceux-ci, répudiant ceux-là, il s'amusait de voir ces hommes qui s'élevaient et tombaient.

Mais la misère le saisit à la gorge.

Le peuple, qui avait oublié la misère, se retourna furieux. Ils se reconnurent. Alors, passant de la confiance excessive à la terreur, le peuple se livra à qui voulut le prendre. Le lutteur était épuisé, il demandait à manger.

La Révolution crut que la force qui lui avait suffi pour vaincre le *sentiment* pourrait encore dominer le capital; le combat commença. La Force-Autorité prit corps à corps la Force-Capital. Ce fut l'ère du maximum et des mesures prohibitives.

L'autorité fut vaincue, et, se repliant sur elle-même, abandonna le peuple à sa misère. Le peuple eut un instant de folie. Il n'avait pas de pain, il demanda de l'eau-de-vie, Napoléon lui en versa à plein verre. Son eau-de-vie s'appelait le combat, la victoire, la conquête. Pour que le peuple oubliât le problème-misère, il fallut lui jeter des peuples en pâture, tout un monde. Et ces hommes couraient au combat en jetant le cri de liberté, encore si nouveau dans leur bouche, et qu'ils croyaient mieux comprendre en le lançant de tous leurs poumons aux quatre coins de l'Europe.

La misère continuait son œuvre, et la mort l'aidait.

Campagnes dépeuplées, misère, le règne de Napoléon tripla le mal.

Le peuple se retira. Napoléon tomba.

Depuis ce jour-là, les prolétaires sont calmes et songent à la question sociale.

La révolution de 1848 leur a fait perdre leur dernière illusion : ils ne croient plus au gouvernement.

Ils ne supposent plus que le bien-être leur tombera des régions transcendentales ; avec le coup d'État de décembre 1851 et le plébiscite de 1852, ils ont vu s'abattre leur dernier espoir.

Ne croyaient-ils pas que Louis-Napoléon arrivait avec des galions chargés d'or ?

Et cela au moment où le maçon Nadaud écrivait :

« Nous avons vu de près la misère dans son immense variété, et nous avons pu comparer celle des villes : cette dernière est cent fois plus hideuse ; car, avant de dévorer les populations, elle commence par les dégrader. Nulle part, quelque profonde que soit la détresse, on ne trouve dans les champs ces générations étiolées qui n'ont même plus la conscience de leur dégradation. L'homme des campagnes conserve au sein de la misère un certain sentiment de force et de dignité qui le fait se roidir encore contre l'humiliation ; il a des vêtements qui le préservent à demi du froid, un abri, malsain et humide, qui le défend à peine contre l'intempérie des saisons ; une nourriture grossière sert à l'entretien de sa vie, mais il a pour contre-balancer ces influences un corps robuste, l'air pur et la liberté. Après la récolte, il ramasse dans les champs les épis qui ont échappé aux moissonneurs ; il recueille dans les bois les brindilles sèches qui serviront à échauffer ses membres engourdis. Mille secours lui sont offerts, parce qu'à la vie matérielle il suffit des choses les plus simples, et que l'agriculteur n'est pas au milieu même de l'aisance, environné de jouissances fâcheuses inventées par le luxe. Ce qui manque à l'habitant des campagnes, c'est la vie intellectuelle ; ce qui manque à ses enfants, c'est l'éducation qui, en grandissant l'homme, le fait marcher dans la voie du progrès et lui fait suivre la route tracée à l'humanité par les lois éternelles qui régissent les sociétés (1).

« Quant à la misère des villes, elle est bien plus af-

(1) Et surtout, ce qui manque à l'homme des campagnes, c'est une organisation rationnelle du crédit. Voici un compte rapporté par Louis Blanc dans le journal *le Nouveau-Monde*, du 15 février 1850, c'est-à-dire avant l'augmentation des droits de timbre et autres.

COUT D'UNE OBLIGATION DE 300 FRANCS AVEC HYPOTHÈQUE :

Notaire : Honoraires, rédaction..................	5 »	} 11 »
Expédition, deux rôles à 1 fr. 50.......	3 »	
Bordereau d'inscription, rédaction......	3 »	
Fisc : Timbres, deux de 0 fr. 35 c. et un de 1 fr. 25.............................	1 95	} 8 25
Enregistrement à 10 p. 0/0.............	3 30	
Inscript. au bureau des hypothèques....	3 »	
Intérêt de l'argent, 10 p. 0/0 au moins...........		30 »

Total retenu le jour de l'emprunt.   49 25

QUITTANCE :

Notaire : Honoraires, rédaction...?...........	5 »	} 8 »
Expédition, deux rôles à 1 fr. 50, copie.	3 »	
Fisc : Timbres, un de 0 fr. 35 c. et un de 1 fr. 25	1 60	} 6 25
Enregistrement, à 0,55 p. 0/0.........	1 65	
Radiation d'hypothèque...............	3 »	

Total que coûte la quittance......   14 25

Coût d'un emprunt de 300 francs par an pour un paysan de la Dordogne.... .... 63 50

Montant de l'obligation................   300 »
Total retenu le jour de l'emprunt.......   49 25

Net que reçoit le paysan.........   250 75

Combien pour cent, si pour 250 fr. 75 c. en argent on paye 63 fr. 50 ? C'est 25,32 p. 0/0 !!!

freuse, car elle étiole le corps et l'esprit, tue le physique
et étouffe le moral ; c'est la mort précédée d'une longue
et douloureuse agonie ; c'est la torture lentement combi-
née, qui émousse tous les ressorts de la sensibilité avant
que le dernier souffle de la vie s'échappe. Dans les
villes, pas de ressources, quand le travail manque aux
bras du prolétaire, plus d'abri, plus de vêtements, plus
de pain ; dans son dénûment, la charité seule, dédai-
gneuse, insultante, trop souvent insuffisante, est son seul
refuge, et quand son estomac est tordu par la faim,
quand son esprit est livré aux crises violentes du désespoir, il aspire par tous les pores les fumées odorantes
qui s'échappent des cuisines sensuelles du riche ; l'or, le
luxe, les mille superfluités de la vie, s'offrent à sa vue et
lui rendent la misère plus odieuse. Lui, qui manque même
du strict nécessaire, que le nom sacré d'homme n'a pas
mis à l'abri des tortures de la faim, coudoie à chaque pas
ses semblables, riches orgueilleux, et qui n'abaissent
sur lui leurs regards que pour les détourner avec dégoût ;
car la misère, qui devrait exciter toutes les sympathies,
est un objet de répulsion..... »

Et aujourd'hui que veulent-ils, ces ouvriers, ces
prolétaires ?

La liberté ; et ils se sentent assez forts pour résoudre
la question qui les intéresse. Ils n'attendent plus rien
d'en haut.

La charité leur est à charge. La bienfaisance leur ré-
pugne. La dignité humaine se dresse enfin tout entière.

Et, chose remarquable, ce peuple qui a tant souffert,
ce peuple de déshérités, de souffrants, n'a pas une pensée mauvaise.

La bourgeoisie seule crie à la spoliation, au partage.
Ceux qui ne veulent rien concéder sont ceux qui craignent
le plus de perdre.

Le peuple répond : Association, coopération, mutuellisme.

Quant au gouvernement, il obéit à sa mission et à son
essence :

Il gouverne.

Et puis ?

Il gouverne.

Puis encore ?

Il gouverne.

IV

La bourgeoise a découvert depuis peu un nouvel argument :

Qu'est-ce que cet épouvantail de la misère ? répète-t-
elle. La misère est un mot.

— Tenez, me disait un de ses adeptes, fort gras d'ailleurs et très-ventru, je viens de parcourir les premières
parties de votre manuscrit. Très-bien ! en vérité, vous
m'avez ému. Mais de bonne foi, où voulez-vous en venir ?
A qui ferez-vous croire que la misère existe aujourd'hui ?
A Paris, voyez-vous dans les rues des haillons, sur les
routes, rencontrez-vous des hommes qui meurent de

faim ?.,. Vous avez entassé, aux époques antérieures, des tableaux que je veux croire exacts (vous citez d'ailleurs à l'appui de vos renseignements des noms fort honorables); mais au temps actuel, rien de tout cela n'existe : pour les ouvriers valides, il y a toujours du travail : pour les pauvres, au besoin, nous avons les bureaux de bienfaisance. L'Angleterre a sa taxe, d'autres États préfèrent la charité privée à la charité légale; mais en réalité, on vit, on mange, et on boit : il est faux que l'on meure de faim. *Il ne faut plus nous la faire à la misère*, termina mon interlocuteur, qui ne se défend pas, on le voit, de certaines allures artistiques. Vos déclamations nous coûtent déjà assez cher : vingt-cinq millions par an.

. . . .

Bourgeois, vous avez tort. Et ce chiffre de vingt-cinq millions est bien au-dessous de ce que nous coûte la misère.

N'oubliez pas de comprendre dans le bilan des dépenses nécessitées par la misère ce que nous coûte l'ignorance.

Et par ignorance, je n'entends pas seulement l'absence des notions élémentaires, telles que lecture ou écriture, notions qui, pour le peuple et selon vous, résument toute l'instruction, mais l'ignorance économique ou exploitation dite légitime, l'ignorance morale ou injustice, l'ignorance politique ou notion incomplète des droits et des devoirs.

Or, voici ce que nous coûtent l'ignorance et la misère, en chiffres ronds bien entendu :

Quinze cents millions par an, sur un budget de deux milliards, ainsi répartis :

Au budget de la misère proprement dite : le budget de la bienfaisance.

Au budget de l'ignorance : le budget de la justice.

—	—	des cultes.
—	— des affaires étrangères.
—	—	de l'intérieur.
—	—	de la guerre.
—	—	de la marine.

Vous voyez que nous sommes loin de compte.

Il est vrai que le budget de la bienfaisance que vous portez à vingt-cinq millions a pour but de soulager, et que les autres budgets ont pour objet de réprimer ou d'aggraver la misère. Mais si vous dépensez vingt-cinq millions par an pour diminuer la misère, cinquante millions pour réprimer ceux qu'elle pousse au mal, vous dépensez quatorze-cent soixante-quinze millions pour l'entretenir.

Il n'y a véritablement point de balance.

Les budgets des affaires étrangères, de la guerre et de la marine n'ont d'autre raison d'être que la guerre, et je crois vous avoir démontré que guerre et misère sont identiques.

Mais laissons ce sujet qui nous entraînerait trop loin, et revenons à votre budget de la bienfaisance :

Vous dépensez par an **24,028,193.**

Soit, pour le département de la Seine...... 4,679,200

Pour les autres départements [1]................ 19,343,993

Total égal. 24.023,193

Sur ces vingt-quatre millions, vous payez :

DANS LE DÉPARTEMENT DE LA SEINE

Frais d'administration......................... 748,387

Placements divers........................... 41,273

Soit.......... 789,660

DANS LES AUTRES DÉPARTEMENTS

Frais d'administration........................,. 3,009,136

Placements.............................. - 3,794,651

Soit....... 6,803,787

Total des frais d'administration et des placements...................... 7,593,447

Retirez ces sept millions cinq cent quatre-vingt-treize mille quatre cent quarante-sept francs de votre budget,

Reste pour les secours :

Département de la Seine.................... 3,889,540

Autres départements......... 12,540,206

Soit.......... 16,429,746

Total égal.... 24,023,193

Donc, votre budget de la bienfaisance sert quelque peu

(1) Statistique de la France, 1861.

à engraisser des administrateurs, logés, j'en conviens, comme des princes et grassement rétribués.

C'est évidemment une rude tâche que celle qui leur est confiée ; car vous êtes dans la nécessité de leur abandonner à Paris 16. 13 pour 100, dans les départements 19. 36 pour 100 de la dépense totale, soit en moyenne 18. 61 pour 100 de votre budget.

Il coûte plus cher de donner que de recevoir, paraît-il, car le budget du ministre des finances étant de dix-huit millions, les dépenses de frais de régie, d'exploitation et de perception des impôts étant de deux cent trente-deux millions, et le budget total de deux milliards trois cents millions, nous trouvons que la récupération de cette somme, fort honnête assurément, ne coûte que un peu plus de 10 pour 100.

Il coûte plus cher de faire l'aumône que de percevoir des impôts. Avouez que cela est d'un haut comique.

En continuant le parallèle, nous verrions que vous secourez un million cent cinquante-neuf mille cinq cent trente-neuf individus en France : — coût, 19 pour 100 du budget, — et que vous percevez l'argent de dix millions de contribuables : — coût, 10 pour 100 du budget. Ce qui revient à dire que moins le travail est pénible et plus il se paye.

Or, poursuivons, et crevons à jour votre budget de la bienfaisance.

Voici comment se répartissent les individus secourus en 1861 :

Département de la Seine....	124,826
Autres départements........,..................	1,037,713
Total égal.....	1,159,539

Dans le département de la Seine, 6. 23 pour 100 de la population mendient au bureau de bienfaisance; dans les départements, 2. 83 pour 100. En moyenne pour toute la France, 3. 16 pour 100.

La misère n'existe plus, sans doute. Seulement, elle augmente dans des proportions que vous pouvez facilement constater.

Nombre d'individus secourus :

De 1833 à 1837 — 751, 311.
De 1838 à 1842 — 813, 210.
De 1843 à 1847 — 925, 274.
De 1848 à 1852 — 982, 516.
1853   1,022, 996.
1854   1,161, 937.
1855   1,226, 865.
1856 ·   1,221, 428.
1857   1,137, 750.
1858   1,105, 826.
1859   1,074, 388.
1860   1,213, 684.

Quel progrès !

Encore quelques chiffres :

Nombre d'individus secourus sur mille.

Sarthe   — 247. 27.
Nord   — 173. 97.
Rhône   — 67. 92.
Seine   — 62. 74.
Ille-et-Vilaine — 59. 77.
Bouches-du-Rhône   58. 42.
Pas-de-Calais   — 56. 78.
Haute-Garonne   — 49. 92.

La moyenne est de 33. 05 pour mille, et treize départements sont au-dessus de cette moyenne.

L'augmentation de la misère officielle se cote ainsi :
En 1833.... 2. 25 pour 100.
En 1868.... 3. 16 pour 100.

Dans le département de la Seine, qui à lui seul reçoit
le sixième de ce que reçoivent tous les bureaux réunis,
il existe un bureau pour 21,951 habitants.

Vous avez en France 11,578 bureaux de bienfaisance ;
la population étant de 37,385,313 habitants, un bureau
suffit pour 3,316 habitants.

Avec une telle organisation, coûtant aussi cher, et
aussi administrative, vous devez faire merveille, n'est-il
pas vrai ? Et les pauvres vous doivent bénir.

Jugez-en :

Dans la Sarthe, où deux cent quarante-sept habitants
sur mille sont dans la misère, ils reçoivent chacun en
moyenne 1 franc et 1 c. par an.

Dans le Nord (173 indigents sur 1,000), ils reçoivent
7 francs 20 c. par an.

Dans le Rhône, 10 fr. 69 c. par an.

Dans la Seine, 24 fr. 44 c.

Dans l'Ille-et-Vilaine, 4 fr. 8 c.

Dans les Bouches-du-Rhône, 9 fr. 80 c.

Dans le Pas-de-Calais, 15 fr. 73 c.

Dans la Haute-Garonne, 8 fr. 11 c.

Dans le Bas-Rhin, 16 fr. 27 c.

Dans la Gironde, 12 fr. 82 c.

Dans le Morbihan, 8 fr. 86 c.

En moyenne :

ONZE FRANCS CINQUANTE-CINQ CENTIMES

PAN AN !!!

C'est-à-dire :

TROIS CENTIMES ET UN DIXIÈME

PAR JOUR.

Et je prends soin de vous le dire, c'est là le paupérisme officiel. Si vous niez la misère que vous ne voyez pas, grâce à vos prudentes précautions, nierez-vous le malaise et la gêne dont le spectacle ne peut vous échapper à chaque pas, dans la rue, dans vos bureaux, dans vos magasins, dans votre salon?

Cette gêne universelle qui vous tracasse parfois vous-même, en raison de la difficulté des *rentrées*, c'est pour le prolétaire la misère et la faim.

« Le pauvre, demande M. Louis Blanc, est-il un membre ou un ennemi de la société ? Qu'on réponde.

« Il trouve tout autour de lui le sol occupé.

« Peut-il semer la terre pour son propre compte? Non, parce que le droit de premier occupant est devenu droit de propriété.

« Peut-il cueillir les fruits que la main de Dieu a fait mûrir sur le passage des hommes ? Non, parce que, de même que le sol, les fruits ont été appropriés.

« Peut-il se livrer à la chasse ou à la pêche? Non,

parce que cela constitue un droit que le gouvernement afferme.

« Peut-il puiser de l'eau à une fontaine enclavée dans un champ ? Non, par ce que le propriétaire du champ est, en vertu du droit d'accession, propriétaire de la fontaine.

« Peut-il, mourant de faim et de soif, tendre la main à la pitié de ses semblables ? Non, parce qu'il y a des lois contre la mendicité.

« Peut-il, épuisé de fatigue et manquant d'asile, s'endormir sur le pavé des rues ? Non, parce qu'il y a des lois contre le vagabondage.

« Peut-il, fuyant cette patrie homicide où tout lui est refusé, aller demander des moyens de vivre loin des lieux où la vie lui a été donnée ? Non, parce qu'il n'est permis de changer de contrée qu'à de certaines conditions, impossibles à remplir pour lui.

« Que fera donc ce malheureux ? Il vous dira : « J'ai des bras, j'ai une intelligence, j'ai de la force, j'ai de la jeunesse, prenez tout cela, et, en échange, donnez-moi un peu de pain. » C'est ce que font et disent aujourd'hui les prolétaires. Mais ici même vous pouvez répondre au pauvre : « Je n'ai pas de travail à vous donner. » Que voulez-vous qu'il fasse alors ? »

Vous avez votre réponse toute prête, n'est-il pas vrai ?
— Au bureau de bienfaisance ! Trois centimes un dixième par jour. Mais prenez garde et rappelez-vous le *Chanson du pain* ou *Chanson du pauvre commun* des temps actuels :

Quand dans l'air et sur la rivière
Des moulins se tait le tic tac;

Lorsque l'âne de la meunière
Broute et ne porte plus le sac :
La famine, comme une louve,
Entre en plein jour dans la maison,
Dans les airs, un orage couve,
Un grand cri monte à l'horizon !

On n'arrête pas le murmure
Du peuple, quand il dit : J'ai faim ?
Car c'est le cri de la nature :
    Il faut du pain !

La faim arrive du village,
Dans la ville, par les faubourgs ;
Allez donc barrer le passage
Avec le bruit de vos tambours.
Malgré la poudre et la mitraille,
Elle traverse à vol d'oiseau,
Et sur la plus haute muraille
Elle plante son noir drapeau.

On n'arrête pas le murmure
Du peuple, quand il dit : J'ai faim !
Car c'est le cri de la nature :
    Il faut du pain !

Que feront vos troupes réglées ?
La faim donne à des bataillons
Des armes en plein champ volées
Aux prés, aux fermes, aux sillons :
Fourches, pelles, faux et faucilles
Dans la ville, au glas du tocsin,
On voit jusqu'à des jeunes filles
Sous le fusil bronzer leur sein.

On n'arrête pas le murmure
Du peuple, quand il dit : J'ai faim !
Car c'est le cri de la nature :
    Il faut du pain !

Arrêtez dans la populace
Ceux qui portent fusil et faux !
Faites dresser en pleine place
La charpente des échafauds.
Aux yeux des foules consternées,
Après que le couteau glissant
Aura tranché leur destinées,
Un cri s'élèvera du sang.

On n'arrête pas le murmure
Du peuple, quand il dit : J'ai faim !
Car c'est le cri de la nature :
    Il faut du pain !

C'est que le pain est nécessaire
Autant que l'eau, l'air et le feu.
Sans le pain on ne peut rien faire.
Le pain est la dette de Dieu
Mais Dieu nous a payé sa dette :
A-t-il refusé le terrain ?
Le soleil luit sur notre tête
Et peut toujours mûrir le grain.

On n'arrête pas le murmure
Du peuple, quand il dit : J'ai faim !
Car c'est le cri de la nature :
    Il faut du pain !

Mon bourgeois ne se possède plus.

— C'est cela, s'écrie-t-il, vous prêchez la révolte, la Jacquerie, Septembre, les journées de Juin. Nos bureaux de bienfaisance ne vous satisfont pas..... Avez-vous mieux ? Préférez-vous la taxe des pauvres, comme en Angleterre ? Parlez! nous sommes pleins de bonne volonté!

. . . .

. Puisque vous le voulez bien, parlons de la taxe des
pauvres :

« La taxe des pauvres, écrivait en 1850 un publiciste
contemporain, est l'ulcère qui ronge l'Angleterre. Pour
guérir cette plaie incurable, voilà quinze ans que les législa-
tures successives font des efforts surhumains. Rien n'a
pu réussir. On n'obtient un soulagement passager que
pour tomber bientôt dans d'effroyables crises. Et cependant, toutes les commissions du parlement ont déclaré
que la taxe était la perpétuation de la misère, qu'elle
était une source de démoralisation pour la classe ouvrière,
et qu'en détruisant chez le peuple tout sentiment de
dignité et d'indépendance, elle sapait les fondements de
la société en menant l'Angleterre à une ruine inévitable.

« Un relevé officiel porte le nombre total des individus secourus par les paroisses à 2,379,096 habitants ; la
population de l'Angleterre et du pays de Galles est
de 17,376,000 habitants : il en résulte qu'un individu sur
sept est réduit à l'état d'indigent.

« En 1834, la taxe montait à 8,338,079 livres sterling
(environ 210,000,000). L'amendement à la loi des pauvres
de 1834 avait eu pour effet, en 1838, de réduire la taxe à
5,186,389 livres sterling ; en 1840, elle était déjà remontée
à 6,242,571, et en 1843 à 7,304,601 livres sterling. En
ajoutant les 200,000 livres dépensées chaque année pour
les soins médicaux et les frais de la commission, on
trouve que pour 14 ans, de 1834 à 1847, le budget de la
mendicité s'est élevé à 95,594,945 livres sterling (environ
deux milliards quatre cents millions de francs.

« Chaque année le chiffre de taxe s'accroît, et cependant la richesse publique est dans une marche ascension-

nelle : on a calculé que pendant les 30 dernières années, cette richesse avait augmenté de 136 p. 0/0. La cause de l'accroissement de la taxe, c'est que chaque paroisse nourrit ses pauvres; il en résulte que les pays les moins riches sont les plus chargés et finissent par complétement s'épuiser.

« Ainsi dans les comtés de Dorset, Essex, Southampton, Burks, Oxford, Sussex, Wilts, dont le revenu imposé n'est que de 7,397,911 livres sterling, la taxe des pauvres est de 2 shillings 6 pence, par livre sterling, soit 3.10 pour 25 francs. Tandis que dans les riches et populeux comtés de Chester, Lancaster, Lincoln, Middlesex, York, Northumberland, Stafford, un revenu imposé de 24,895,795 livres sterling ne paye que 1 shilling 6 pence par livre, soit 1.85 pour 25 francs.

« Dans les villes la proportion est la même. Londres *extra muros*, pour un revenu de 211,150 livres sterling, paye 2 shillings 6 pence; Londres *intra muros*, pour 612,882 livres de revenu, ne paye que 1 shilling 7 pence par livre...

« Dans les campagnes comme dans les villes, la misère s'accumule dans les pays les plus pauvres. Dans certains endroits, la taxe égale le revenu total, et il arrive souvent que les fermiers, hors d'état de payer, prennent la fuite pour éviter la prison. La terre reste alors sans culture et devient une charge pour le possesseur. En Irlande, on rencontre dans beaucoup d'endroits des milliers d'hectares ainsi abandonnés et par le propriétaire et par le fermier.

« En présence d'un si grand mal, le socialisme seul pourrait indiquer un remède ; mais l'Angleterre tremble de s'engager dans les réformes sociales; elle essaye de tous les palliatifs, elle s'adresse à tous les empiriques. Le génie de ces hommes d'État s'épuise à galvaniser'un cadavre...

Si ces détails ne vous suffisaient pas, les publicistes anglais nous en fourniraient encore : et ils vous raconteraient ce que sont les workhouses et les maisons des pauvres.

Mais, si vous m'en croyez, et quelque antipathie que vous professiez pour les chiffres qui ne sont pas inscrits sur votre grand-livre, veuillez consulter le petit état suivant :

Ceci se passe en Angleterre.

NOMBRE DES PAUVRES AU 1er JANVIER DES ANNÉES SUIVANTES :

1860.	Angleterre...............	851,020
	Écosse................	114,209
	Irlande................	44,929
		1,010,158
1861.	Angleterre...............	890,423
	Écosse................	117,113
	Irlande................	50,683
		1,058,219
1862.	Angleterre...............	946,166
	Écosse................	118,928
	Irlande................	59,541
		1,124,635
1863.	Angleterre...............	1,142,624
	Écosse................	120,284
	Irlande................	66,228
		1,329,136

1864.	Angleterre	1,009,289
	Écosse	120,705
	Irlande	68,135
		1,198,229

1865.	Angleterre	971,433
	Écosse	121,394
	Irlande	69,217
		1,162,044

1866.	Angleterre	920,344
	Écosse	119,000
	Irlande	65,057
		1,104,401

1867.	Angleterre	958,824
	Écosse	119,000
	Irlande	68,650
		1,146,474

Ainsi, sur une population de 22 millions d'âmes que comprend l'Angleterre proprement dite, un million d'individus. soit 5 p. 0/0, sont inscrits au budget de la bienfaisance de l'Etat.

Ajoutez à cette population officielle des pauvres un autre million secourus directement par les paroisses, et vous obtenez au minimum un pauvre sur dix habitants.

En 1862-63, la taxe des pauvres s'élève à 7,700,000 livres sterling, soit 195 millions de francs environ.

Veut-on se rendre facilement compte des résultats

obtenus par ce moyen charitable, on n'a qu'à consulter
le tableau suivant:

ÉMIGRATION :

1856	—	176,554
1857	—	212,875
1858	—	113,972
1859	—	120,432
1860	—	128,469
1861	—	91,770
1862	—	121,214
1863	—	223,758
1864	—	200,900
1865	—	209,801
		1,607,045

Seize cent mille pauvres ont quitté leur patrie en dix
ans !

. . . .

— Assez ! assez ! crie mon bourgeois, je passe condamnation sur la taxe des pauvres :

— Encore un mot avant de quitter l'Irlande. Et peut-
être ces quelques lignes nous ouvriront-elles un horizon
nouveau :

L'Irlande possède, ou produit à mieux dire, un revenu
foncier de 400,000,000, sur lesquels il est prélevé.

Pour les propriétaires absents	100 millions
Pour le clergé	37 1/2
Pour taxes et dîmes	122 1/2
Pour l'armée	28 »
Soit	263 millions.

Les 117 millions restant constituent un revenu moyen de 35 centimes par jour aux Irlandais.

Vous ne comprenez pas?

— Non.

— Vous ne devinez pas qu'une meilleure répartition par l'association, après disparition des sangsues sinécuristes, sauverait l'Irlande?..

— Ah! oui, les partageux.

Ne nous décourageons pas.

La charité est condamnée; partout impuissante, elle fait des esclaves et de brutes; elle ne fait pas disparaitre un pauvre.

Elle existe partout; elle s'efforce, elle cherche. Et devons-nous lui en savoir gré, quand son intention, inconsciente chez quelques uns, est de voiler, sous des apparences humaines, la véritable solution du problème?

La charité tente d'étrangler le socialisme.

Et en somme, voici les résultats obtenus:

L'Italie est vouée à la mendicité, et la population pauvre forme le treizième de la population totale.

A Rome, misère, dépopulation des campagnes, aumônes continuelles: la loterie, le mont-de-piété, la mendicité, trois ressources...

En Angleterre, misère: les Workhouses et la taxe.

En Irlande, misère.

La Belgique, un mendiant sur trois habitants.

En Hollande, un pauvre sur quatre habitants.

En Suisse, un sur dix.

En Autriche, un sur quinze.

En Allemagne, un sur douze.

En Suède, un sur cinq.

V

En France.....

— Ne le dites pas, s'écrie la bourgeoisie; ne craignez-vous pas de soulever (1) les masses ?..... Mais, pour l'amour de Dieu, concluez.

. . . .

La conclusion de ce livre est délicate à écrire, et il faut que l'auteur prenne quelques précautions.

(1) Le développement de cette idée si humaine se trouve dans ces lignes empruntées au livre *la Liberté*, par M. Jules Simon, député démocrate :

« IL Y AURA TOUJOURS DE LA MISÈRE, et il y aura toujours des
« pauvres. C'est une mauvaise rhétorique que vous faites en exagérant
« toutes les plaies *que personne ne saurait guérir*; vos déclama-
« tions sont à la portée du premier venu. Avez-vous un remède?
« Il n'y a que cette question. Si vous en avez un, montrez-le; si
« vous n'en avez pas, taisez-vous. Croyez-vous apprendre aux
« pauvres qu'ils souffrent et aux riches qu'il y a des pauvres? Ou
« vous parlez pour ne rien dire, ou votre but est d'exciter les pas-
« sions. Et quelles passions, grand Dieu ! *Vous ne rêvez que d'ajou-
« ter au mal de la pauvreté le mal de la haine!* Vous qui ne vous
« servez pas de la misère comme d'un instrument, et qui n'en
« parlez que pour la consoler et la guérir, *ne la racontez jamais
« qu'au riche*. Mais alors, avant d'ouvrir la bouche, regardez dans
« les couloirs, assurez-vous bien qu'il n'y a autour de vous que des
« puissants et des heureux; prenez garde qu'un indigent ne se soit
« égaré dans cet auditoire, et qu'en voulant prêcher la charité, *vous
« n'enseigniez malgré vous la guerre.* »

D'une part, il lui reste à peine quelques pages, et des centaines de volumes ont été écrits qui n'ont pas élucidé la question. Pourra-t-il, en quelques centaines de lignes, être plus heureux ? C'est ce qu'il n'a pas la prétention d'espérer.

D'autre part, un homme, dont il se reconnait l'ignorant élève, a usé sa vie et ses forces à faire comprendre à la bourgeoisie en quoi consistait le problème de la misère, aux savants ce qu'était la science économique, au peuple quel était le but à atteindre, aux publicistes dans quel sens ils devaient guider l'opinion.

Cet homme, P.-J. Proudhon, est mort il y a quelques années, et c'est à peine si aujourd'hui on peut prononcer son nom, au milieu d'un groupe de possédants, sans qu'ils fassent mine de courir au poste voisin.

Cependant, tant d'efforts, de courage, de résistance stoïque aux attaques de l'ignorance et de la mauvaise foi n'auront pas été vains.

L'homme mort, l'idée a survécu.

Cette idée, c'est la notion de la justice, et il faut en vérité que la société soit gangrenée jusqu'à la moelle de ses os pour qu'elle l'ait repoussée avec tant de brutalité et d'impatience.

Aujourd'hui, quoi qu'on dise, quoi qu'on fasse, il faut se résoudre à comprendre que le règne de l'arbitraire et de l'oppression est près de son terme, à sentir que le monde ne peut plus être divisé en exploiteurs et en exploités, que la guerre sociale a dit son dernier mot, que, pour tout résumer, le socialisme, c'est la paix.

Mais la paix ne se signera que lorsque les partis économiques auront désarmé,

Propriétaires et capitalistes, abattez les créneaux de vos forteresses, baissez vos ponts-levis, dégarnissez vos remparts, ouvrez vos portes, et le prolétariat désarmera.

Il désarmera, lorsqu'il ne verra plus en face de lui, selon une expression célèbre, le propriétaire montant la garde auprès de son trésor, l'arme au bras, et présentant la baïonnette à qui veut s'approcher.

Vous voulez que le prolétariat désarme le premier.

Je vous entends : il n'était pas armé aux époques romaines, vous en avez fait un mendiant. Il n'était pas armé au temps de Jésus, vous en avez fait un humilié ; il n'était pas armé au moyen âge, vous en avez fait un serf, et pour cinquante années de liberté, de dignité, voilà que le prolétariat fait peur.

Si vous n'aperceviez pas à l'horizon cette immense statue du Droit qui se lève et marche sur vous, comme le Commandeur vers don Juan, vous n'accepteriez aucun compromis, vous ne voudriez passer aucun traité, vous répéteriez votre devise : Chacun pour soi, Dieu pour tous ! et vous croiriez que tout est fini, parce que vous avez jeté quelques pièces de cent sous au guichet de vos bureaux de bienfaisance...

Le prolétariat désarmera, oui.

Mais que messieurs les propriétaires commencent.

. . . .

Oui, la misère disparaîtra ; oui, ce fléau, opprobre de la société humaine, diminuera jusqu'à n'être plus appréciable ; oui, la misère, s'il en subsiste quelque parcelle, sera le partage des incorrigibles et des malveillants...

Mais alors seulement on pourra crier : Raca! aux pauvres, lorsque la société ne fera plus de pauvres par son égoïsme et son injustice.

VI

Quand les deux mots — travailleur — et — pauvre, — loin d'être synonymes, seront devenus antithétiques, alors les deux mots — oisif — et — propriétaire — ne seront plus équivalents, et, pour obtenir ce résultat, que faut-il ?

La réalisation de ces deux expressions :

Justice,

Crédit au travail.

Expliquons-nous.

Qu'est-ce que le commerce aujourd'hui ?

Une opération par laquelle le négociant essaye d'acheter *au meilleur marché possible* pour revendre *le plus cher possible.*

Décomposons cette opération.

Jacques est producteur, Pierre est négociant.

Le produit de Jacques vaut *a*, matière première, plus *b*, salaire rationnel, comprenant le droit au repos hebdomadaire, plus *c*, prime d'assurance contre le chômage, les accidents, plus *d*, prime de prévoyance pour la vieillesse.

Jacques offre sa marchandise à Pierre. Celui-ci fait mine de n'en avoir pas besoin.

— Le prix ?

— $a + b + c + d$ total x.

— C'est trop cher, répond Pierre, j'en offre $a + b$.

— Mais $c + d$ seront donc perdus pour moi?

— Peu m'importe. J'offre, à vous de prendre ou de laisser.

Pierre sait fort bien qu'il acquiert la marchandise à un prix inférieur au prix réel. Cela le regarde peu. Car il sait aussi que Jacques a besoin de vendre, et Jacques cède.

Avec cent opérations de ce genre, Jacques deviendra forcément un misérable : car il n'a profité ni de c, prime d'assurance contre les accidents, ni de d, prime de prévoyance pour la vieillesse. Pierre fait un pauvre.

Pierre est en possession de la marchandise.

Antoine, consommateur, se présente.

Voici le raisonnement de Jacques.

— Cette marchandise vaut $a + b + c + d$. Je ne l'ai pas payée ce prix, mais cela prouve que je suis habile et que je sais faire les affaires. Ce prix constitue quant au consommateur, le prix de revient, et j'y ajoute a', mon salaire b', ma prime d'assurance, c', ma prime de prévoyance. Voilà la valeur réelle. Maintenant, mon bénéfice, d', que je fixerai à ma fantaisie, selon que je veux avoir fait fortune en 5, 10, ou 18 ans.

Mais pourquoi ce bénéfice, qui n'a rien de juste, puisque a' vous rémunère, que b' et c' vous donnent toute sécurité pour l'avenir?

— C'est à prendre ou à laisser.

Le consommateur a en poche une valeur qui représente la rémunération de son travail, c'est-à-dire (qu'on nous pardonne cette répétition) a, matière première, b, salaire, c, prime d'assurance, d, prime de prévoyance.

Pour obtenir la valeur équivalente livrée par Jacques et que le négociant cote $a + b + c + d + a' + b' + c' + d'$, il faut qu'à la valeur qu'il possède et qui est l'équivalent de celle livrée par Jacques il ajoute $a' + b' + c' + d'$, — d' surtout, bénéfice de fantaisie prélevé par le négociant.

Donc Antoine s'obère : pour une valeur, il faut qu'il en débourse une et demie, peut-être deux...

Pierre fait encore un pauvre.

Mais ceci est le commerce et rien ne paraît plus simple et plus honnête. Bien hargneux qui déclare que c'est l'organisation du vol.

Que veut la justice?

Que Jacques offrant sa valeur $a + b + c + d$ à Antoine, reçoive de lui $a + b + c + d$, équivalents.

Ceci constitue la vente au prix de revient.

Ici les bourgeois jettent de hauts cris.

— Nous n'avons pas le droit de vendre nos marchandises au prix qu'il nous plait?

En justice, non, car vous n'avez pas le droit d'user d'une liberté qui est oppressive de la liberté d'autrui, car vous, membres de la société, qui prétendez avoir fait un contrat avec vos frères en société, vous n'avez pas le droit d'exploiter et de dépouiller un autre membre de cette société. Car pour devenir rentiers plus vite, pour vous soustraire à l'obligation du travail, pour devenir riches, vous n'avez pas le droit de faire des pauvres.

— Essayez donc de me forcer à vendre au prix de revient !

Et le bourgeois appellerait au besoin la garde qui lui donne le droit de voler à son aise.

Mais qu'il ne craigne rien, on ne le contraindra pas. Le peuple des prolétaires n'est point si violent. Et la violence ne produit rien de bon.

Oui, la vente au prix de revient est juste, et nous spécialiserons notre raisonnement aux objets de première nécessité :

Objets de consommation, vêtement et logement.

Le droit de vivre entraîne le droit de manger, de se loger et de se vêtir, et la société n'a pas le droit de bénéficier sur elle-même pour les services d'utilité publique.

Et c'est ce *droit de vivre* qui vient se poser en antagoniste du droit d'exploiter.

Ici la science vient à son aide, et dit :

— Pour tous les objets de consommation, c'est-à-dire de nécessité première, il sera tenu, d'après la production territoriale et les tableaux d'importation, des mercuriales périodiques indiquant le prix de revient desdits objets. Ces statistiques seront insérées tous les huit jours au *Moniteur*.

Il ne s'agit ici ni de taxe ni de maximum, mais uniquement de renseignements. Mais, à l'aide de ces renseignements, formulés d'une façon claire et nette, publiés par voie de journaux et d'affiches, le consommateur saura exactement quelle valeur il doit donner en équivalence de la valeur par lui demandée.

Que si quelques négociants s'obstinent à spéculer, ils seront abandonnés : car soyez certains que la majorité rentrera dans la justice, c'est-à-dire dans le prix de revient.

Nous vous laissons donc toute liberté, ô spéculateurs, mais à vos risques et périls. Seulement, on vous retire le droit à la fantaisie. Quand vous spéculerez, on le saura.

Que si vous accaparez pour déterminer une hausse, la statistique dira que cette hausse est fictive; et il vous faudra prendre bien des précautions. Car l'éveil sera immédiatement donné.

D'ailleurs, tentez l'expérience, et point ne serez tentés de recommencer.

Puis, permettez-nous encore de vous rappeler le principe d'expropriation pour cause d'utilité publique. Ce principe que vous admettez lorsqu'il s'agit de jeter quelques bouffées d'air dans une ville mal construite, vous devrez bien l'admettre, ce nous semble, lorsqu'il s'agira de la vie même des citoyens.

Méditez le principe du prix de revient. Et croyez-nous, mieux vaudra vous contenter de votre salaire, de votre droit au repos, de votre prime de prévoyance contre les accidents et de votre prime de prévoyance pour la vieillesse, que risquer, pour une fortune rapide, la ruine et peut-être pis.

Le nouveau contrat social dont nous formulons ici une des bases contiendra donc engagement mutuel entre tous les membres de l'association de se vendre mutuellement leurs produits à prix de revient.

Otez la spéculation, qui est la dernière forme de la féodalité oppressive, et vous faites disparaître une des principales causes de la misère. Cause détruite, effet détruit.

Donc, probité au lieu de vol, paix au lieu de guerre, dans le monde économique, voici ce que nous résumons dans ce seul mot : — Justice !

Quelques mots sur la question des loyers :

Il y a dix ans que je paye un loyer, à mille francs l'an en moyenne. Cela fait dix mille francs. Mon logement représente la dixième portion de la maison que j'occupe. A supposer les loyers égaux, les autres locataires ont donc payé 100,000 francs en dix ans. La maison a coûté deux cent mille francs. Nous avons donc remboursé au propriétaire la moitié du prix de revient de sa maison, et nous continuerons à payer *in œternum*, tant que la maison durera. Si bien que cette maison une fois construite, représente une rente de dix mille francs par an, dont le propriétaire n'a plus à se préoccuper.

Mais si nous leur proposions ceci :

— La maison vient d'être bâtie. Le devis est de deux cent mille francs, soit. Nous vous achetons votre maison, payable par annuités en vingt ans. Quel est le chiffre de l'annuité, en vous tenant compte de l'intérêt à cinq pour cent ?

— Douze mille neuf cent cinquante francs par an.

— Bien ! nous sommes dix, nous allons répartir cette somme entre nous, en tenant compte du plus ou moins d'avantages que présente telle ou telle partie de la maison, et nous nous engagerons solidairement à vous payer cette annuité.

Le propriétaire consent : il a entre les mains une valeur à dix signatures. Et, au bout de vingt ans, chacun des locataires est propriétaire d'une part proportionnelle et indivise dans la maison par lui habitée.

S'il ne consent pas !

N'oublions pas que le logement rentre dans les objets

de première nécessité, et au besoin l'expropriation pour cause d'utilité publique...

Mais reculons devant ce moyen extrême, et formulons avec Proudhon le projet suivant (1) :

« A dater du jour du décret qni sera rendu par les futurs représentants, tout payement fait à titre de loyer sera porté en à-compte de la propriété, celle-ci estimée au vingtuple du prix de location.

« Tout acquittement de terme vaudra au locataire part proportionnelle et indivise dans la maison par lui habitée, et dans la totalité des constructions exploitées à loyer et servant à la demeure des citoyens.

« La propriété ainsi remboursée passera à fur et mesure au droit de l'administration communale, qui, par le fait du remboursement, prendra hypothèque et privilége de premier ordre, au nom de la masse des locataires et leur garantira à tous, à perpétuité, le domicile au *prix de revient* du bâtiment.

« Les communes pourront traiter de gré à gré avec les propriétaires, pour la liquidation et le remboursement immédiat des propriétés louées.

« Dans ce cas, et afin de faire jouir la génération présente de la réduction dès prix de loyer, lesdites communes pourront opérer immédiatement une diminution sur le loyer des maisons pour lesquelles elles auront traité, de manière que l'amortissement en soit opéré seulement en trente ans.

« Pour les réparations, l'agencement et l'entretien des édifices comme pour les constructions nouvelles, les com-

(1) *Idée générale de la révolution au* xixe *siècle.*

munes traiteront avec les *Compagnies maçonnes* ou associations d'ouvriers en bâtiments, d'après les principes et les règles du nouveau contrat social.

« Les propriétaires, occupant seuls leurs propres maisons, en conserveront la propriété aussi longtemps qu'ils le jugeront utile à leurs intérêts. »

Je ne veux pas aller plus loin sur ce terrain : lecteurs désireux de connaître la suite de cette organisation, je vous renvoie au livre désigné et que je ne pourrais que copier.

Quant au crédit au travail, quelques lignes suffiront pour le principe :

Tout produit accepté en principe constitue une valeur escomptable.

Un certain nombre d'ouvriers se réunissent, et s'engagent solidairement à fournir le nombre de journées nécessaires pour un travail, dont le produit est accepté d'avance ou nécessairement acceptable. — Prenons pour exemple une maison, valeur dont l'acceptation par le consommateur n'est pas discutable : le payement est donc garanti par le consommateur, il ne s'agit plus que d'une question d'avances.

Il faut avancer aux travailleurs, sur leur engagement de travail, les sommes nécessaires à l'achat des matériaux, au payement du salaire.

Alors intervient une banque : contre l'engagement des travailleurs, engagement garanti solidairement par l'association, la banque émet une valeur équivalente qui est donnée en payement aux détenteurs de matériaux, qui garantit le salaire.

Les travailleurs ont donc obtenu crédit, 1° sur leur engagement, 2° sur la certitude de placement de la valeur créée.

Un ouvrier vient vous trouver, un pauvre :

— Je suis, dit-il, cordonnier, mais je n'ai point d'argent pour acheter du cuir. Voulez-vous que je vous fasse une paire de bottes ?

Sur votre consentement, il vous demande de lui garantir le placement de ladite paire de bottes. Nanti de cette valeur, il va à la banque, qui transforme votre valeur en valeur de circulation et procure crédit au travailleur.

Tout travailleur ou groupe de travailleurs, apte à produire et s'assurant le placement de ses produits, trouve crédit sur l'engagement du consommateur.

C'est tellement simple que cela paraît absurde, n'est-il pas vrai ?

C'est pourtant entre ces deux termes : crédit et justice, que se trouve la solution cherchée :

Extinction de la misère.

. . . .

Ô misère, depuis quarante siècles, de tes doigts amaigris tu étreins le travailleur !

Mais l'heure est venue, ton règne hideux est fini, tu t'en iras où s'en sont allés l'inégalité, l'oppression, la hiérarchie, le bon plaisir, la foi, où s'en iront l'ignorance et l'improbité.

Misère ! tu as rencontré l'athlète qui te vaincra,

Et cet athlète s'appelle la Révolution sociale.

TABLE DES MATIÈRES

PREMIÈRE PARTIE.

LES LÉGENDES DE LA MISÈRE.

Quel fut le premier pauvre? — La faute d'Adam. — La malédiction du travail. — Caïn. — Vulcain le travailleur. — Jupiter l'oppresseur — Le feu. — L'Égypte et les armées permanentes. — Le Patriarche. — Abel le paresseux. — Abraham et Loth. — Séparation, conquête, oppression. — Le brigandage. — Prométhée et les Océanides. — Le prolétaire hébreu. — L'individu et le groupe. — Le mendiant d'Homère. — L'esclave d'Aristote. — Les guerriers. — L'oisiveté. — Évasion ou révolte. — Plutarque et les Athéniens. — Sparte et Lycurgue. — Les poëtes et les philosophes. — Le Plutus d'Aristophane. — Xénophon. — Le *divin* Platon et M. Thiers. — Économie politique des Athéniens. — Plaidoyer en faveur de la propriété. — Défense du dépossédé. — Les coups de fouet. — La misère n'est point d'institution divine. — Dieu. — La nature. — De l'idée de Dieu. — *Primus in orbe Deos fecit timor.* — Que l'admiration n'a aucune part à la formation de l'idée divine. — Le monde tel que le créerait un assassin. — La crainte de Dieu est le commencement de la misère. Page... 3

DEUXIÈME PARTIE.

ROME.

De la nature de l'homme. — La *crainte de manquer.* — Romulus. — Servius Tullius et les cinq classes. — Le vétéran. — Le fouet. — *L'Ergastulum.* — Qu'ils coupent le corps du débiteur! — Le

sénat romain. — Antiquité du machiavélisme. — Les plébéiens
et les clients. — *Salutatores, assectatores et prosecutores.* —
Riches, pauvres, esclaves. — Le pauvre? — Qu'il mourût! —
La loi agraire. — La colonisation. — Les *Latifundia.* — Plaute,
Juvénal, Catilina. — Auguste. — Caligula. — Claude. — Néron
pleuré du peuple. — Les affranchis. — Usuriers. — Sa Majesté
l'Argent — Les Barbares. — Jésus, Page............... 53

TROISIÈME PARTIE.

JÉSUS.

Au Golgotha. — Les Prophètes. — Malédiction sur les riches. —
C'est le Pauvre qui monte au Calvaire. — Le mythe messianique.
— L'originalité du mandat de Jésus. — Son idéal de poëte. —
Son vrai nom est Réaction. — Il glorifie la misère. — Le riche
n'entrera pas dans le royaume des cieux. — Déification de la
pauvreté et de l'ignorance. — Théorie de l'humilité. — Les
savants, scribes et pharisiens. — Lamennais. — Lazare le Pauvre.
Charité, — sentiment. — Que la charité entretient la misère.
— Les Actes des Apôtres. — Inintelligence de la prédication de
Jésus. — Saint Paul. — Au Dieu inconnu! — La croix, symbole
effrayant. — Les ascètes. — Julien l'Apostat. — La charité
païenne. — Que l'idée essentielle du Christ a été défigurée.
Page 91

QUATRIÈME PARTIE.

LE MOYEN ÂGE.

Épisode. — La forteresse. — Ælianus et Amandus, chefs des Bagaudes. — La légion Thébaine. — Décimation, massacre. — Voulez-
vous vous soumettre? — Vengeance! — La masure et la villa. —
— Hommes d'Église et hommes d'argent! — Le poing coupé. —
Le travail des mines. — Ta femelle est trop belle! — Les communes. — Les laboureurs. — Soldats. — Les croisades. —
L'argent. — Diviser pour régner. — Chartes et priviléges. — Castes
des possédants. — Caractère *pécuniaire* des associations communales. — Éloignement systématique des misérables. — Ce que
paye le pauvre! — Charles le Mauvais. — Oiseux, truandants et
mendiants. — Noblesse municipale. — Le brandon. — Les loups. —
La comtesse Mahault. — Jacques Bonhomme se lève. — La Jac-

querid et les journées de juin 1848. — Guillaume Gallet. — Le trépied de fer rougi. — Le poëme de la Misère. — Complainte du pauvre Commun et des pauvres Laboureurs de France. Page.. 123

CINQUIÈME PARTIE,

LES ROIS DE FRANCE.

Très-puissants rois de France! — Charles VI. — L'*Imitation de Jésus-Christ*. — Jeanne d'Arc. — Le triomphe de Charles VII. — Louis XI, le roi des Bourgeois. — Les grands et les menus. — Velléité d'affection pour le peuple. — Louis XII. — Luther. — La révolte en Allemagne. — Programme. — Munzer l'anabaptiste. — François Ier. — États généraux de 1614. — Le bon roi Henri. —Richelieu et sa politique. — Le roi Soleil. — Famine de 1661. — Labruyère et madame de Sévigné. — Saint-Simon. — Le maréchal de Vauban. — Boisguilbert. — Louis XIV spécule sur les grains. — Il vole les pauvres. — Il vole le temps des travailleurs. — Bilan du règne. — Le convoi de Louis XIV. — Louis XV. — Ce que coûtent les maîtresses du roi. — Jean-Jacques Rousseau. — Le parlement. — Le peuple de France est taillable et corvéable à volonté. — Comment les rois comprirent l'extinction du paupérisme. — Fouet, carcan, galères, mort. — La bienfaisance. — Les hôpitaux. — Léproseries et maladreries. — Les voleurs des malades. — L'Hôtel-Dieu en 1786. — Que la charité de nos rois a réponse à tout. Page............................... 169

SIXIÈME PARTIE.

DEUX RÉVOLUTIONS.

La mesure est-elle comble? — La naïveté de Camille Desmoulins. — Le Pacte de famine. — Mirabeau. — La Bastille, *instrumentum regni*. — Famine, banqueroute! — Nuit du 4 août. — La révolte des femmes. — La misère est une femelle. — Du pain! — Le boulanger, la boulangère et le petit mitron. — La misère en 1790. — Rapport de La Rochefoucault-Liancourt. — Que la pauvreté est inhérente à toute grande société. — Le passe-port des pauvres. — Rapport de Barrère. — Circulaire de Rolland. — Pétitions. — Le maximum. — Les accapareurs. — Lutte entre l'autorité et la spéculation. — Marat. — Que les violences de la Révolution ne sont pas imputables aux pauvres. — La question sociale est posée. —

Napoléon. — Louis XVIII. — Charles X. — Louis-Philippe. — Le 24 février. — Du patriarche au capitaliste. — Du faible au travailleur. — Grotius, Hobbes et Pascal. — Les saint-simoniens. — Chateaubriand. — La bancocratie. — Le communisme. — Robert Owen et Cabet. — Quelle était la mission de la révolution de 1848. — Comment elle a été remplie. Page.............283

SEPTIÈME PARTIE.

CONCLUSIONS.

L'histoire de la misère, c'est l'histoire du monde. — Civilisation égale misère. — Les droits violés. — La propriété et la famille. — Les Pères de l'Église. — L'héritier du ciel déshérité de la terre. — Sentiment, capital, travail. — La mort de Louis XVI. — Discussions. — Misère des villes et des campagnes. — L'usure. — Arguments d'un bourgeois. — Le budget de l'ignorance et de la misère. — Le budget de la bienfaisance. — Il coûte plus de donner que de percevoir. — Proportions dans laquelle la misère augmente. — Un franc cinquante et un centimes par an. — La taxe des pauvres. — Statistique. — L'Irlande. — L'émigration. — Résultats obtenus. — M. Jules Simon. — Le prolétariat désarmera, mais que les... propriétaires commencent. — Justice. — Crédit au travail. — La vente au prix de revient. — La liberté. — Mercuriales et statistique. — La question des loyers. — Projet de décret. — La banque du crédit au travail. — Que la misère disparaîtra. Page...283

FIN.

CLICHY. — M. Loignon, Paul Dupont et Cie, rue du Bac-d'Asnières, 12.

www.ingramcontent.com/pod-product-compliance
Lightning Source LLC
Chambersburg PA
CBHW050452270326
41927CB00009B/1706